Luxury Marketing and Management

奢侈品营销与管理

丹尼尔·兰格（Daniel A. Langer）
奥利弗·海尔（Oliver P. Heil）著
潘盛聪（Patrick S. Poon）
潘盛聪（Patrick S. Poon）译

中国人民大学出版社
·北 京·

图书在版编目（CIP）数据

奢侈品营销与管理/丹尼尔·兰格，奥利弗·海尔，潘盛聪著；潘盛聪译. —北京：中国人民大学出版社，2016.10
ISBN 978-7-300-23464-9

Ⅰ.①奢… Ⅱ.①丹… ②奥… ③潘… Ⅲ.①消费品-营销管理 Ⅳ.①F713.50

中国版本图书馆 CIP 数据核字（2016）第 237798 号

奢侈品营销与管理
丹尼尔·兰格
奥利弗·海尔　著
潘盛聪
潘盛聪　译
Shechipin Yingxiao yu Guanli

出版发行	中国人民大学出版社		
社　　址	北京中关村大街 31 号	**邮政编码**	100080
电　　话	010－62511242（总编室）		010－62511770（质管部）
	010－82501766（邮购部）		010－62514148（门市部）
	010－62515195（发行公司）		010－62515275（盗版举报）
网　　址	http://www.crup.com.cn		
经　　销	新华书店		
印　　刷	北京联兴盛业印刷股份有限公司		
规　　格	148 mm×210 mm　32 开本	**版　　次**	2016 年 10 月第 1 版
印　　张	10.875 插页 2	**印　　次**	2025 年 4 月第 8 次印刷
字　　数	220 000	**定　　价**	78.00 元

序

近年来，随着中国经济的迅猛发展，居民的生活水平不断提高，人们对高端消费产品与服务的认知、购买与消费行为与日俱增。奢侈品作为一种被市场公认的高端消费品，不仅满足了消费者对品位的追求，更成为身份与地位的象征，受到中国消费者的青睐。奢侈品研究和顾问机构财富品质研究院的报告显示，2014年和2015年，中国消费者全球奢侈品消费额分别达到1 060亿美元和1 168亿美元，连续两年占全球奢侈品市场总量的46%。如此大好局面，使奢侈品提供商分外欣喜，备感机会难得，同时，使营销学者分外关注，探究其原因。一面是奢侈品提供商如火如荼地促销，一面是众学者对奢侈品之魔力的冥思苦想。究竟奢侈品的本质是什么？如何对奢侈品进行测量？奢侈品的驱动因素是什么？奢侈品的运行机制是什么？奢侈品营销管理的内容与战略是什么？这些都是营销实务工作者和营销理论工作者所关心的问题。

《奢侈品营销与管理》一书为回答这些问题提供了丰富、全新、科学的信息。此书为管理者进行奢侈品管理提供了充足的事例，也为学术研究者提供了思考的线索和分析框架。该书通过18章的内容，大量的调研信息与生动的例子，全面、系统地介绍了奢侈品的本质、内容、构成框架、驱动因素和分析模型。丰富的信息、跨行业的内容、严谨的逻辑、充分的数据和具有科学范式的理论框架使该书具有非常深厚的学术底蕴，同时，该书所提供的奢侈品营销范例、指标测量方法也为奢侈品的营销管理提供了方向与工具。

该书具有以下几个特点：

1. 该书为奢侈品的本质及概念提供了一个相对完整且具有权威性的定义和解释。在奢侈品管理实践和学术研究中，都将奢侈品看作难以捉摸的概念，对其定义以及内涵的解释众说纷纭。该书从奢侈品与普通商品的区别入手，引经据典，从价格、购买情境、消费情境和消费者感知多个维度，对奢侈品提出了全新的、多维的且具有操作性的分析与解释，对于学术研究与品牌管理具有很重要的借鉴意义。

2. 该书的奢侈品指数具有一定的开创性，使情感化的奢侈品有了数量标准，此外，大量的数据分析、横跨各个品类的指数分析为学术研究与实务管理提供了分析工具。尤其是奢侈品指数以及价格中位数的分析，构思巧妙且富有操作性和解读性，能够使管理人员很容易地比较不同品类的奢侈品，清楚地识别奢侈品的市场位置。

3. 该书的奢侈品理论框架为奢侈品的学术研究提供了广阔的思路。奢侈品的内容，奢侈品的内在和外在功能，奢侈品的群体划分及奢侈品品类和定位，以及奢侈品驱动力和理论框架，奢侈品的前因变量与奢侈品附加价值指标等，为学者们进行奢侈品研究提供了方向。

4. 该书通过大量的案例来解释与论证奢侈品的驱动力。这部分内容为奢侈品营销管理者成功打造奢侈品提供了借鉴，也为学术研究者构建理论、选择研究变量、设计实验提供了思路，书中的范例与角度对于学术研究分外宝贵。

5. 该书提到的购买情境与消费情境深刻地诠释了奢侈品的情感特征与体验特征。正如 Lemon 和 Verhoef 两位教授所讲，消费者购买产品的目的并非是产品的功能与特性，而是带给消费者的认知、情感、行为和社会感知。因此，购买过程中产品与服务的稀缺性、购买地点的专属性、购买障碍、消费过程中所产生的自我概念、特殊时刻的难忘体验等都是奢侈品的独特魅力，它们提高了奢侈品的品牌资产，也增加了奢侈品附加价值。

6. 该书语言生动，举例充分，对于中国与外国的奢侈品品牌了如指掌，如数家珍。书中对奢侈品品牌故事娓娓道来，使读者从大量的实例中领略奢侈品的独特之处。

毫无疑问，我相信致力于奢侈品管理的实务工作者与学术研究者都会对本书情有独钟，并且得到启发，本书的独到分析也会给奢侈品管理者提供灵感。

于洪彦

中山大学市场学系教授

引言

“曾经，在秦朝（公元前221—公元前206），奢侈品是指这样一些东西：印度的珍珠、外国的水晶、诸如没药（myrrh）等香料，特别是地中海的红珊瑚。这种珊瑚得之不易，非常精美，最初只有皇帝才能拥有，人人都想得到它。对于红珊瑚，喜欢它的人爱不释手，不喜欢它的人觉得毫无意义。这就是当时对奢侈品的定义。自然地，奢侈品成为衡量社会地位的完美工具。西晋贵族王恺曾经拥有一株两尺多高的红珊瑚，深以为傲，直到有一天被斗富的对手石崇用铁如意打碎。随后，石崇提出他可以赔偿。石崇将他自己收藏的红珊瑚都展示给王恺，任他挑选，其中有三四尺高的，还有更多尺寸小些的，都非常精美，这说明石崇更加富有。然而，他的胜利毁掉了一切。如果贵族也可以拥有红珊瑚，它就不再是皇家独享的。专门从事相关研究的历史学家刘欣如解释，奢侈品最初是皇家专享的，后来贵族也对此感兴趣，之后是社会底层，也就是我们。当奢侈品开始普及时，对它的定义发生了彻头彻尾的改变。”（Pye，*The Scotsman*，2007-09-08，援引自Dana Thomas的《奢华》（*Deluxe*）一书中一个古老的故事）

由于人们对奢侈品的看法不同，很难给它下定义。不能简单从价格的角度去判断奢侈品。对富人来说，奢侈品可能是极其昂贵的一件衣服或一瓶香槟，而对穷人来说，奢侈品是一块上等的肉或一辆新车。对有些人来说，奢侈品可能是去豪华餐厅用餐，而对有些人来说，去一家普通餐馆吃饭就算奢侈了。

简单来说，奢侈品是稀有且具有享乐性的事物，难以获取或使用，能够在提供独特体验的同时，提升和巩固消费者的社会地位。因此，奢侈品是带有感情色彩的社会物和区别物。不同于常见的看法，本书认为奢侈品能够满足人们的需求。

奢侈品附加价值（added luxury value，ALV）这个概念在经济上解释了人们为什么愿意以高价购买他们认为奢华的东西。该价值由奢侈品信号和隐含的意义而产生，可以表现为获得关注、明星大腕的感觉、社会地位的优越感，以及终极的保护等。

为了给奢侈品营销和理解奢侈品市场提供一个良好的基础，本书系统地分析了奢侈品的本质，提出有关奢侈品最根本的主张（命题）和特质，阐述追求奢侈品消费的基本动机，继而详细分析更为具体的奢侈品体验，包括品质、审美、购买情境、消费情境、文化和社会结构、消费者细分、地域差别、产品类别以及品牌，最后以对营销管理人员制定营销策略的建议作结。

本书的部分目的是通过回答奢侈品是什么和如何管理奢侈品这样的问题，解析奢侈品。本书展示了一些新的研究成果，拓展了奢侈品研究的范畴，提供了最新的奢侈品综合剖析。

本书发现，所有产品类别在理论上都存在一个豪华的等级，而许多奢侈品品牌并没有被恰当地经营管理。因此，本书从竞争性、盈利性和可持续性的角度，向管理者提供全面的奢侈品管理工具和策略。

目录

第1章

奢侈品的本质

“尽管全球经济增长速度已经放缓，但高端零售商的前景依然乐观。波士顿咨询集团在最近的一份报告中估计，今年奢侈品的市场价值仍可达到约1.5万亿美元，其中，中国是一个关键市场。”（BBC，2012-06-06，online）

“‘奢侈’，曾被苏格拉底称为‘人为的贫困’。我不穷，但没什么比花整个下午购买奢侈品更让我觉得自己穷……为什么当我花一个月的薪水买件打折的设计师品牌的背心裙时，女售货员会让我感觉像做贼一样？为什么我喜欢的口红比一瓶上好的意大利葡萄酒还贵？”（Weber，*The New York Times*，2007-08-26）

“波士顿咨询集团的一份报告指出，从艺术品拍卖到按摩，再到野生动物园旅游，每年体验类奢侈品销售额的增长速度要比高端商品高50%……研究表明，目前体验类奢侈品几乎占据了全球奢侈品消费

份额的55%。”（Kahn，*The Hindu Business Line*，2012-06-05）

“无论是相对还是绝对而言，奢侈品都是非常昂贵的。”（Dubois and Duquesne，1993，p. 36）

“奢侈品不仅应该看着好，而且听着、闻着、尝着、摸着都觉得好才行。奢侈是感官愉悦的源泉。”（Dubois et al.，2001，p. 13）

“我管它叫黑帮手表。当戴着它招摇过市时，盲人都能看见水晶表盘上那被24K的金环环绕着的又大又粗的数字。这款手表金光闪闪，并且以一个字母R彰显其地位。”（Watkins，*China Daily*，2012-08-25）

“奢侈品消费引起了消费者的矛盾心理，因而数千年来一直饱受争议……最近基督教伦理频繁地谴责奢侈品消费行为。在法律方面，奢侈品消费更是以各种形式引起关注：从古罗马的禁奢令、中世纪的消费税到现代的奢侈品税，都是如此。”（Dubois et al.，2001，p. 3）

什么是奢侈品

奢侈品的含义第一眼看来似乎非常简单明了，因为“奢侈品”这个词被广泛且经常地使用在那些被认为是“昂贵”、“著名”、“稀缺”或“特制”的产品上。钻石珠宝、年份久远的葡萄酒、高级时装、游艇、跑车以及皮革制品都是典型的例子——所有那些只有少数人才能买得起的昂贵物品。

然而，细想一下，定义和管理奢侈品的困难就暴露无遗。昂贵的高级品牌变得无所不在、容易购买，因此人们对奢侈品的消费也越来越容易。现在一瓶顶级的香槟酒在折扣店就能够买得到，宝马（BMW）或梅赛德斯-奔驰（Mercedes-Benz）这种奢侈品品牌的小型车也开始直接与大众（Volkswagen）、丰田（Toyota）或雷诺（Renault）那样的普通汽车竞争。路易威登（Louis Vuitton）的手提包尽管标价昂贵，但在日本地铁里可能是最常见的包，而且在全世界范围内随处可见。

现在只有少数几家酒店或健康俱乐部不提供"奢侈理疗"、"奢侈周末"或"奢侈套餐"。在很多超市里经常会看到贴有"奢侈"标签的冰淇淋，甚至是"奢侈"矿泉水。很多人认为时间是他们最大的奢侈品。乍看上去，奢侈品似乎已经变成无处不在的甚至是大众化的产品，当一种奢侈品被很多人拥有或消费，它还能算作奢侈品吗？

尽管经济增长率在下降，花一大笔钱买东西的人数却在稳定增加。凯捷（Capgemini）和加拿大皇家银行财富管理机构（Royal Bank of Canada（RBC）Wealth Management）联合发布的2015年《世界财富报告》指出，2014年富裕个体（high net worth individual，HNWI，拥有的金融资产超过100万美元，不包括房产、收藏品、实体产品等）的数量和财富额都有所增长，数量增长至1 460万人，财富额增长至564 000亿美元。亚太地区的增长速度位于全球之首，该地区最富裕个体的数量超过了北美。中国最富裕个体人数位列全球第四，和美国、日本、德国一起，占全球富裕个体的比例超过2/3。鉴于拥有高可支配资产的人数持续增长，本书预计奢侈品消费还有巨大的潜力。

接下来要考虑奢侈品的另一个方面，那就是除了高价格，还有高消费。高级礼服不是每个女人都穿得了的，豪华的机械表不仅仅是用来看时间的，速度很快的豪车可能不好开，没经验的人可能欣赏不了高级雪茄或葡萄酒的香味与口感。那些高级体验甚至还需要进一步的优质配套服务，这意味着直接成本的增加和一整套必要的消费设施："好葡萄酒必须窖藏，精美的雪茄需要进行加湿，意大利跑车需要细心保养"（Foulkes, 2007, p. 81）。这些例子表明奢侈品的消费与某些前提条件或专业知识有关。

如果有人喝一瓶 1 000 美元的葡萄酒，乍看上去似乎算是奢侈，但对一个亿万富翁来说，这还算奢侈吗？从绝对价格来看，可能它是奢侈品，但如果这一绝对价格仅仅是一个人的财富或收入的一小部分呢？尤其是在人人都有钱的环境里。对于上海的一个几乎喝不起星巴克咖啡的店员，每个月都去喝一杯星巴克的浓咖啡是否算奢侈？绝对价格可能和奢侈品无关，但显然需要更为精确的判断标准。奢侈品购买在某种程度上可以被认为是某人用一大笔可支配收入进行的购买。

那么，奢侈品到底是什么？与普通商品的区别是什么？为什么消费者要购买奢侈品？为什么他们愿意接受高价格？消费情境或环境是怎样影响消费者对奢侈品的感知的？对这种感知怎样进行有效的操控？总之，奢侈品的准则到底是什么？

在这本书中，我们将努力回答这些问题，提出一个奢侈品的综合方案，并指导管理者对奢侈品进行管理。

关于奢侈品有一些矛盾的地方，一方面，奢侈品似乎是富人生活方式的一部分，也似乎被大多数人渴望与追求，甚至是很多人梦想的一部分；另一方面，奢侈品不论在私下还是公众场合，经常会引起争议。人们对奢侈品似乎又爱又恨。

奢侈品的两个典型属性是昂贵与独特，这就要求奢侈品是稀有的，但事实上，它以一个几乎无所不在的方式存在于产品、服务和其他物品之中。谷歌在 2012 年 7 月 24 日公布，“奢侈品”这个词的点击率竟然高达 7.99 亿次，远远高于“面包”（约 3.59 亿次）这个通常认为不是奢侈品的词语。

“奢侈品”一词在不同环境下普遍存在以及它超高的使用率都表明，包括消费者和营销人员在内的很多人，或许并不总是以特定和精确的含义去使用它。也就是说，研究人员可能随便使用这一词语，在评审奢侈品的相关论文时本书作者就发现了这种迹象，因此本书认为提出奢侈品管理的精准战略需要首先明确其具体内涵。

为什么关于奢侈品的研究非常少？一个原因可能是奢侈品往往建立在传统的专业知识和精心保存的品牌历史基础之上。很多奢侈品公司将精力集中于确定和明确定义它们的传统，而不是依赖或委托市场调研。例如，法国主要的皮革和丝制品公司爱马仕（Hermès）似乎在刻意避免市场调研：“我们没有试图去了解顾客需要什么，而是带领顾客走进我们的世界，用产品说服他们。”（*Los Angeles Times*，2005）依靠出色的设计师、经验丰富的工程师、一流的工匠和独特的品牌知识而不是对奢侈品关键因素进行科学分析，似乎已经成为一种趋势。

尽管充分了解奢侈品的精确定义和决定因素会使得对奢侈品品牌的指导更加精准和有益，但这并不像看上去那么简单。随后本书将更加精确地定义奢侈品，在此只是对基本参数进行一般描述。

了解奢侈品

从初始的属性比如愉悦、放纵、高兴和个人爱好，到激烈或放肆的性欲望都与奢侈品有关。《大英百科全书》（*Encyclopaedia Britannica*，2016）将奢侈品与富足和极度舒适相联系，认为奢侈品能够增添乐趣、满意度和舒适感，但不是绝对必要的。

这些以顾客为中心的属性表明，生活中人们对奢侈品有着高介入度和明显的渴望。维基百科（Wikipedia，2016）增加了奢侈品与市场和产品相关的方面，“虽然奢侈品在技术上已经不依赖于产品质量，但消费者一般认为它们是市场中质量和价格最高的产品”。

文献中与奢侈品相关的陈述（如表 1—1 所示）为理解奢侈品的某些重要方面提供了很好的出发点：

- 奢侈品通过提供愉悦、放纵的体验而具有享乐和引人注目的功能。
- 奢侈品提供了放松、舒适和独特的体验。
- 奢侈品通过价格、独特的品位和声誉与普通商品进行区分。
- 奢侈品提供了延伸个性的可能性，并为人们和精英群体相联系提供了一种可能。
- 奢侈品取决于收入和文化，因此能体现社会地位。
- 奢侈品在一个必需品—奢侈品统一连续体上似乎是必不可少

的一环，是人们渴望得到的。

● 奢侈品感知似乎被相关的因素影响，比如质量、极高的价格、稀缺性、审美吸引力、材料、历史等。

表 1—1　　奢侈品的要素和性质

参考	奢侈品的陈述与定义	奢侈品的要素和性质
《大英百科全书》（网络版）2016	• 词源：中世纪英语 luxurie，来自诺曼时代在英国使用的法语 luxorie 一词，源于拉丁语 luxuria，意为繁茂、奢侈、无节制；类似于 14 世纪拉丁语中的 luxus，意为奢侈、无节制 • 最初的含义：欲望（愉悦、喜悦、个人爱好、愿望，经常指强烈或毫无节制的性欲，淫荡、强烈的渴望、渴求），纵欲（性活动的无节制放纵、淫荡） • 充分或极大的放松和舒适的条件：豪华的环境（“生活奢侈”） • 增加愉悦或舒适的事物，但不是绝对必要的（“生活中最奢侈的事情之一”） • 放纵于愉悦、满意或舒适的事物之中（“享有拒绝大把工作机会的奢侈……”） • 同义词：舒适、浪费、花哨、过多、过剩 • 必需品和奢侈品之间的区别是不准确的。分界线随收入、社会阶层划分标准的变化而变化，同时随着技术的发展以及社会价值观的改变而改变（Encyclopaedia Britannica，2016） • 必需品被定义为需求的收入弹性小于 1 的商品，而奢侈品则是需求的收入弹性大于 1 的商品（Encyclopaedia Britannica，2016）	• 愉悦和放纵 • 欲望 • 轻松与舒适 • 收入 • 社会阶层与价值观念 • 收入弹性

续前表

参考	奢侈品的陈述与定义	奢侈品的要素和性质
维基百科 2016	• 某些产品达到奢侈品的水平是由于它们的设计、质量、耐用性或性能都明显优于其他替代品 • 事实上，目前市场上几乎每个产品类别都是一些相似产品的集合，它们中的奢侈品拥有更好的材质、坚固的结构、时尚的外观、更强的耐用性、更好的性能、先进的功能等 • 这些奢侈品都保留或者改进了某个产品类别中所有物品最初设计时的基本功能 • 虽然奢侈品在技术上不依赖于产品质量，但它们一般被认为是市场中质量和价格最高的产品 • 一个奢侈品品牌或声望高的品牌的大部分产品都是奢侈品。它也可能包括那些名字和奢侈、高价、高品质相关的产品，虽然数量很少，但如果有的话，这些产品目前也被认为是奢侈品	• 优于非奢侈品的独特的产品品质，例如，设计、风格、材料、结构 • 最高端的品质和价格 • 各种产品类别的子集 • 奢侈品品牌包括一系列奢侈品
林德纳 (Lindner) 2008	• 高价商品可以传达声望和属于精英群体的感觉 • 奢侈品可以起到“表达感情”的作用 • 感知质量更为重要 • 其他因素：直接竞争对手的价格、独特感、产品所包含的情感信息……以及拥有某些奢侈品所带来的名望 • 消费者购买奢侈品的意愿往往取决于他们想要打动谁	• 高价格 • 情感 • 象征 • 声望 • 品质 • 精英群体 • 区分标准，意味着打动别人
拉费拉 (La Ferla) 2006	• 对于现在的很多人来说，与其说他们对实际拥有奢侈品感兴趣，不如说他们更热衷于体验	• 独特体验

续前表

参考	奢侈品的陈述与定义	奢侈品的要素和性质
迪布瓦等（Dubois et al.）2005	• 现代营销中，奢侈品是指几乎任何产品或服务类别中存在的特殊等级 • 奢侈品意味着高品位，能够让其使用者与他人区分开，因此必然是非常昂贵的（精英对奢侈品的观点） • 很多人拥有奢侈品，任何人都应该有权使用奢侈品。奢侈品不是优雅人士的专享，并且不需要专门的教育才能够欣赏它（一个更加开放的观点，奢侈品研究中的大众群体） • 远离奢侈品的消费者不是那么被奢侈品吸引。通常来说，他们不那么喜欢奢侈品，较少想到它们，不认为它们能让生活更美好，较少对它们感兴趣，并且不大会花费几个小时去谈论它们……他们不大可能购买奢侈品并且相信“高仿货”和正品一样好（远离奢侈品人群的观点）	• 各种产品类别的子集 • 通过高品位和昂贵的价格进行区分 • 吸引了很多人，同时被一些人拒绝 • 细分
迪布瓦等（Dubois et al.）2001	• 奢侈品的感知集合了几个相互依存的维度，消费者和奢侈品的关系也是多维的 • 有关奢侈品的第一个方面是感知优质品质 • 第二个方面是高价格 • 有关奢侈品的第三个方面是稀缺性 • 奢侈品的第四个方面是审美情趣 • 大多数消费者描述他们的奢侈品消费是一个可以调动所有感官的高度享乐的体验 • 有关奢侈品的第五个方面是其历史定位，奢侈品需要讲述一个故事甚至一个传奇 • 最后，奢侈品意味着某种意义上的多余或无用	• 相互依存的维度：品质、高价格、稀缺性、审美情趣、享乐、体验、历史、多余
肯普（Kemp）1998	• 最有影响力的心理学理论……（关于奢侈品）大概来自马斯洛（1970），他提出了需求层次，从基本的生理需求，如饥饿或口渴，到自我实现的需求。据马斯洛说，较低层次的需求必须在下一个较高层次需求产生之前被满足	• 基于需求层次理论的必需品—奢侈品连续体

续前表

参考	奢侈品的陈述与定义	奢侈品的要素和性质
肯普 (Kemp) 1998	• 马斯洛的理论指明了在不同的活动或用于不同活动的商品中有序安排必需品—奢侈品连续体的一种可能方式	
迪布瓦和杜肯 (Dubois and Duquesne) 1993	• 收入是一个相当重要的细分变量 • 价格差经常用来识别乃至界定奢侈品的构成 • 消费（奢侈品）所带来的象征意义和社会价值揭示了文化的显著影响 • 根据享乐的观点，购买奢侈品主要是为了满足购买者对其象征意义的欲望，其他作者已经强调了消费者通过他们的财产来延伸自己个性的愿望 • 个人收入越高，购买奢侈品的倾向就越高 • 对文化变迁的态度越正面，购买奢侈品的倾向就越高	• 收入与文化作为细分变量 • 价格差作为定义的因素 • 享乐主义 • 个性延伸

有关奢侈品概念维度的绝对数量和它们潜在的相互依赖程度，都显示奢侈品是一个复杂的概念，这也告诉我们由于环境和社会地位的不同，人们对奢侈品概念的感知也会非常不同。

从个体的角度来看，奢侈品似乎有着强烈的象征意义。迪布瓦和杜肯（1993，p. 43）认为，“……很多人购买这类商品是因为它们的象征意义。购买奢侈品是一种表达自身价值的极端形式，这与享乐型消费和自我个性延伸模型相一致”。林德纳（2008）引用哈佛教授古维尔（Gourville）的观点，“消费者对奢侈品的购买意愿往往取决于他们试图打动谁”。

作为出发点，奢侈品消费可以被描述为社会上的歧视消费，它提供了一种在社会环境中进行独特自我定位的方法（见图 1—1）。这会产生两个结果：第一，奢侈品应该能够传递给人们非常明确的信号，这样将奢侈品和非奢侈品之间的任何混淆最小化。第二，独占性是关键。奢侈品是相当独特的、稀缺的、不易获得或使用、引人注目以及和历史有关，从某种意义上说，我＝有，其他人＝无。

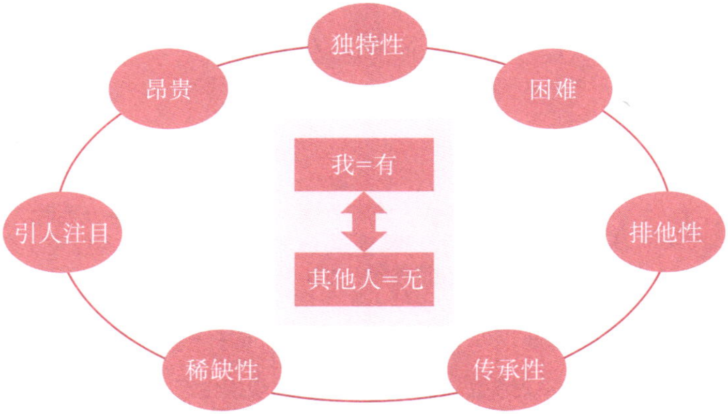

图 1—1　出发点——奢侈品的性质

那么人们对奢侈品的看法有何不同？迪布瓦等（2005）基于消费者对奢侈品的态度划分了几类消费者（见图 1—2）。首先，他们将那些认为奢侈品只为少数人所拥有的人界定为“精英派”。这个派别认为和奢侈品相关的属性有：高品位、上层人士、可以谈论几个小时、让生活更美好、让梦想成真和需要学习。

第二类是“大众派”，他们认为奢侈品并不为某些人所独享，而是几乎随处可见。他们认为奢侈品“不是那些上层人士专有的，也不需要专门学习才能充分享受奢侈品。奢侈品既不是‘高品位’的代名词，也不是和其他人相区别的工具。它并不一定是非常昂贵的”（Dubois et al.，2005，p. 121）。

第三类是“远离派”，他们将“远离派”消费者定义为，

"他们认为奢侈品是个不同的世界，而他们不属于那里"（Dubois et al.，2005，p. 122）。远离奢侈品的消费者很少被奢侈品吸引，因为他们认为奢侈品无用或过于昂贵，所以对其持否定态度。他们不相信奢侈品质量有多么上乘，也不需要正品，高仿货就足够满足他们了。他们在被奢侈品包围的环境中会感到不自在（如奢侈品商店），他们完全不认为奢侈品是其生活方式的一部分。

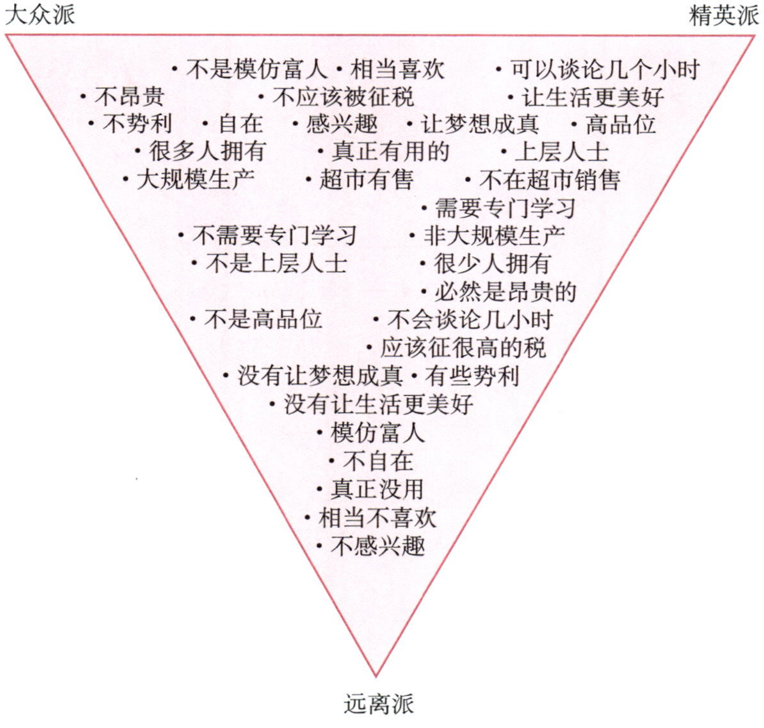

图 1—2　消费者分类：对奢侈品的态度

资料来源：Dubois et al.，2005，p. 123.

为什么独特的体验对奢侈品很重要

尽管有些人感觉奢侈品让人有距离感或拒绝奢侈品，但由于奢侈品是凸显和延伸个性的一种方式，人们对奢侈品似乎还是有需要的。因此，总的来说，从马斯洛需求层次的生存需求到自我实现需求的过程，奢侈品在人们的生活中应该扮演一个重要角色。对于达到马斯洛需求层次的最高层次——自我实现需求——的人来说，奢侈品在他们的生活中扮演了非常重要的角色（Kemp，1998）。

另外，任何一种能够在社会参照组内提高个人社会地位的产品，对任何人来说都应该（至少在潜意识层面）是重要的产品，不管个人的理性程度如何。

因此，如果不是对于所有人，至少对于大部分人来说奢侈品是重要的，不管人们是否理性，以及理性程度如何。不过，理性评价——反映在按精英派、大众派和远离派划分出不同消费者群体上——最有可能影响购买计划、购买行为和自身的购买理由及对他人的推荐。

毫无疑问，价格和收入对奢侈品有重要影响。一般认为奢侈品的收入弹性应该大于 1（比如，Dubois and Duquesne，1993，Encyclopaedia Britannica，2016）。这可通过简单的逻辑表明：可支配预算越高，购买高端产品的可能性也就越高。

如果奢侈品对定义一个人的个性起到重要作用，在可支配预算变化时（例如，经济衰退期），奢侈品的购买可能会相对稳定。在收入减少的情况下，人们不愿意降低购买和消费档次，就如同人们在可支配收入和财富增加时，会增加消费。

拉费拉（2006）认为独特体验是奢侈品的一个主要方面。更具体地说，奢侈品可以被看作独特的、稀缺的、特殊的甚至是从未有过的体验的主要提供者。

拉费拉甚至认为，奢侈品的体验比实际拥有它更重要。这体现在为某些特定场合租赁奢侈品的趋势（例如，宴会上穿的晚礼服或戴的珠宝），或对奢侈品的部分拥有（例如，女性朋友共同购买一款奢侈手提包，每个人都可以在一定的时间内使用它，或是私人飞机和私人度假区的部分所有权）。

乍看起来，以上两种形式的奢侈品体验似乎主要跟预算有关，它们确实具有和体验相关的功能。如果某人可以用较低的价格取得部分所有权来得到奢侈品体验（例如驾乘私人飞机），那么这种特殊体验可以更经常获得，或者能增加对其他同类奢侈品的体验。通过实现在更多情况下消费更多不同的奢侈品，奢侈品租赁或者取得部分所有权使得奢侈体验的可能性最大化。

奢侈品体验的重要性与弗里德曼（Friedman，2007）阐述的奢侈品消费者寻求的要素有关，这些要素包括惊喜、魅力、欲望与诱惑，“……奢侈品是什么完全取决于个人和情感。它是人们不了解的东西”。

此外，迪布瓦等（2005）指出就精英人士而言，奢侈品消费和体验可能需要特殊学习。这可能会增加对社会消费差距的感知（见图1—3）。因此，奢侈品的社会地位区分功能加上其独特体验，使得奢侈品及奢侈品品牌都是人们所渴望的，并且它们对人们具有重要意义，即便对那些原本想与奢侈品保持距离的人也是如此。这些性质很好地解释了为什么人们消费奢侈品。

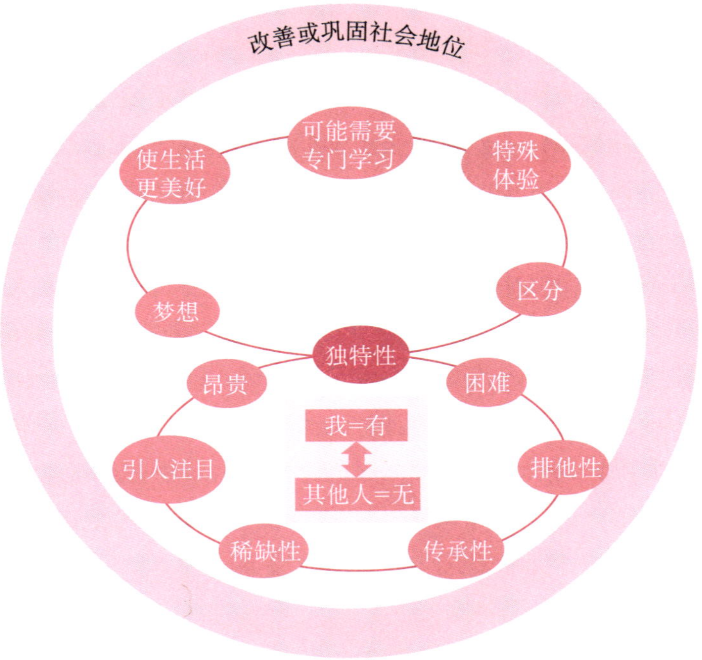

图 1—3　奢侈品的性质（延伸版）

为什么财产很重要

奢侈品一个很有意思的方面就是它能够延伸一个人的自我认知。贝尔克（Belk，1988）在对财产进行大量文献回顾的基础上，指出财产是其所有者身份的一部分甚至是其驱动力。贝尔克（1988，p. 139）引用了威廉·詹姆斯（William James）早在 1890 年就提出的观点，强调个人是用他所拥有的财产来定义的，"……不仅是他的身体和精神力量，还包括他的衣服和房子、妻子和孩子、祖先和朋友、名誉和作品、土地和游艇以及他的银行账户。所有这些给他带来相同的感受。”贝尔克的研究强调，产品本身以及对它们的拥有和消费对人们的自我延伸起到重要作用。如果财产丢失或者被窃，人们就丢失了他们的部分身份和记忆。这就解释了为什么很多人跟他们所拥有的一些贵重物品建立了强烈的情感联系。

在先前的研究中，贝尔克（1985）引用物质主义作为人们基于消费的一种导向，解释了财产的重要性。他引用先前的研究，认为贪婪的欲望在古代文明中就已经出现，而且指出贪欲似乎在很大程度上与文化环境无关，对比美国和日本的例子就能看出这一点。然而，物质主义在个体之间存在差异，通过比较禁欲的苦行僧和摩根大通（J. P. Morgan）贪婪的消费模式就能知道。贝尔克提出，物质主义随着人们的生活阶段而改变，从单纯的积累和消费产品向积累体验转变。

很多奢侈品都有负的外部性，即越多的人拥有或使用某个奢侈品，其价值越低。对这一点的理解是成功管理奢侈品的一个关键因素。因此，奢侈品对个体自我延伸的影响程度在某种意义上是排他性功能的体现。

奢侈品：绝不仅仅是昂贵

正如我们所看到的，只用昂贵或与众来不同来形容奢侈品并不精确。与非奢侈品相比，奢侈品更多地体现在使其具有排他性和独特性等一系列属性上。虽然奢侈品与愉悦、丰富和享乐典型相关，但奢侈品在提供超乎想象的独特体验的同时，还进一步改善和巩固了人们的社会地位。另外，奢侈品的独特性是梦想、使生活更美好的自我感知能力以及区分社会地位的能力三者相结合的结果。

奢侈品不是只有少数人才能买得起的昂贵物品。它和很多人的梦想有关，它帮助界定对社会地位的感知，它在公开或私人场合提供特别的体验，这些都是可以触及人们需求的复杂而又具有吸引力的话题。

本书的目标是呈现奢侈品的背后是什么。在下面的章节中，本书将深入挖掘、阐释奢侈品其他隐藏的方面。奢侈品的驱动力是什么？如何更全面地理解奢侈品？如何识别哪些品类的产品有成为奢侈品的潜力？所有这一切都能够给管理者提供一个强大的工具，以便更有利润和持续地管理奢侈品。

我们确信本书提供了巨大的附加值。对那些希望对奢侈品有一般了解的人，本书提供了许多新的研究发现，这些发现极大地拓宽了人们对奢侈品的认识范畴，揭开了隐藏在奢侈品魅力背后的秘密。奢侈品品牌管理者将从以六个制胜方略为中心的指导建议中获得启示。非奢侈品品牌管理者也将受益于本书，因为本书提供了关于如何营销最畅销产品的见解，这将大大提升产品的重要性和成功的可能。

奢侈品全球市场现状

贝恩咨询公司（Bain & Company）2015 年奢侈品全球报告指出，全球奢侈品市场在 2015 年第一季度呈现上涨趋势，但是不同的奢侈品品类在全球市场上的表现不尽相同（Bain & Company，

2015)。该公司将奢侈品分为10类，其中增长幅度最大的分别是：豪华汽车（8%）、豪华酒店（7%）和艺术品（6%）。在众多的个人奢侈品中，配饰增长幅度最大，占有30%的市场份额，且增长率达到3%，其次是服装类和硬奢侈品（hard luxury，例如珠宝和手表）。该报告指出汇率的波动仍然是影响奢侈品市场的重要因素。同时，值得注意的是，奢侈品的消费范围不限于一个国家内部。奢侈品全球市场不仅关注谁是购买者，也关注在何处购买。日本的奢侈品市场增长速度较为稳定，日本人由于货币因素（自2012年日元贬值了近30%）倾向于在日本国内购买奢侈品。近几年很多中国人到日本购买奢侈品，对当地的奢侈品市场影响很大。在美洲地区，游客构成了最大的奢侈品市场。在欧洲地区，尽管受到持续的经济挑战和社会政治因素的影响，奢侈品市场由于国际旅游业的支持呈现小幅增长。中国以外的一些亚洲国家，特别是韩国，正在逐步提高它们对奢侈品市场的影响力，但是由于中东呼吸综合征的影响，奢侈品销售增长幅度较小。中国游客对于推动韩国和东南亚奢侈品市场的发展有很大的帮助。针对这种趋势，奢侈品全球市场管理需要考虑到不同区域的具体情况。在2014年，中国奢侈品消费首次出现负增长，在很大程度上是因为对于奢侈品消费的控制加大以及消费模式的改变。根据欧睿信息咨询公司（Euromonitor International）2015年底的报告，中国的奢侈品消费在2015年上半年由于经济状况好转而有所增长，但增长幅度较小。中国消费者对全球奢侈品消费产生了很大的影响，可支配收入的增加激发了他们消费多种奢侈品的热情。除了经济因素，奢侈品公司在市场推广活动和电子商务方面的投入也促进了奢侈品消费的增加。其中，奢侈品电子商务消费在2015年达到奢侈品市场总额的7%（Euromonitor International，2015）。然而，我们也需要关注到中国奢侈品市场出现的一些问题。参考消息网 2015 年 11 月 17 日报道称，路易威登集团关闭了在中国的 3 家门店，使该集团在中国的门店数量减少到约 50 家。这说明奢侈品在中国市场仍然受到经济增长速度减慢以及反腐败反浪费运动开展的影响。在本书后面的章节会针对奢侈品在中国市场存在的问题提出应对策略和建议，希望对奢侈品在中国市场的发展有所贡献。

第2章

奢侈品品类与奢侈品指数

“宝格丽（Bulgari，意大利奢侈品品牌，主营珠宝、配饰和香水）在巴厘岛开了个度假村，罗伯特·卡沃利（Roberto Cavalli，意大利设计师品牌，主营时装和香水）的产品包括手工制作的伏特加，范思哲（Versace，意大利奢侈品品牌，主营时装和香水）还为私人飞机提供装饰品。此外，乔治·阿玛尼（ Giorgio Armani）的第四个多功能概念店，即东京的阿玛尼概念店（位于银座大厦）计划在11月开业，它一共有12层，包含一个水疗中心、一家夜总会和一间花店。”（Mah，*International Herald Tribune*，2007-09-19，online）

奢侈品品类潜力分析

由于要确定如何管理奢侈品以使其具有盈利性及持续性，本书尝试去了解不同品类产品成为奢侈品的潜力。

对奢侈品潜力的评估显然很重要，因为对于那些活跃在一线奢侈品阵营的公司，产品品类的潜力分析提供了一个将现有奢侈品的某些品类作为其他品类标杆的机会。这种标杆化的结果是可能会有新的，甚至是更独特、更奢侈的产品脱颖而出，而这些产品的定价可能更高，收益也更高。

同时，产品品类潜力分析还可以识别同一品类内或不同品类之间，公司产品与竞争对手产品相比的相对位置，从而帮助优化和协调公司定价。在投资组合方面，如果一个公司想要将品牌延伸到其他产品品类，品类潜力评估可能有助于公司明确那些取得延伸成功所需的能力。

从发展阶段和竞争力的角度看，品类潜力分析还可以帮助公司确定经营一个奢侈品品类是否具有吸引力。如果一个品类中还没有奢侈品，先行者可能一出手便可占据领先位置。另外，要改变消费者的观念，使一个现有品类朝奢侈品的方向发展可能是困难的、昂贵的和冒险的。

因此，理解奢侈品的品类潜力能够为我们提供一种更加精准和成功的执行策略，进而实现奢侈品品牌和产品的盈利性及持续性发展。

品类评估参数

如何评估某个品类产品的奢侈品潜力？一个核心假设是理论上所有产品品类都会有一个达到奢侈级别的高档产品。对于一个品类，这也许会导致两个可能的评估结果：已经有奢侈品存在或者尚未开发出奢侈品。

本书把最高价格、最低价格以及中间价格之间的差异作为产品品类奢侈潜力的评估参数。以价格作为判断标准的好处是：价格能够从品类属性中独立出来从而定量地比较几个不同的产品品类。当然除了价格之外，还有其他的判定标准，包括主观评价等。本书采用价格相关的方法是因为它简单、易懂、快捷且不受个人主观影响。

图 2—1 形象地呈现了价格相关的奢侈品品类评估方法。

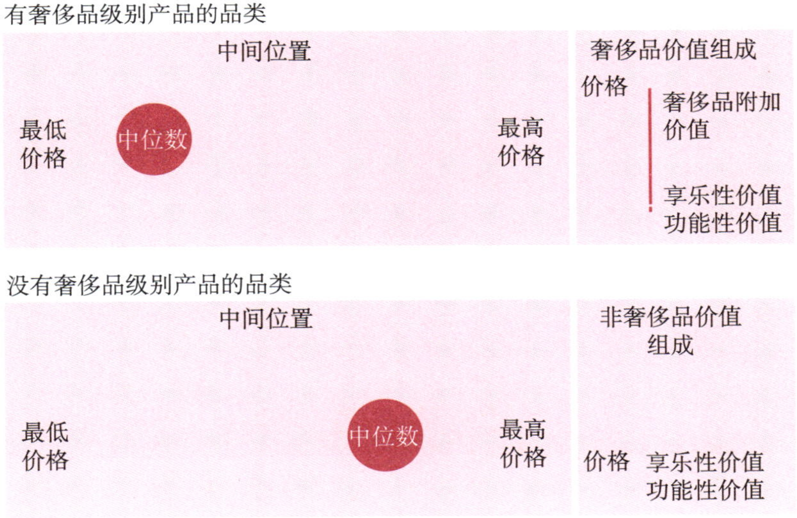

图 2—1　奢侈品品类评估参数

如果以下两个条件同时满足，我们就可以假定一个品类有奢侈品：

● 价格差异的绝对值大。根据产品品类的不同，最便宜和最昂贵的产品之间可能相差几十万甚至几百万欧元。本书提出可以使用奢侈品指数（用一个品类的最高价格除以最低价格）来测量和比较这种差异。我们希望最昂贵奢侈品的价格是最便宜产品价格的很多倍，这种价格差异来自奢侈品附加价值。

手表品类是一个很好的例子（见表 2—1）。最便宜的手表可能 5 美元就能买到，最贵的手表则需要 160 万美元，这个品类中最高价是最低价的 320 000 倍，奢侈品指数高达 320 000，足以说明手表是一个奢侈品品类。

本书没有使用前 1%原则作为品类分析的参数，因为所有品类都有最高档次的产品。奢侈品指数显然是一种更好的评价方法，因为它是对品类间相对奢侈程度的测量。

● 消费价格的中位数偏低。如果一个品类中有奢侈品，那么消费价格的中位数应该明显偏向低价格方向。其基本原理依然是品类的奢侈品附加价值，品类中顶层产品的附加价值显著增加，这表明顶层产品应该远离市场的中间位置。如果一个品类中没有奢侈品，那么这类产品之间的价格应该很接近，并且中位数会相当接近整体价格的中间位置或稍微偏向价格高的一边。以手表为例，估计其价格的中位数大概是 200 美元，这在该品类的价格区间中处于绝对低价的一边，这是第二个说明手表是奢侈品品类的有力证据。

50 个品类的评估

为了应用这一评估逻辑并得到进一步的研究结论，本书分析了 50 个品类，其中一半是耐用品品类（如平板电视、汽车），另一半是非耐用品品类或服务（如洗衣粉、水疗）（见表 2—1）。该分析是在对每个品类的最低价格、中间价格和最高价格进行最优估计的基础上进行的。

表 2—1 奢侈品潜力分析

	品类	最低价格[E]	最高价格[E]	中位数[E]	中位数在品类中的位置	指数＝最高价格/最低价格
耐用品	平板电视	€ 250	€ 100 000	€ 1 200	1.0%	400
	汽车	€ 7 500	€ 1 660 000	€ 28 000	1.2%	221
	房子	$ 30 000	$ 1 000 000 000	$ 200 000	0.0%	33 333
	手表	$ 5	$ 1 600 000	$ 200	0.0%	320 000
	家庭电话	€ 15	€ 880	€ 50	4.0%	59
	手机	€ 1(合约机)	€ 1 300 000	€ 100	0.0%	1 300 000
	手提包	€ 9	€ 261 000	€ 60	0.0%	29 000
	音响设备	$ 20	$ 1 000 000	$ 150	0.0%	50 000
	音频线	$ 2	$ 7 250	$ 10	0.1%	3 625
	耳机	$ 5	$ 15 900	$ 40	0.2%	3 180
	笔记本电脑	$ 133	$ 1 000 000	$ 1 300	0.1%	7 519
	鼠标垫	$ 2	$ 500	$ 8	1.2%	250
	男鞋	$ 5	$ 1 830	$ 80	4.1%	366
	女鞋	$ 5	$ 2 000 000	$ 80	0.0%	400 000
	女士内衣	$ 3	$ 15 000 000	$ 35	0.0%	5 000 000
	牛仔裤	$ 15	$ 10 000	$ 70	0.6%	667
	男士西装(成衣)	$ 60	$ 15 000	$ 300	1.6%	250
	泰迪熊	$ 9	$ 84 000	$ 20	0.0%	9 333
	卫浴水龙头	$ 20	$ 4 500	$ 60	0.9%	225

续前表

	品类	最低价格[E]	最高价格[E]	中位数[E]	中位数在品类中的位置	指数 = 最高价格/最低价格
耐用品	高尔夫球具套装	$ 179	$ 32 000	$ 300	0.4%	179
	床	$ 89	$ 1 600 000	$ 300	0.0%	17 978
	真空吸尘器	$ 9.99	$ 1 800	$ 100	4.5%	180
	铅笔	$ 0.20	$ 9 500	$ 2	0.0%	47 500
	钢笔	$ 9	$ 730 000	$ 50	0.0%	81 111
	电动剃须刀	€ 5	€ 350	€ 125	36.2%	70
非耐用品	煎蛋饼	$ 2	$ 1 000	$ 8	0.6%	500
	晚餐(15 个人)	$ 100	$ 30 000	$ 200	0.3%	300
	甜点	$ 2	$ 14 500	$ 8	0.0%	7 250
	巧克力(500 克)	$ 1.80	$ 2 600	$ 4	0.1%	1 444
	冰淇淋(勺)	$ 0.40	$ 200	$ 1	0.3%	500
	浓咖啡	$ 0.70	$ 20	$ 2.50	9.3%	29
	酒店套房(一晚)	$ 130	$ 30 000	$ 280	0.5%	231
	香烟	$ 3	$ 100 000	$ 3.50	0.0%	33 333
	水(750 毫升)	$ 0.30	$ 60	$ 0.60	0.5%	200
	葡萄酒(瓶)	$ 1	$ 160 000	$ 8.50	0.0%	160 000
	啤酒(瓶)	$ 0.30	$ 100	$ 0.60	0.3%	333
	牛奶(1 升)	$ 0.50	$ 45	$ 0.80	1.7%	90
	苹果汁(1 000 毫升)	$ 0.90	$ 14	$ 1.25	2.7%	16

续前表

	品类	最低价格[E]	最高价格[E]	中位数[E]	中位数在品类中的位置	指数 = 最高价格/最低价格
非耐用品	游艇租赁(周)	€ 500	€ 660 000	€ 6 000	0.8%	1 320
	水疗	$ 40	$ 5 000	$ 75	0.7%	125
	威士忌(瓶)	$ 12	$ 38 000	$ 30	0.0%	3 167
	干邑白兰地（每瓶750毫升）	€ 16	€ 200 000	€ 40	0.0%	12 500
	香槟(每瓶750毫升)	€ 13	€ 750	€ 25	1.6%	58
	卫生纸	$ 0.20	$ 30	$ 0.35	0.5%	150
	洗衣粉(1千克)	€ 1.66	€ 6	€ 3.00	50%	3.6
	香水	$ 2	$ 215 000	$ 30	0.0%	107 500
	牙膏	$ 1.20	$ 15	$ 1.80	4.3%	12.5
	面霜(150毫升)	$ 1.20	$ 2 645	$ 10	0.2%	2 204
	洗发水(200毫升)	€ 0.50	€ 100	€ 2	1.5%	200
	飞机票:法兰克福—纽约	$ 385	$ 6 900	$ 550	2.5%	18

E 基于店铺调查和网络调查（如 forbes. com，forbestraveller. com，pricerunner. com，most-expensive. net）的最佳估计，2007 年 10 月至 2010 年 12 月。

价格信息来自 2007 年 10 月至 2010 年 12 月进行的大量店铺调查和网上调查，店铺调查在德国、法国和西班牙进行。

尽管所调查的品类是事先主观选定的，但本书尽量涵盖了大众化的常见品类（比如汽车、笔记本电脑、房子、洗发水、面霜、牙膏）以及一些通常被认为是奢侈品的品类（如香槟、水疗、高尔夫球具套装、游艇租赁）。

结果如表 2—1 所示，价格分别用 X_{Min}，X_{Max} 和 $\overline{X}$ 表示。每个品类的中位数用百分比表示。最后所得方程为：

$$\frac{\overline{X}-X_{Min}}{X_{Max}-X_{Min}}\times 100\%$$

从这个百分比可以看出，中位数在价格区间 $[X_{Min}, X_{Max}]$ 中的位置。如果中位数接近品类中的最低价格，该指标将接近 0%；如果中位数接近最高价格，那么该指标将接近 100%。本书在一条刻度为 0～100 的直线上，用一个红点来直观地表示百分比的位置。

最后一列是奢侈品指数，即 X_{Max} 除以 X_{Min}。该指数表示品类中最高价格是最低价格的倍数，在某种程度上说明了一个品类中奢侈品附加值的大小。以此为起点，本书有三个主要发现：

● 耐用品和非耐用品的奢侈品指数都很高，这表明判断奢侈品不一定依据它是耐用品、非耐用品还是服务。这个结果与所有品类都可能有奢侈品的主张是一致的。

● 在比较两组的绝对价格时发现与非耐用品相比，（消费者）对耐用品的支付意愿更高。这与本书关于（消费者）对奢侈品的耐用性要求较高的研究结果相一致。从某种意义上说，耐用性对奢侈品很重要，并能提高（消费者的）支付意愿。同时，非耐用品也会被（消费者）当作奢侈品并以高价购买。

● 在观察的所有品类中，奢侈品指数排名前 5 位的是：

(1) 女士内衣，指数为 5 000 000，最高价格是 15 000 000 美元。

(2) 手机，指数为 1 300 000，最高价格是 1 300 000 欧元。

(3) 女鞋，指数为 400 000，最高价格是 2 000 000 美元。

(4) 手表，指数为 320 000，最高价格是 1 600 000 美元。

(5) 葡萄酒，指数为 160 000，最高价格是 160 000 美元。

此外，这五个品类在价格区间内的中位数位置为 0%，根据本书定义的标准，它们是奢侈品品类。近距离地观察这几类当中最高档的产品从而总结管理启示，将会很有趣。

结果与启示

性感内衣中价格最高的是维多利亚的秘密（Victoria's Secret）旗下的炙热梦幻组合（Red Hot Fantasy Combo），吉赛尔·邦辰（Giselle Bundchen）曾在纽约百老汇的维多利亚的秘密旗舰店开业典礼上穿过。这款内衣镶有 1 300 块宝石，其中包括被小钻石环绕的 300 克拉的泰国红宝石。此款内衣仅制作了一件，由于它价值连城且独一无二，购买价格还包括由专门训练的保安人员和装甲车押运的费用。虽然自从它出现在维多利亚的秘密的产品目录中吸引了很多关注，但这件内衣至今还没有售出（Sussman, 2005）。

该商品的价值是由一系列独一无二的因素构成的：仅此一件，由世界顶级超模在特别的旗舰店开业典礼上穿过，特别的送货方式，加上独特的工艺和稀有的材质。消费溢价使它更有价值：如果想穿上它，顾客可能得节食减肥甚至做整形手术，才能拥有吉赛尔·邦辰那样的身材；保存和使用需要高度安保措施。概括地说，它用极致来诠释独特就是一切，消费和占有都需要高溢价。

最贵的手机是Ancord钻石加密智能手机，由澳大利亚设计师彼德·阿里森（Peter Aloisson）制作而成。这款手机的机身由铂金制成，标志和导航键用的是18K金，手机的两侧都装饰有25个0.5克拉的公主方钻。网站上把其独特性作为关键价值驱动因素来宣传："你的身份通过日常物品体现出来，而彼德·阿里森制作的手机能够让你与众不同。对于那些想要得到最好产品的人来说，它是对自己的宠溺。在成千上万的手机中，这款手机的每个部件都是独一无二的。这就是其特别之处，一旦拥有便卓然独立。独特专属的设计所带来的光环和魅力使机主和手机受到众人瞩目"（Aloisson，2007，online）。

最贵的鞋子是价值200万美元的斯图尔特·韦茨曼（Stuart Weizman）2004年的"灰姑娘的凉拖"，与最贵的内衣类似，这款鞋子也是以在白金鞋面上装饰超过500颗钻石为特色，其中包括一颗罕见的5克拉干邑色钻石，仅这颗钻石就价值100万美元，曾经被奥斯卡提名歌星艾莉森·克劳斯（Alison Kraus）在2004年的奥斯卡颁奖典礼上穿过（Stuart Weizman，2007）。工艺、材质和独特传奇经历（"在奥斯卡颁奖典礼上穿过"）的结合造就了其价值。

最贵的手表是江诗丹顿（Vacheron Constantin）的Tour de L'ile，价格是160万美元。制作这款手表耗费了世界上最好的钟表匠10 000多个工时，这使得Tour de L'ile在工艺上绝对是独一无二的。这款手表是纪念江诗丹顿250周年的限量版，只生产了7只。

最贵的葡萄酒是1787年的拉菲特（Lafitte，现在称作Lafite，拉菲），1985年12月在伦敦的佳士得拍卖行（Christie's）以16万美元售出。帕特里克·拉登·基夫（Patrick Radden Keefe，2007，online）在《纽约客》（*New Yorker*）中说道："……证据表明，该瓶葡萄酒曾经属于托马斯·杰斐逊（Thomas Jefferson），将拍卖会上的这瓶'认为是世界上最伟大的珍品之一丝毫不为过'，对于装在如此年代久远的瓶子里的酒来说，酒的液面'出奇的高'—— 距离软木塞只有半英寸①，而且酒的颜色由于年份的缘故非常深。这瓶葡萄酒的价值被列入'不可估量'的行列。"在第一届总统任期内，杰斐逊在葡萄酒上的花费相当于今天的125 000美元，他被认为是美国第一个葡萄酒鉴赏家。他对葡萄酒的热情是在他成为美国总统之前担任驻法大使期间培养出来的。这瓶酒的瓶子有个特别之处：瓶身上印有"Th. J."的姓名首字母。据帕斯莫尔（Passmore，2003，online）所说，这个姓名首字母缩写就是"创纪录价格的保证……"

这瓶酒并不是买来喝的，因为200年超过了任何葡萄酒的保质期。帕斯莫尔（2003，online）总结道："这些高价醋（红酒由于年代久远等原因，保存不当可能会变酸）和其他葡萄酒类奢侈品的诱人之处在于收藏而非消费。"显然，1787年的拉菲不是被当做一瓶酒而是被当做对杰斐逊的一种纪念来买的。这瓶酒现存于纽约福布斯收藏馆。与以上提到的奢侈品一样，这瓶酒也是集工艺、稀有和传奇于一身的典范。

高端产品有什么共同点？

- 绝对价格一般高于100万美元（葡萄酒除外），只有少部分

① 1英寸=2.54厘米。

人能够负担得起。

- 同一品类中最便宜和最昂贵物品之间的奢侈品指数>100 000，将高端产品与其他产品明显地区分开来。
- 严格限量。葡萄酒和女士内衣都是仅有一瓶（件），其他的例子中，数量也屈指可数。
- 在限量生产的基础上，与物品相关的传奇故事更增加了其独特性。
- 它们更像是艺术品，买来是用于收藏的，一般都不是日常物品。
- 它们是特殊工艺、手工制作与精心挑选的产物。

按照奢侈品指数排名，第五名之后的奢侈品依次是：香水（克莱夫基斯汀（Clive Christian）的皇家尊严（Imperial Majesty scent）香水，限量 10 瓶——装在镶有一颗 5 克拉钻石的巴卡拉（Baccarat）水晶香水瓶中），香烟（限量仅一盒的好彩（Lucky Strike）香烟，包装上装饰了一颗大钻石和一块红宝石），钢笔（万宝龙（Montblanc）和梵克雅宝（Van Cleef & Arpels）携手打造的"神秘巨匠"（Mystery Masterpiece）名笔，分为蓝宝石、祖母绿与红宝石三款设计，并以 840 颗钻石镶嵌，限量 9 支）。它们与顶级排名的奢侈品都有一个相似之处：都是用来收藏，而不是为了获得其功能价值。

为了对比，让我们来看一下那些位于奢侈品指数排名最后的品类。在本书所进行的调查中，那些奢侈品指数最低的品类是苹果汁、机票和浓咖啡，它们都是非耐用品或服务，并且这些品类的最低参考价格和最高价格之间的差异很小。

一个简单的解释是所有这些低端品类都具有卷入度低、竞争激烈并且价格透明的特征，但本书认为，这些品类只是还没有开发出它们的奢侈品潜力。

现在让我们比较一下饮品类。苹果汁的奢侈品指数是 16，而牛奶的指数是 90，水的指数是 200，啤酒的指数是 333，因此对于还没有奢侈品的品类，一定有办法区分并开发出更加奢侈的产品。

最贵的牛奶是东京中泽食品（Tokyo-based Nakazawa Foods）的“成人牛奶”（“Adult Milk”）。它“……每周只取奶一次，且取于破晓时分，该公司声称，这是因为奶牛在夜间会产生更多的褪黑激素。据说这种激素具有减轻焦虑甚至缓解某些类型的抑郁症的功效。牛奶取自东京北部的一个农场，取奶后 6 个小时内就完成装瓶，‘成人牛奶’据说含有比普通牛奶高出 3～4 倍的褪黑激素”。因此，这种顶级牛奶有许多突出的特点，这让它与其他牛奶相比明显不同。与奢侈品指数排名最高的那些品类相比，牛奶很可能算不上奢侈品品类，因为最贵的牛奶才 45 美元一升，不过，它已经显现出一定的奢侈品的潜力。

价格最高的水是好莱坞编剧兼制片人凯文·博伊德（Kevin G. Boyd）发明的布岭矿泉水（Bling H2O），以 60 美元 750 毫升的价格起售。很多明星在出席颁奖庆典时，包括艾美奖和 MTV 音乐电视大奖，都手持一瓶布岭矿泉水（Bling H2O，2012）。与最便宜的水相比，奢侈品指数达到 200。

之所以能把水卖成奢侈品，是因为博伊德运用了一些顶级奢侈品的元素，其中一个因素就是瓶子，自称手工镶嵌施华洛世奇水晶。布岭矿泉水经过 9 个步骤的净化，这使得它在伯克利国际水品鉴节（Berkeley Springs International Water Tasting Festival）中赢得金牌。梅耶（Meyer，2007，online）在圣迭戈报纸上进一步说道：“放下水晶高山天然矿泉水（Crystal Geyser）吧，失败者！现在喝水的潮流是，享用一瓶价格高达 90 美元的高端定制水，奥斯卡金像奖得主杰米·福克斯（Jamie Foxx）和美国名媛帕里斯·希尔顿（Paris Hilton）家里的狗据说都在喝。博伊德说，‘这是瓶子界的流行文化。’”很多人相信，这个品牌推出之后，水没有更奢侈的空间了，但布岭矿泉水成功开发了更加高端的水——“Tenthousand Bottle”（意思为10万美元一瓶）。更夸张的是，它的价格为2 600美元且限量发售。手工镶嵌的施华洛世奇水晶的数量是让它与众不同的地方：超过1万颗（Boston Common，2012）。和最贵的苹果汁或最贵的牛奶相比，水的奢侈品指数为200，品类中位数的位置为0.5%，这说明水也可以成为奢侈品。

啤酒的奢侈程度甚至超过了水，乌托邦斯啤酒（Utopias）的售价是100美元一瓶，据说是世界上最烈的啤酒，酒精含量达25%（Luxist.com，2005，online）。该啤酒限量8 000瓶。它将啤酒这个品类的奢侈品指数推高到333，中位数位置为0.3%。

这些对管理者有什么启示？我们可以清楚地观察到在同一个大类之中，比如酒水类，奢侈品指数存在显著的差异。苹果汁也许可以开发出更奢侈的档次来。与水相比，最贵的牛奶也许可以卖更高的价格。一个先决条件就是——除了产品优势之外——要么像布岭矿泉水那样创作一个传奇，要么像乌托邦斯一样限制数量。

所有这些品类与顶级酒水品类干邑白兰地仍然相去甚远——顶级限量版轩尼诗干邑白兰地的奢侈品指数达到了12 500，每瓶200 000欧元。前面讲奢侈品的驱动因素时提到过，威士忌也是奢侈品品类，奢侈品指数为3 167，其中最贵的是1926年的麦卡伦珍稀（Macallen Fine & Rare），价值每瓶38 000美元。出人意料的是，作为经常被归为奢侈品品类之一的香槟，其奢侈品指数只有 58，最昂贵的香槟也“只卖”750 欧元一瓶。

香槟徒有奢侈品品类的形象，但实际上它的奢侈品指数相当低，一个可能的解释是，几乎对每一个人来说，香槟都是特殊场合的典型饮品，因此，该品类整体上被认为与特殊体验和“奢侈时刻”相联系，但它作为常规庆祝用饮品的角色让它多少有些“商品化”和“大众化”了，因为很多人都在消费它。和干邑白兰地相比，香槟有明显的上升潜力，尤其是如果能设法使其变得稀缺。从某种意义上说，相比其他奢侈品而言，香槟太便宜了。

同样，浓咖啡也是个意外。最便宜和最贵的咖啡之间的指数差异只有 29，中位数位置是 9.3%。虽然星巴克已经让该品类的价值有了大幅提升，但是本书的品类分析认为，仍有潜力开拓出一个更加奢侈的细分市场。

在本书进行的品类比较的末端还有另外一个有趣的品类：机票。通过比较从法兰克福飞往纽约的往返程机票价格，发现最便宜和最贵的机票之间的奢侈品指数差异只有 18，跟苹果汁的指数接近。从某种意义上说，印象中头等舱是极其奢华和独特的，但与其他服务品类相比，比如奢侈品指数并不是特别高的水疗，或者酒店套房，头等舱的奢侈程度并没有在价格上反映出来。假定一个头等舱座位占了大概相当于 5～8 个经济舱座位的空间，最贵的头等舱票价也只比最低的经济舱票价高出 2～3 倍。

这个现象表明，航空公司未能提供足够个性化和独一无二的服务来提升头等舱的感知价值。如今，想要更多私密空间和更多个性化服务的人可能会选择私人飞机或包机。

对于航空公司来说，重新考虑头等舱旅行的商业模式将是一个机遇。新加坡航空公司 A380 的全新头等舱“套间”就是朝这个方向发展的，但是本书认为航空旅行存在更大的奢侈潜力。

有趣的是，卫生纸类的奢侈品指数令人非常惊讶，顶级的卫生纸是在日本被狂热追捧的品牌安逸猿（Bathing Ape），价格被抬高到 30 美元一卷。其形象被塑造为前卫的时尚卫生纸品牌，从而能够以一个明显高于最低或中间产品（中位数位置为 0.5%）水平的价格售出。

面霜显然已经开发出了奢侈品，奢侈品指数为 2 204。最贵的面霜是利维肤（RéVive）的密集紧致精华（Intensité Volumizing Serum），每盎司价格为 600 美元，相当于每 150 毫升2 645美元。许多其他奢侈品往往缺乏“传奇”或者独特的历史，从某种意义上说，这是奢侈品的典型特征，而利维肤正是用它的“传奇”部分解释了其奢侈品附加值。

很多高效护肤产品都可以追溯到一项开创性的研究。利维肤可追溯的研究发表在 1989 年的新英格兰医学杂志上。该研究是关于将表皮生长因子局部施用术用于治疗烧伤和促进局部深度皮肤伤口的愈合。这个研究的第一作者格雷戈里·布朗博士（Dr. Gregory Brown）也是一位整形外科医生，在这个研究发现的基础上创立了利维肤（Gisquet，2005）。然后，一个传奇就出现了，这使得该品牌可以定位成奢侈护肤品，因为它是美容科学在手术和化妆品方面的独特结合。其网站指出：“在成功进行了一次整形外科手术后，他意识到很多整容手术患者其实需要的是恢复皮肤光泽，但这是整容手术所无法达到的”（RéVive，2012，online）。

总的来说，利维肤试图打造整合的品牌认知，包括集魅力与独特于一身的哈佛、耶鲁出身的整形外科医生团队和科学高效的品牌理念。它的网站强调，“没有什么外科手术可以像利维肤那样给人们带来富含青春活力、水润光泽的靓丽肌肤”（RéVive，2012）。虽然产品并不是限量出售，但它用了一种“神秘方法”来与其他化妆品进行区分，并且使用一种据说具有独特和无与伦比的功效的产品来让人们永葆青春。

除了钻石，手提包也经常被看作女孩最好的朋友（玛丽莲·梦露曾唱过一首《钻石是女孩最好的朋友》的歌曲）。品类分析也显示手提包是最奢侈的品类之一。高端产品的价格超过 200 000 欧元，使得其奢侈品指数达到 29 000，中位数位置为 0%。通过这些参数可以看出，手提包品类的奢侈程度领先于其他时尚品类，比如男士西装（奢侈品指数 250）或牛仔裤（奢侈品指数 667）。

多年来，房子的奢侈品指数一直相当低，但最近这个指数正快速增长。在 2005 年之前，几乎没有任何一栋房子的价格达到或超过 1 亿美元。当售价在 1 亿美元左右的第一栋房子终于出现时，最高价格以惊人的速度开始攀升。仅 3 年的时间，最贵的房子售价从 1.2 亿美元涨到 1.5 亿美元，最后达到大约 3.5 亿美元。目前纪录的保持者是印度亿万富翁穆克什·安巴尼（Mukesh Ambani）的“安提利亚”（Antilia），估价 10 亿美元。它是一座 27 层高的住宅，于 2010 年底完工，里面包括一座寺庙、一个电影院和一个直升机停机坪等特色设计。据英国广播公司报道（2010，online），“当地报纸上说这座房子需要 600 个员工来维护。《印度时报》报道称，9 月份的第一笔电费达到 700 万卢比（约合 98 000 英镑）……庆祝乔迁的客人包括印度小说家肖帕·黛（Shobhaa De），宝莱坞明星普丽缇·泽塔（Preity Zinta）和阿米尔·汗（Aamir Khan），亿万富翁库玛·曼格拉·贝拉（Kumar Mangalam Birla）……黛说这座 174 米高（约合 570 英尺）的建筑是‘21 世纪的泰姬陵’”。

令人吃惊的是，汽车竟然是奢侈程度不够的一个品类，奢侈品指数为 221，在分析的全部品类中处于中间偏下的水平，同时，中位数位置为 1.2%，表明顶级汽车并没有像其他品类产品那样远离平均价格。就像房子一样，最近由布加迪威龙（Bugatti Veyron）Pur Sang 和兰博基尼雷文顿（Lamborghini Reventón）引领了顶级汽车产品价格的强劲增长，它们都是在宣布推出的几小时内即告售罄的限量版，这意味着限量和更加个性化将创造进一步的奢侈潜力。随后，这两个品牌都推出了更具特色的高价车型，它们是布加迪威龙超跑（Super Sport）——世界上最快的汽车，及兰博基尼 Aventador J——只有一辆，极致时尚、超轻型超级跑车。

很难想象为什么最贵的手机和最贵的床（鲁伊森纳尔斯（Ruissenaars）设计的磁悬浮床，售价 160 万美元）的价格水平和最贵的汽车相当。顶级的五大奢侈品品类的特征表明，汽车产业需要将严格限量与独特工艺和独特故事相结合，将高端产品定位成艺术收藏品。这种满足个性化需求的行为的局限是高额的研发费用和安全成本。然而，鉴于亿万富翁和百万富翁越来越多，专注于绝对顶级市场的战略，收取比当前高出许多的价格，可能会取得不错的成效。如果一辆 166 万欧元的汽车在几小时之内就被买走，可能它的价格潜力还没有被充分发掘，因此，当前最贵的汽车还是太便宜了。

我们看一下汽车市场的实际情况，除了个别案例，总体趋势是减价，而不是提高产品的档次。几乎所有奢侈品和高档品牌最近都推出或计划推出体积更小、更容易买得起的车型。这说明相比于销售奢侈品需要特殊的技能和方法，以低价汽车促进销量的做法要容易得多。

其他具有巨大奢侈品潜力的品类是家庭电话（指数为 59）、电动剃须刀（指数为 70）、真空吸尘器（指数为 180）、高尔夫球具套装（指数为 179）和卫浴水龙头（指数为 225）。高尔夫球具套装的最高价格是 32 000 美元，看起来很高，但跟最贵的泰迪熊（84 000 美元）和最贵的平板电视（100 000 欧元）相比，还是相当便宜的，这两个品类的奢侈品指数更高。

如果拿平板电视跟音响设备相比，我们会惊奇地发现，音响设备（音箱、耳机、导线）的奢侈级别比最先进的平板电视还高。

相比于高档女鞋（指数为 400 000），高档男鞋（指数为 366）相当便宜。原因很简单，男鞋这一品类更实用，而女鞋则可以是高档艺术品。

考虑到鼠标垫是一种具有装饰功能的办公用品，在某些情况下也许可以和昂贵的钢笔或铅笔比较一下，这样一来它的奢侈品指数（250）还可以更高。

对食品消费进行分析，甜点（指数为 7 250）似乎比晚餐（指数为 300）、煎蛋饼（指数为 500）或冰淇淋（指数为 500）更加奢侈。虽然纽约奇缘 3 餐厅（Serendipity 3）200 美元一勺的超级黄金圣代（Great Opulence Sundae）冰淇淋（以 5 勺 1 000 美元的方式提供）和纽约艾美乐帕克酒店（Le Parker Meridien）1 000 美元的至尊煎蛋饼（Zillion Dollar Fritaata）是大多数人享用不起的，但品类的标杆甜点说明这些品类的奢侈品指数仍有上升的潜力。巧克力更奢侈些，奢侈指数为 1 444，500 克可尼普诗妮特（Knipshildt Chocolatier）巧克力的价格是 2 600 美元。

奢侈品品类评估小结

通过对几个较容易搜索到的价格相关参数进行评估，本书提出了一种衡量不同品类奢侈品潜力的标准。本书认为这个标准是奢侈品战略发展的重要起点，品类的标准可以进一步细化到品牌或产品层级。

同一品类中的产品或品牌存在明显差异已是不争的事实。从顶级品类来看，像女士内衣、手机、女鞋、手表、葡萄酒、香水、香烟、钢笔或手提包，它们的本质差异较大，并且没有明显的联系。其他品类，通常被认为是奢侈品的，比如香槟、汽车、头等舱机票、水疗或晚餐，处于中间位置并且有较强的奢侈品潜力。其他一些品类，比如电动剃须刀，目前看来尚未开发出称得上奢侈品档次的产品。以上品类评估结果强化了本书的主张，即理论上所有品类都可能成为有奢侈品的品类，奢侈品开发必须摆脱束缚，充分发挥潜力。一个产品或品牌越是能够提出独特的消费主张，越是能将数量降低到极端的只此一件，越接近一件艺术品而不仅仅是一件产品，那么它的附加价值将越高，价格也就更贵。

最贵的床、汽车和手机的价格差不多，都是最昂贵的女士内衣价格的 1/10，这一事实强调了奢侈品的价格与功能价值没多大关系，而在很大程度上取决于附加价值的独特性和能够与其他产品区分开来的差异性。

就战略而言，旨在开拓奢侈品领域的公司在品类分析时应注意以下事项：

- 哪个品类是应该关注的品类？
- 成功的能力体现在何处？是开发奢侈档次和扩展奢侈程度(品类奢侈延伸和价值创造)？是与现有奢侈级别的产品竞争（价值创造)？还是与价格低于现有奢侈品的产品竞争（与高端奢侈品的价格竞争类似)？
- 在品牌组合方面，品类间产品与市场中顶级奢侈品之间的相对价格一致吗？品牌定位一致吗？

- 哪些是没有完全满足消费者但可以有所作为的品类？
- 哪些是能增加产品独特性的传说和故事？
- 在品牌定位方面，奢侈级别开发需要遵循哪些规则？
- 一个奢侈品品牌如何进一步差异化和个性化以提高奢侈品附加价值？

总之，奢侈品品类评估有助于为奢侈品品牌和产品制定盈利性和持续性发展战略。最重要的是，奢侈品指数加上自身产品价格在所属品类价格区间中的位置，可以用作衡量一个奢侈品品牌绩效的关键指标。

中国市场的奢侈品品类

根据尼尔森公司（Nielsen，原称 ACNielsen）在 2014 年 8 月对中国奢侈品市场的调查，箱包、鞋和饰品是未来中国消费者购买最多的奢侈品品类，这三类的购买额将占中国奢侈品总购买额的近 71%。同时，时尚服饰奢侈品的购买倾向会有所增加，珠宝、手表以及酒类的购买意愿会有不同程度的下降，其中酒类奢侈品的下降幅度较大。贝恩公司发布的 2015 年中国市场奢侈品研究报告指出，中国奢侈品市场总体规模在 2015 年出现 2%的下跌，其中出现下跌的品类主要为手表、男士服装和皮具，化妆品、女士服装和珠宝继续呈现大幅度增长。在同一时期，中国消费者对于豪华旅行和奢侈体验活动（例如水疗）的兴趣逐渐增加。根据贝恩公司的报告，55%的被调查消费者曾经在奢侈酒店和度假区消费，80%的被访问者提出他们的休闲旅行时间逐渐增加，而每年的购物旅行时间在减少。这也说明了中国消费者在奢侈品品类的选择上逐步多样化。

总体而言，由于汇率、税率等原因，奢侈品在中国的定价相对于其他国家更高。在一些情况下，同样品牌的奢侈品在中国的价格比在欧洲高出近50%。仅以奢侈箱包为例，在中国的定价要高出海外20%左右。例如，路易威登的一款LOCKIT系列的女士手提包，在中国内地的定价为28 000元人民币，而在中国香港的定价为30 000港币（约合25 200元人民币），该产品在中国的价格约为在法国的1.6倍。国内外奢侈品的价格差异大多体现在化妆品、珠宝和服装等品类上。根据对外经济贸易大学奢侈品研究中心的研究，中国市场的高级腕表与国外市场的价格差为100%～350%，珠宝产品的价格差为20%～80%，箱包皮具的价格差约为30%，化妆品的价格差为40%～120%，最高可以达到188%。

在中国，不同的奢侈品品类之间存在一定的定价差异。弗伦·罗伯茨（Fflur Roberts）欧睿信息咨询公司奢侈品研究主任）认为随着近年来人民币持续贬值，亚洲与欧洲市场的奢侈品价格差距将会持续放大。这种价格差异的存在是促进中国海外奢侈品代购市场发展的重要原因之一。

第3章

奢侈品的内容

让我们更深入地思考奢侈品究竟是什么。本书认为奢侈品一定是昂贵的、独特的、稀有的，可能还是惹眼的。奢侈品之所以独一无二是因为它往往代表着一个梦想，它使生活更加美好。奢侈品为拥有者带来了一种特殊的体验，同时也是感官享受的来源。充分享受奢侈品有时需要进行一定程度的专业学习。拥有奢侈品是区别于他人、改善或巩固社会地位的一种手段。然而，即使了解奢侈品具备的所有这些属性，仍然不足以全面地描述和解释奢侈品。我们要寻找能够更明显、更准确地区分奢侈品和非奢侈品的深层特征，希望可以解读奢侈品隐藏的特征。

为了运用基本原理来说明这一点，让我们先看下面的例子：一辆高档小众的车，如沃尔沃（Volvo），可能符合购买者心目中奢侈品的所有特征，但它或许算不上奢侈品。在市场价位方面，市场上还有价格更高的汽车；在形象方面，毫无疑问，法拉利

(Ferrari)、梅赛德斯-奔驰或宾利（Bentley）都比沃尔沃要好。路易威登通常被认为是奢侈品。稀缺性是奢侈品的一大特征，然而，路易威登的旗舰店和零售店铺遍布世界各地，更重要的是，可以在网上买到（Louis Vuitton，2012）。走在世界上任何一个大城市的街上，都能看到路易威登的包，这让你马上意识到它绝不稀少。事实上，路易威登的品牌管理很出色，能巧妙地平衡奢侈品的特征和普遍性。

这表明奢侈品肯定具有更多更深层的特征，将奢侈品与非奢侈品真正地区分开来。这些区分属性就是奢侈品隐藏的特征，它们能够解释奢侈品真正的“魔力”，有助于更有效地管理奢侈品。在图 3—1 的延伸框架中，暂时用一个问号代表这些特征。

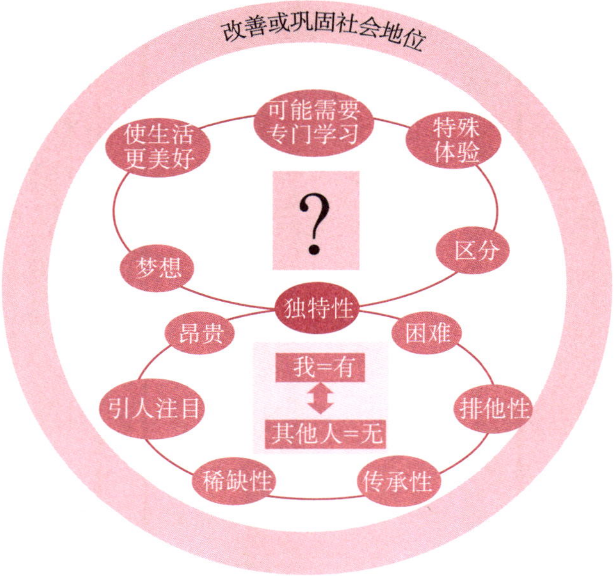

图 3—1　已知的和未知的奢侈品特征

本章的目标是解读这些至今仍隐藏的独特的奢侈品特征，并提出一个更清晰的可操作定义。为了实现这一目标，本书就奢侈品的几个方面划分组别，并将它们归纳为几个维度，根据这些维度总结出奢侈品的主张（见表 3—1）。

表 3—1　　奢侈品主张概述

维度	主张	
差异性	P1	与非奢侈品不同，奢侈品具有鲜明、独特的特征或价值
重要性 & 附加价值	P2. 1	奢侈品对购买者和消费者非常重要
	P2. 2	与非奢侈品相比，奢侈品提供了显著的奢侈品附加价值（ALV）
个体的感知	P3	个体的购买力和积累的购买与消费经验影响个体对产品是否为奢侈品的感知
奢侈品的信号	P4. 1	奢侈品传递了所有者或消费者身份地位的信号
	P4. 2	奢侈品信号越清晰，失真越少，奢侈品越能更好地定义身份地位
	P4. 3	（在信号清晰的情况下）奢侈品信号越强，奢侈品越能更好地定义身份地位
	P4. 4	奢侈品信号越一致，奢侈品越能更好地定义身份地位
	P4. 5	奢侈品越是被认为"炫耀"，越不能界定地位
	P4. 6	奢侈品信号越一致，奢侈品消费越趋于低调
	P4. 7	标志着身份地位信息的奢侈品信号和奢侈品附加价值之间存在正相关
	P4. 8	拥有者和其他人（如同类人）都能够接收和加工奢侈品信号
	P4. 9	对奢侈品信号的感知取决于接收者的先前经验以及产品品类有多"讨厌"
内在和外在功能	P5. 1	通过实现消费者的梦想，奢侈品能够让消费者转变成愿意尝试新体验的思维模式
	P5. 2	奢侈品能够提升自尊
	P5. 3	奢侈品为其消费者增添行家和专家的光环
	P5. 4	奢侈品代表了资金的流动性和经济实力

续前表

维度	主张	
内在和外在功能	P5.5	奢侈品表明社会地位的支配性
	P5.6	奢侈品能够引人注目，增强吸引力和美化外表："使丑人好看些"
	P5.7	奢侈品能够增强自我认知
	P5.8	奢侈品为其拥有者或消费者提供优越感方面的保护和社会庇护："其他产品都比不上它"
	P5.9	奢侈品能够增强感知决策质量或决策专业性
	P5.10	奢侈品代表独特的体验：它是"顶级的待遇"
群体划分，"ID/身份代码"	P6.1	奢侈品作为群体划分标志，将其消费者划入特定的社会群体
	P6.2	奢侈品具有符合社会群体最低期望产品的功能
奢侈品品类 & 定位	P7.1	从假设角度讲，每个产品类别都存在奢侈品
	P7.2	假设某一产品类别的价格服从正态分布，那么一般来说在价格上处于前 1%水平的产品有成为奢侈品的潜力

奢侈品附加价值

本书认为产品可以分为奢侈品和非奢侈品，这就意味着奢侈品具有区别于其他产品的独有特征或价值。

主张 1：与非奢侈品不同，奢侈品具有鲜明、独特的特征或价值

这意味着因为奢侈品具有特殊的属性以及附加价值，人们可以将奢侈品与非奢侈品进行区分。人们普遍认为，奢侈品一般不是必需品。弗里德曼（2007）发表于《金融时报》（*Financial*

Times）的关于当代奢侈品意义的文章指出，奢侈品从来都不是必需的。基本的理论依据是，奢侈品的功能一般可以从非奢侈品中获得。

这也是科维茨和西蒙森（Kivetz and Simonson，2002a）关于奢侈品定义的基本假设，前面已介绍过。该定义认为奢侈品是非必需品，与必不可少没有任何关系。换句话说，与水或基本的医疗服务不同，奢侈品对于生存来说并不是必需的。迪布瓦等（2005，p. 115）也认为奢侈品是非必需品，并描述了其属性特征，如奢侈、过度放纵或奢华的生活方式。

该定义中还包括一个重要的潜在概念：选择。奢侈品作为一种非必需的、奢华的产品，需要在众多更基础的产品中被选择和偏爱。那么，购买者产生这种偏好的原因一定是奢侈品能够为其提供额外价值。

然而，奢侈品的非必需性有两个局限。第一，如果奢侈品的感知价值明显高于任何一种必需品，并且价格在明确被认定为“奢侈品价格”的水平，我们还能说它是非必需品吗？因为怎么会有人为对他们生活不重要的东西支付如此的高价？

第二，界线在哪里？不可或缺的底线在哪里？必需品就是不可或缺的最低判断标准吗？让我们看一下：超出普通水价格200倍的奢侈饮用水，从化学成分来讲它仍然是 H_2O，满足人们基本的饮水需求，然而，一些人为整个包装支付了溢价，包括与这种水相关的文化传统、品牌力量和知名度等。为了明确奢侈品的定义，本书进一步提出问题：“必需”终于哪里，“奢侈”始于哪里？

从审美的角度考虑，答案更难发现，因为对大多数人来说，奢侈品是奢侈的，不是生存所必需的，但对于另一些人来说——

以好莱坞的名人为例，奢侈品可能会被看做必需品，因为即便是一辆价格为 1 500 欧元的婴儿车，他们也认为在可接受的范围之内：“‘你显然是为派头支付了溢价……但是它贵得有道理’，包括它的设计和功能。”泰伯（Taber，2006，p. 12）引用了一个拥有奢侈婴儿车的人的话。

因此，非必需、奢华或过度放纵并不是划分奢侈品的决定属性。简单地就功能价值而言，奢侈品可能并不是必需的，与高端的音响设备相比，一台 20 美元的收音机也能放出声音，传递相同的功能价值，但是事实上，人们愿意为奢侈品支付更高的价格，这说明奢侈品对购买者和消费者来说，确实是非常重要的。

主张 2.1：奢侈品对购买者和消费者非常重要

奢侈品有绝对昂贵和相对昂贵之分（Dubois and Duquesne，1993；Dubois et al.，2001；Dubois et al.，2005）。前面的例子已经证实了这个观点，就像一位亿万富翁喝一瓶葡萄酒与上海的店员偶尔喝一杯星巴克咖啡相比。

每个人对奢侈品感知的差异取决于他们的个人认知，而个人的认知受到财富、收入、社会背景或个人特质等因素的影响。对于每一类产品，只有很少的产品被广泛和一致地（可能不同于个人观点）认为是奢侈品。

与正常甚至高价产品相比，奢侈品是那些能够提供“显著附加价值”的少数产品。与经济理论相符，这个奢侈品附加价值证明，显著的溢价与奢侈品相关。也就是说，如果我们审视每一个产品品类，就价格而言，奢侈品应该处于最顶端。鉴于价格和感知价值的关系，奢侈品显著的溢价需要与奢侈品提供的显著附加价值相一致（Simonson and Drolet，2004）。

本书将奢侈品提供的显著附加价值命名为“奢侈品附加价值”（added luxury value，ALV）。

奢侈品附加价值（ALV）是高价产品所具有的超越任何功能价值的特殊价值，甚至超越了附加的情感价值或愉悦价值。本书认为奢侈品附加价值来自奢侈品独特的内在和外在功能，这些功能影响所有者或消费者，以及其他人。

奢侈品附加价值能够远远超过一件产品的实用价值和情感价值。理由是在同一类产品中，正常或高价产品与奢侈品价格之间存在巨大差异。以汽车为例，假定“正常”汽车的价位在 10 000～30 000 美元，“高价”汽车的价格范围大约在 30 000～100 000 美元，而某些奢侈品汽车的价格可能会超过 1 000 000 美元，如布加迪威龙。显然，即使是最好的高价产品，奢侈品的价格也可能是高价产品的数倍。

主张 2.2：与非奢侈品相比，奢侈品提供了显著的奢侈品附加价值（ALV）

只有当消费者认为奢侈品的总体感知价值（包括功能、情感和奢侈品附加价值）是物有所值或物超所值时，才会为其与普通产品巨大的价格差买单（见图 3—2）。因而，本书将探讨奢侈品如何创造和提供奢侈品附加价值，并总结奢侈品附加价值的构成要素。

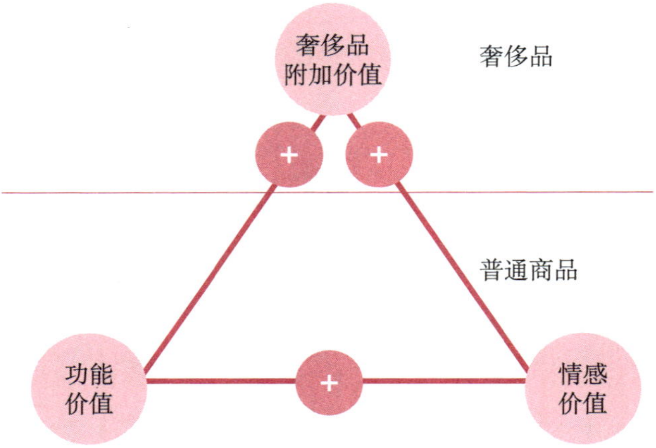

图 3—2　奢侈品附加价值

奢侈品的个体感知

奢侈品对个人的重要性和奢侈品的附加价值，解释了维基百科（Wikipedia，2016）对奢侈品的定义：奢侈品被看作一种与必需品相反，其需求增长比例超过收入增加比例的商品……但必须注意的是，需求的收入弹性不是固定的，在不同的收入水平，它的正负都有可能发生改变。

这意味着对于不同的收入或财富水平，奢侈品都有可能变成普通商品甚至是低档商品。例如，一个富人可能不再购买奢侈汽车以丰富他的汽车收藏，而是开始收藏飞机或游艇，虽然后者可能只适用于极少数人。

这为奢侈品的定义增添了两个方面：第一，个人的收入或财富也就是个人的购买力；第二，最终，一个产品是奢侈品还是非奢侈品，取决于消费者的看法（Kemp，1998）。因此，对产品是不是奢侈品的感知似乎因个人购买和消费的历史，即积累经验的不同而不同。在不同的财富水平上，这种感知有可能随着时间而改变。

主张3：个体的购买力和积累的购买与消费经验影响个体对产品是否为奢侈品的感知

个体对特定奢侈品的需求曲线并不总是随着收入的增加而一直增加，而是从一定的收入水平开始，随着收入的增加而降低。

基本框架：奢侈品信号

奢侈品定义最有趣的地方之一在于：是什么驱使人们购买或消费奢侈品？前面已经提炼出一个关键因素——显著的奢侈品附加价值（ALV）。它使个人认为购买奢侈品很重要，从而证明了显著的奢侈品溢价的合理性。为了充分理解和描述奢侈品，我们还需要弄清楚附加价值是如何被感知和创造的。

奢侈品可以传递其所有者或消费者社会地位的信号，这个假设是奢侈品附加价值概念化的着手点。《大英百科全书》（2016）将社会地位定义为："在基于荣誉或威望的社会阶层中，个人拥有的相对等级，伴随着相应的权利、义务和生活方式……地位这个词意味着社会的垂直层级结构。当某些人能够通过命令或势力控制他人的行为时，当某些人因为身居要职而获得声望时，或者当他们的行为深受他人尊敬时，人们可能会认为这些人拥有很高的地位。相对地位是决定人们对待他人方式的一个主要因素……"因此，在社会地位的垂直结构中，奢侈品具备通过传递身份地位的信号对人们进行等级划分的功能。

原理是什么？从研究现状来看，本书总结出，与其他产品相比，奢侈品是一种社会标志，并且在自我扩展方面有着更为重要的作用。相较而言，不具备传递社会地位的信号作用的产品就显得相当“普通”。因此，为了实现划分社会等级的职能，奢侈品和自我扩展功能之间需要具备明确的可感知关系。这种关系可以由传递拥有者或购买者社会地位的信号进行解释，“奢侈品信号”是用来解释奢侈品的基本概念之一。

主张 4.1：奢侈品传递了所有者或消费者身份地位的信号

本书认为，三个重要的维度影响对奢侈品信号的感知：信号的清晰度、信号强度和信号的一致性（见图 3—3）。

图 3—3　奢侈品信号的维度

奢侈品信号的清晰度决定消费者能否清晰地感知信号，或者信号是否被不一致的、不匹配的信息或属性扭曲。例如一款劳力士（Rolex）手表以折扣价出售，假定价格为 100 美元，这样就会传递一个不清晰的信号。这款手表的一些属性，比如工艺、设计、传统和历史，可能仍会很清晰、不失真地被消费者感知到，但价格不再与奢侈品的期望和定位相匹配，因此，信号会变得有些模糊不清，至少对一个了解哪里不匹配的人来说是这样。

然而，对于那些不知道价格与奢侈品本身不符的人来说，该产品可能仍然被认为是奢侈品。这就解释了假的奢侈品手表或仿冒的奢侈品包广受欢迎的原因，如果别人认不出仿冒的奢侈品，这些仿冒品就向他人传达了奢侈品的信号。

另一个信号扭曲导致产品特征与奢侈品品牌定位不符的例子是，自 20 世纪初，劳斯莱斯（Rolls-Royce）就以制造全世界设计和性能最佳的汽车而著称。劳斯莱斯专为刺激而生，消费者多为年轻的富人。后来，尤其是在 20 世纪 70 年代、80 年代和 90 年代，劳斯莱斯在品牌设计、驾驶性能和前沿技术方面的投资越来越少，此后，劳斯莱斯汽车主要与“昂贵”、“太无聊”和“太老土”等特征相联系，而不再具有活力。结果，在被宝马收购前，劳斯莱斯品牌一直在萎缩，失去顾客，几近破产。最近，劳斯莱斯的管理层重整旗鼓，将公司打造成世界上最具竞争力的奢侈品制造商之一。

本书认为，在信号清晰度方面做得比较好的品牌是路易威登，它所有的产品在相应品类中的定价都处于顶端位置，每个品类的产品组合一致性较好。路易威登通过从不向外授权任何产品、全资掌控所有店铺、不通过外界分销渠道出售的方式，严格把关产品质量。此外，它运用独特工艺和新的创意不断激发品牌活力，给其设计师马克·雅可布（Marc Jacobs）在报价、设计以及时尚潮流材质混搭方面的自由。然而，鉴于路易威登品牌几乎随处可见，平衡产品销售数量和对独特、豪华程度的感知，将是一条非常不错的发展道路。对于奢侈品品牌来说，不能追求目光短浅的短期增长战略，而是要长期保持增长和专营之间的平衡。

信号的清晰度对奢侈品信号的感知具有决定性作用。信号越清晰，产品越能更好地反映身份地位。从消费者的角度来讲，消费者的身份地位越能更好地传达，他们就越倾向于将产品归类和感知为奢侈品。

主张 4.2：奢侈品信号越清晰，失真越少，奢侈品越能更好地定义身份地位

信号越失真、越不纯，奢侈品传达身份地位信号的能力越弱，进而产品被消费者划分为奢侈品的可能性越小。

奢侈品信号的强度与奢侈品自身或其特征的知名度相关。假定信号清晰，信号越强，传达的身份地位信息越多。然而，如果信号失真但是强烈，则会增强消费者对产品的负面认知。

主张 4.3：（在信号清晰的情况下）奢侈品信号越强，奢侈品越能更好地定义身份地位

最极端的情况是，产品一点儿名气也没有，甚至在其目标奢侈品群体中也没有任何知名度，这样的产品或品牌很难被认为是奢侈品。品牌知名度和品牌资产（例如，品牌名称、设计和体验）价值越高，清晰的信号越能定义身份地位，正如在路易威登、法拉利或劳斯莱斯案例中说明的那样。然而，像黄金或钻石这样的珍贵材料，因为被公认为奢侈品世界的一部分，即便品牌名称并不为人所熟知，也能够提高奢侈品信号的强度。这种情况多见于珠宝业。在其他地区，例如中国台湾，品牌资产也称作品牌权益。

影响奢侈品信号的第三个参数是信号的一致性。前两个参数

直接与具体的某个奢侈品相关，而信号的一致性是对个人所有产品相关感知的反映，因此，信号的一致性取决于个人或信号发出者。如果一个人主要的消费产品是奢侈品，这些产品的信号就被认为是一致的。进一步地，一致的信号更容易被感知和处理。结果是，个体拥有和消费奢侈品的情况越一致，相关的奢侈品就越能明确身份地位，这是因为信号更容易被感知。

举个例子，大家想象这样一个情景：一位衣着非常随意的男士经常穿旧牛仔裤和破旧的衬衫，很少洗澡，头发蓬乱，不常刮胡子，经常开着一辆有着 20 年车龄的生锈的汽车，那么即使他戴着百达翡丽（Patek Philippe）手表，人们也不大可能认为他文雅。现在我们换个情景：同一个人身着昂贵的西装，干净，穿着考究，剃须，开一辆梅赛德斯-奔驰 S 级轿车（Mercedes S-Class）并戴着同样一款手表。在第二个情景中，我们可能认为他文雅。在第一个情景中，手表看起来像假的，而第二个情景就不会给我们这样的感觉。因此，信号的一致性使人们对产品独特的奢侈品信号的感知更容易、更清晰。

主张 4.4：奢侈品信号越一致，奢侈品越能更好地定义身份地位

社会或同龄人可能会夸大对拥有和消费奢侈品的感知。如果产品知名度太高或社会中的其他人远远不能负担或接受这一产品，就可能会发生这种情况。伍斯特（Wüst，2007）描述了德国一个小村庄的居民对一款宽敞、华丽的劳斯莱斯豪华轿车的反应：“轿车吸引人们的注意力……却不是以最令人愉悦的方式。他开着劳斯莱斯幻影（Rolls-Royce Phantom）1100 型号车时感受到了村民们的不满。”经常将奢侈品外露可能会引发嫉妒，容易被盗，甚至

会有生命危险。因此，奢侈品消费从典型的容易看得出的消费方式向更低调的奢华方向发展，就像俱乐部里有相同兴趣和信仰的人那样，他们在更为私人或亲密的群体中消费奢侈品（Foroohar，2007）。

奢侈品消费过程存在对专业性的感知，尤其是当奢侈品消费变得更加一致时。如果某人非常富有，拥有大量的奢侈品并经常以一种非常明显的方式炫耀，其他人可能会认为这个人太缺乏教养而不够资格消费奢侈品——缺乏“奢侈品专业性”。遇到这种情况，人们通常会说“这个人真爱炫耀”。因此，以一种太过张扬的方式炫耀奢侈品存在风险，甚至会降低感知身份。一个典型的例子是留着长发的夜总会老板开着法拉利招摇过市，为了引人注目，把车内的音响开得很大，并一直轰油门，这个人恐怕不会被看做够专业、有品位或有礼貌的。

主张 4.5：奢侈品越是被认为“炫耀”，越不能界定地位

先前主张的一个结论是，拥有和消费奢侈品可能需要平衡显露还是不显露之间的关系。这种平衡是实现提高或改善社会地位预期效果的重要前提。从某种意义上说，信号的发出者可能成为奢侈品信号的调节变量。这再一次强调了，随着奢侈品消费水平的提高，奢侈品消费越可能趋于低调。一旦奢侈品信号变得更加一致、更容易感知，奢侈品消费就可能会变得更为低调。

穆勒（Müller，2007，online）证实了超级富豪的行为更为低调的趋势：“大多数德国富人的生活遵守这样的信条：不要引人注目，不要引起嫉妒。他们在公众面前非常低调，将自己的别墅隐藏于高高的树篱之后，所开的车昂贵但不浮夸。自古以来这就是

特权阶层和富人采取的策略。行为伦理家阿道夫·弗雷尔·冯克尼格（Adolph Freiherr von Knigge）建议人们‘不要以一种过于张扬的方式显示你的显赫、财富和才能’。”即使炫耀的意愿可能会因国家和文化而不同，但是由于人们对奢侈品的消费更加一致和专业，奢侈品似乎变得更为低调。

主张 4.6：奢侈品信号越一致，奢侈品消费越趋于低调

后面的主张揭示了奢侈品消费的一个困境：刺激他人对信号的感知和提高身份地位需要一定的曝光度和一致性，然而，奢侈品显露太频繁会产生与预期相反的效果，并且可能会降低对身份地位的感知。

本书之前提出，身份信号是理解、定义和管理奢侈品的一个关键概念，它是消费者感知奢侈品附加价值的基础。消费者的身份信号传递和定性得越清晰、越一致，人们对奢侈品附加价值的感知就越强烈。

主张 4.7：标志着身份地位信息的奢侈品信号和奢侈品附加价值之间存在正相关

简而言之，奢侈品附加价值可以描述如下：

> 奢侈品附加价值（ALV）：显著的奢侈品附加价值是产品提高或巩固个体社会地位的能力。

这部分解释了人们为何渴求和购买奢侈品，以及为什么愿意付出很高的溢价：他们愿意为奢侈品支付溢价来获取附加价值。

ALV 的感知取决于信号，因此，信号越清晰、越强烈、越一致，支付奢侈品溢价的意愿越高。

更重要的是，不仅具有相似消费特征的人和身边其他人可以接收和加工奢侈品信号，拥有或消费奢侈品的人本身也是信号的接收者和加工者。这与贝尔克（Belk，1988）的观点一致，他将财产作为个性的驱动因素。

主张 4.8：拥有者和其他人（如同类人）都能够接收和加工奢侈品信号

拥有奢侈品不仅会潜在地影响他人对个体社会地位的感知，而且会影响奢侈品拥有者对自身社会地位的感知。结合内在和外在影响的双重功能是购买奢侈品的一个关键驱动力。

通常情况下，对感知的处理取决于个人的先前经验。因此，对奢侈品信号的感知取决于思维模式、宗教、共同的信仰和标准，还取决于具有独特群体特性规则的社会群体成员间的关系。从外部来看，社会对财产的认同也会影响信号的加工。

让我们假设在一个社会中，人们会接受女王住在城堡里，有赛马、管家，开宾利车。那么，在同一个社会里，如果银行职员、幼教老师或面包师能够买得起这些奢侈品，人们会接受他们以这种方式生活吗？很可能不会。

宗教经常谴责拥有或消费过多的商品，某些政治理念也有这样的信条。主动和自觉遵循这些规范和规则的人与其他人加工奢侈品信号的方式可能会不同。此外，对奢侈品的接受程度，也就是奢侈品信号加工方式，还可能取决于产品品类。有些品类也许对社会无害，有些品类可能就有问题，因此会使人们产生抵触情绪。

拥有一部哈苏（Hasselblad）或徕卡（Leica）相机不大可能

引起别人的反感，因为与其他品牌的相机相比，这两个品牌对社会没有更多的负面影响，这同样适用于奢侈品品牌手提包。相反，与其他汽车相比，超大马力的运动型多功能车（SUV）因为耗油量非常大、碳排量高，可能会引发消费者的负面反应。当然，反应的强度取决于文化背景。

主张 4.9：对奢侈品信号的感知取决于接收者的先前经验以及产品品类有多“讨厌”

奢侈品信号的基本框架可概括如下（见图 3—4）：

> 奢侈品发出身份地位的信号：它承载了与该奢侈品有关的个人的社会地位信息。这一信息来自奢侈品的所有者或消费者。个体（所有者或消费者）自身和他人（如所有者的同类人）可以加工和感知该信号。信号的清晰度、信号强度、信号一致性（信号的属性）和个人的先前经验（接收者的特性）影响对信号的感知。另外两个影响对信号感知的重要因素是炫耀和低调消费（奢侈品专业知识）之间的平衡以及产品品类令人生厌的程度（品类特性）。

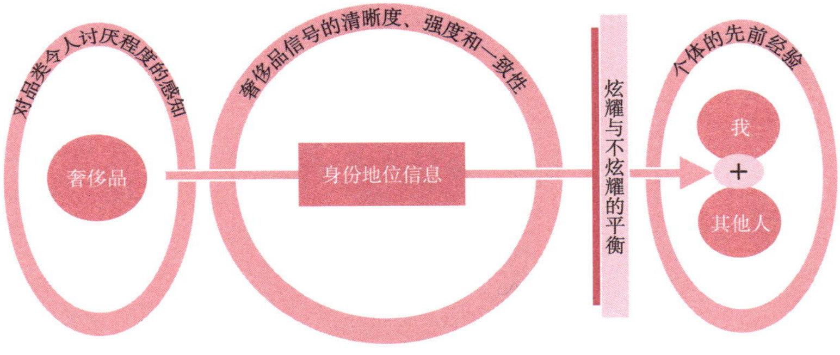

图 3—4　奢侈品信号的基本框架

第4章

奢侈品框架

奢侈品附加价值（ALV）和奢侈品信号

通过结合奢侈品的两个关键概念——奢侈品附加价值和奢侈品信号，我们旨在开发奢侈品的一般框架。其出发点是，假定一系列独特的有形或无形的因素会导致人们普遍地认为某个特定的品牌或产品是奢侈品。这些因素可能包括质量、形象或价格。这些因素被认为是奢侈品的前因变量，理由是它们作为奢侈品感知的先决条件而出现。本书中我们将构建一组全面的前因变量，这组变量决定某一商品是否被认为是奢侈品。

假定先决条件或前因变量确实会影响对奢侈品的认知，那么带有身份地位信息的奢侈品将会发出信号。如果这个信号被接收和加工，它就会诱发对奢侈品附加价值的感知。在某种意义上，ALV 概括了奢侈品定义的所有社会地位效应所带来的总体感知价值。图 4—1 展现了奢侈品的一般框架。

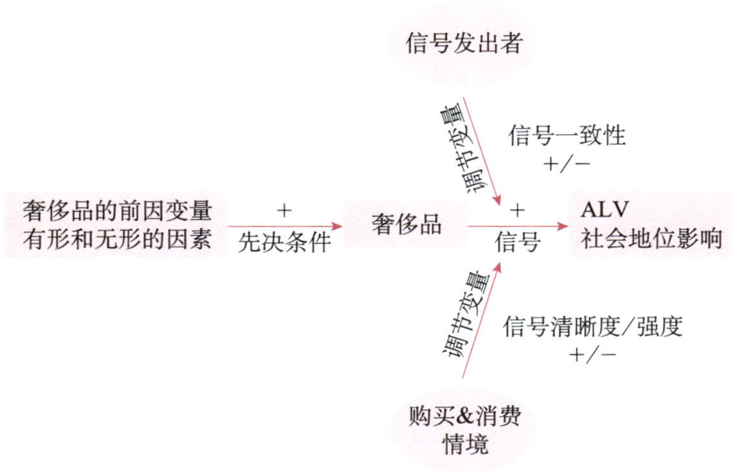

图 4—1　奢侈品的一般框架：奢侈品信号和 ALV

为何在我们看来这个框架非常重要？我们认为通过因果联系，该框架能够描述奢侈品概念的基本结构。构念是一个不能直接测量的变量，奢侈品就是这样一个构念。描述和衡量奢侈品需要可观察的指标或测试项。为了测量这些测试项并将其与奢侈品构念相联系，需要将测试项与构念的关系用框架和模型加以确定。首先，我们明确了产生奢侈品信号的前因变量间清晰的结构关系，这些前因变量引发了消费者对奢侈品附加价值的感知。简而言之，ALV 是奢侈品信号的前因变量。

进一步我们认为，奢侈品信号很容易出现外部效应，以此来增强或减弱奢侈品信号。在我们提出的框架中，这些效应可以起到调节作用。我们的理由是，即使在外部效应的影响下，框架内的关系结构仍然保持不变，变化的是程度。因此，正向影响在结构上是正向的，反之亦然。我们认为，信号发出者以及购买或消费奢侈品的情境是十分重要的调节变量。

信号发出者就是拥有或使用奢侈品的人。一个人的奢侈品消费模式越一致（见主张 4.4），奢侈品信号越不容易失真或减弱。发出者消费模式的高度不一致或其他相反行为，会减弱他人对信号的感知。

购买和消费情境非常重要，因为它们是所有者体验奢侈品、其他人最终感知奢侈品以及社交互动发生的场所。同样一款劳力士手表，与在专卖店一流的服务环境下以较高的价位出售相比，在跳蚤市场以较低的价格大量出售传达出的信号显然不同。

这表明调节变量是该框架的一个重要组成部分，调节变量既能显著地减弱一个原本较强的奢侈品信号，也可以增强奢侈品信号。

我们提出的奢侈品框架的贡献在于：它展现了奢侈品的输入和输出因素的结构关系。它将成为进一步解析和提炼奢侈品特征、形成综合模型以及明确如何影响、管理和引导奢侈品感知的概念基础。

内在和外在功能

奢侈品信号的影响是什么？奢侈品内在和外在的功能是什么？为进一步发现奢侈品隐藏的功能，我们来看一个焦点小组参与者的陈述，他给出了奢侈品的定义（Businesswire，2004）。和其他定性研究一样，一个焦点小组不具有代表性，但是它促使参与者发表关于奢侈品的深层次观点。参与者将奢侈品描述为一种“心理状态，能够做以前做不了的事情。奢侈品意味着能以不担心钱的方式生活，能够做与服务、时间和物质相关的事情”。

对奢侈品的认识存在两种观点：第一种观点是能够做之前做不了的事情。换个说法就是，做别人做不到的事情。这可以看作思维模式的改变，最终提高了社会地位。第二种观点是奢侈品被视为自由选择的能力。

我们先看第一种观点，让消费者转变成愿意尝试新体验的思维模式。我们认为奢侈品能够实现梦想。这样，人的个性会受到影响和扩展，愿意去尝试新事物。一直梦想开跑车的人可能会通过购买一辆法拉利实现这个梦想。在体验到跑车独一无二的车速和加速特性之后，这次购买奢侈品的经历可能会让这辆法拉利的车主在个性上变得更加愿意冒险。也可能会导致车主在生活中其他方面的行为发生改变。最终，它可能会使消费者扩展自我。

主张 5.1：通过实现消费者的梦想，奢侈品能够让消费者转变成愿意尝试新体验的思维模式

一个不太外向和自信的人可能会通过穿着非常时尚、华贵的服装来改变自己的行为。这种情况下，我们会预期这个人想要改变以往行为方式的意愿提高。最终，这个人会变得更加外向和自信。同样，引发这种改变的还是奢侈品。我们认为，奢侈品对消费者思维模式的改变能够达到显著提升个人自尊的程度。

主张 5.2：奢侈品能够提升自尊

通常情况下，人们可能认为浮华的时尚用品、精工细作的首饰、豪华的手表或者价值不菲的轿车是增强自尊的物品。此外，

我们认为更低调消费奢侈品可以带来这种效果，即使它们是被单独地、私下里享用的，如一瓶昂贵的葡萄酒或特制的雪茄。

我们认为，由于消费奢侈品存在一定的难度，奢侈品消费者会因为“内行”而被冠以“专家”的称号。产生这种现象的原因是，某些奢侈品在选择、使用和欣赏方面可能需要一定的专业知识。

主张 5.3：奢侈品为其消费者增添行家和专家的光环

让我们回顾一下相关方面的深入研究和奢侈品的第二个含义：奢侈品代表个体可以在替代品之间自由选择的能力。这种身份地位被描述为拥有“自由选择权”，即资金流动性和经济实力。因此，奢侈品意味着所有者在经济上能负担奢侈品，可能还有能力负担其他商品。由于这个信号来源于其所有者，它并不等同于真实身份。我们认为这一点十分重要，因为“……通过增加我们拥有和做事情的可能性，金钱扩大了我们的自我意识” （Belk，1988，p. 150）。

主张 5.4：奢侈品代表了资金的流动性和经济实力

这是奢侈品一个非常重要的方面，它传达了社会地位的支配性。如果一个人有财力做他想做的事情——也就是执行决策的能力，如果奢侈品代表这种能力，那么结果便是奢侈品在确定社会地位方面发挥了重要作用。根据这一发现，平卡斯（Pincus，2004，p. 380）将“唯物主义、社会比较过程、生活方式和价值”与奢侈品的个性特征联系起来。

主张 5.5：奢侈品表明社会地位的支配性

劳斯莱斯幻影轿车凭借它的尺寸、典范设计和俊美外观，再一次成为奢侈品代表支配性社会地位的一个例子，“……我先来，其他的都给我让开”（Veevers，2006，online）。

奢侈品应该能够在所有者和消费者所处的社会背景中提升他们的地位，提高别人对他们魅力和个性的感知。同时，由于人们自身存在对奢侈品信号的感知，他们可能会感觉自己更有吸引力、更令人满意。贝尔克（1988，p. 141）指出，“我们越是相信拥有或者被某个物品拥有，这个物品就越容易成为自我的一部分。……显然，当声称某个物品是‘我的’时，我们开始认为这个物品是‘自我’的一种体现。”

极端情况下，有人可能会说，奢侈品能够使丑陋的人变得好看些。一个原本长相一般的人，有可能成为众人瞩目的焦点，这是由于奢侈品发出的信号让人更有魅力。

主张 5.6：奢侈品能够引人注目，增强吸引力和美化外表：“使丑人好看些”

奢侈品的一个象征就是它们明显的标签，奢侈品手提包、行李箱都有，乃至航空公司都会为奢侈品行李贴上专门的标签，例如德国汉莎航空公司（Lufthansa）黑色的“白金卡”（Hon Circle）标签，只有极少数特别频繁乘坐汉莎航空航班的旅客才能够享受。尽管这些标签的实用价值不大，但很惹眼。当被别人看到并识别出后，这些小标签就能区分奢侈品拥有者跟其他乘客的身份，使前者引人注目。因此，我们认为一位女士挎着路易威登包会比背着 H&M 包更有吸引力，但前提是这些商品已经被明确地认定为奢侈品。

如果奢侈品所有者认为自己更有吸引力，奢侈品就能进一步增强他们的自信，增加社会机会。最终，哪怕只是假设或无意识的，这些效果都会提高隐藏在所有社会行为背后的动机——繁衍机会。第1章提出的奢侈品的最初定义也认为是这样，其中就包涵了欲望和纵欲的意思。

从这个层面讲，奢侈品增强了自我认知，用一个极端但老生常谈的例子来说明，就是奢侈品让有钱的胖子可以征服年轻可爱的姑娘（反之亦然）。

主张5.7：奢侈品能够增强自我认知

通过示例人们发现富人倾向于“花钱”娶到有魅力的妻子，这就是所谓的“花瓶妻”（也可能是反过来）。我们的一个熟人阐述了他朋友的经历：“这样的‘花瓶妻’可以被视为一种投资。最终她的价值体现在她分外美丽、让人嫉妒，能提高丈夫的自我形象。”如此一来，好莱坞名人经常和其他名人结婚，之后离婚，然后与下一个新星再婚的现象，可能就不仅仅是巧合了。

强化个性感知被视为提高自我认知的一个方面。在实践中，奢侈品可以是一本定制的自传，“光滑富有质感的页面上满是美丽的照片、私人信件和其他纪念品，精致的排版彰显富裕和权贵的生活，文字则来自自传主人公有钱有势的朋友们对他轶事的引述和对其本人的评价。据总部位于纽约的美国奢侈品研究所（Luxury Institute）负责人米尔顿·佩德拉萨（Milton Pedraza）回忆：近日，一位知名的私募股权亿万富翁在收到妻子送的这样一份生日礼物后感动落泪，‘这是爱你的人讲述的你的生活故事，’他说，‘你能想到比这更个性化的东西吗？这才是真正的奢侈品’”（Foroohar，2007，p. 47）。鉴于自我认知和个性之间的相关关系，感觉更“个性的”的人应该在自我认知方面更强。

由于奢侈品能够增强自尊、自我认知、自信、个性和对社会地位的掌控力，奢侈品为其拥有者或消费者提供优越感方面的社会保护和庇护。从某种程度上讲，这个意思等同于其他产品都提供不了更好的社会保护，因为它们没有奢侈品好。

主张 5.8：奢侈品为其拥有者或消费者提供优越感方面的保护和社会庇护：“其他产品都比不上它”

这意味着什么？如果一个人拥有或使用奢侈品，这个产品就代表他将免受同类人消极想法或评论的影响，原因很简单，就是因为他用的是最高端的产品。

社会庇护是一种保护功能，在一定的社会背景下使一个人有更多的潜在行为方式。如果有人身着华丽礼服或剪裁讲究的西装，开着阿斯顿·马丁（Aston Martin）像詹姆斯·邦德（James Bond）一样出现在人们面前，与没有奢侈品相比，他可能更有能力为其胡作非为买单。考虑到这个人社会地位较高且具备较多的专业知识，人们一般会对他的不当行为进行较低程度的谴责。

其他人也可能不理会这个人，这有可能是这个人想要达到的效果，原因是奢侈品提升了社会差距。旅行时，乘坐私人飞机或头等舱可以实现这个效果。除了其他好处之外，这样做可以让人在旅行时与陌生人隔开（Sharkey，2006）。

奢侈品作为保护优越感的一个衍生品具有决策质量的属性，这跟鉴赏力也有关系，奢侈品代表着进行购买时具有高水平的决策专业性。

主张 5.9：奢侈品能够增强感知决策质量或决策专业性

原理是什么？让我们来看一下手表、手袋或汽车的购买，谁会质疑购买百达翡丽手表、爱马仕手袋或宾利汽车的决策质量？虽然可能会因为价格出现质疑决策质量的情形，但肯定不是因为品牌本身的选择问题。在不确定的情况下，较为安全的选择就是购买最好的商品。

同样，谁会觉得送心爱的人一条蒂芙尼（Tiffany）项链作为礼物有何不妥？福克斯（Foulkes，2007，p. 81）给出了一个与奢侈品购买决策专业性相关的例子，“例如，不久前，我到当地爱马仕分店闲逛，随手翻一些可爱的鳄鱼皮活页日记本：这个小物件一侧的凹槽里嵌有一支漂亮的纯银钢笔。我高兴地发现，这款产品还有更贵的版本，高达 1 500 英镑。这一价格让我有些惊讶，但也恰好证明爱马仕品牌形象的力量，以及它在质量和风格方面的声誉。为了一件小巧精美的物品支付一笔不小的费用，对消费者来说是值得的——高价确保这确实是一次谨慎的购买行为”。

奢侈品意味着决策的专业性，从而表明潜在的购买可靠性：购买奢侈品表示一个人知道如何在社会中正确地做事，并且知道在社会环境下应该做什么。因此，拥有奢侈品甚至代表一个人知道如何作出正确的决策。

正如我们所知，奢侈品是享乐产品的一部分，因此它们本质上就具有享乐属性，如快乐和享受。奢侈品的这些属性甚至可能会带来独特的心理和生理体验。

沃利游艇（Wally Yachts）的创始人——也是最负盛名的豪

华游艇制造商之一——卢卡·巴萨尼（Luca Bassani）对其游艇描述如下：“沃利是一种挑战。它意味着叛逆，沃利游艇不带有那种保守的白色气息。沃利意味着乐趣、速度、自由的时间和轻松的生活”（Timpe，2007，p. 48）。因此，奢侈品可能会以一种不寻常的、独一无二的，甚至是“一生只有一次”的方式出现，大大提高人们对愉悦、乐趣和享受的感知。简单来说，奢侈品是一种能够创造独特价值的独特体验。

消费者越来越期望从奢侈品中得到真正独特的、难忘的体验。弗鲁哈尔（Foroohar，2007，p. 48）认为奢侈品消费者“正在寻求自由掌控、特别权限、惊奇、幽默，甚至是私密”的体验。因此，汤姆·福特（Tom Ford）在他的男士高级时装店里提供他所说的“真正的奢华服务——我一直想填补的市场”（*Newsweek*，2007-07-02，p. 73）。“上午 7 点至 11 点，我们为预约顾客提供服务，上午 11 点到下午 5 点向公众开放，然后下午 5 点到 7 点开始预约。我们会为你提供午餐或晚餐，拿着样品去你家里或你的办公室。除了我们提供这种服务，我觉得男士在其他地方不可能享受到同样的服务。”这个例子就在诠释什么是独特的、难忘的体验：通过预约和享受远超一般水平的服务来获得一种不同寻常的体验。

在这一背景下，旅游业也采取措施应对顾客对独特服务的期望，这些做法是他们未曾尝试过的：“一些高档酒店为常住旅客特别提供印有他们名字首字母的床上用品。国际精英会（Quintessentially），总部位于伦敦，提供豪华的礼宾服务，正在推出会员专享的连锁酒店……在那里旅客甚至不需要办理入住手续，在酒店门口一刷卡，就会有工作人员出门迎接，并把他们的行李送到旅客经常入住的房间。低调是当前豪华旅游各个方面的准则。相比于一瓶免费的水晶香槟（Cristal）或一台超大等离子电视——现在这些甚至是中档酒店的标配了，高端旅客更偏爱体贴的关怀，比如当他们离开时，车的后座放着一束当地芬芳的鲜花，去礼宾员在当地最喜欢的地方完成一次充满惊喜的旅行或为拿到印有他们喜欢的菜的菜单”（Foroohar，2007，pp. 50-51）。

因此，奢侈品可以被看作顶级的待遇，也可以被看作对辛勤工作、毕业和特殊成就的一种典型的奖励，或者只是为了彰显一个人的个性。一位奢侈品购买者在《国际先锋论坛报》（*International Herald Tribune*，2007-09-22，online）的一篇文章中表示，“如果能买得起好东西，我就感觉很好”。

主张 5.10：奢侈品代表独特的体验：它是“顶级的待遇”

对内在和外在功能的总结

有关奢侈品信号感知或预期影响的基本观点，引出了奢侈品一系列重要的特征，详见图 4—2，本书将之定义为“奢侈品之轮”。原因在于：奢侈品的这些特征之间可能相互关联、相互依存，一个特征可能与其他特征相关，甚至强化其他特征。然而，它们都受一个共同因素的影响：奢侈品发出的信号。

奢侈品的内在和外在功能是相当独特的，至少整体看上去如此。它们是奢侈品总体感知附加价值的重要因素，因而，应该成为奢侈品综合定义的一部分。

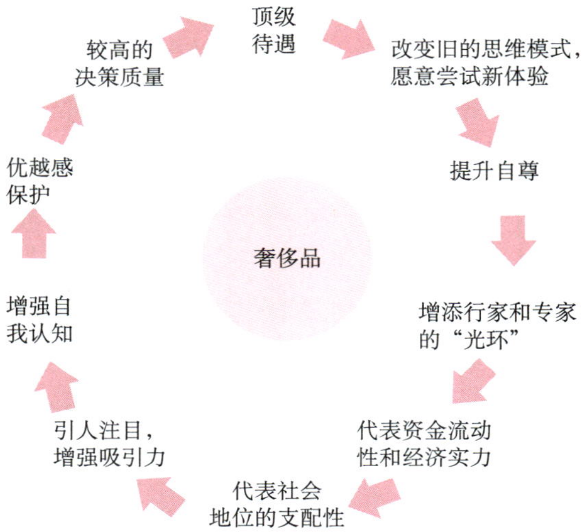

图 4—2 “奢侈品之轮”——破译奢侈品隐藏的特征

群体划分标志：奢侈品作为群体身份证明的识别码

之前的分析说明，奢侈品具有定义、塑造和提高个人社会地位的功能。这也说明奢侈品具有另外一个重要功能，那就是在社会群体内部进行身份鉴别。从某种意义上说，它们可以被看作“ID/身份代码”。

不同的社会群体倾向于使用特定的象征物，如商业活动会用到万宝龙钢笔，在私人银行会穿量身定制的西装、戴金表，这意味着那些“根据情境使用”的奢侈品具有“标记”相应社会群体的作用。

主张 6.1：奢侈品作为群体划分标志，将其消费者划入特定的社会群体

换个角度来看，奢侈品也可以作为进入某些群体的敲门砖，因为不同的群体可能需要使用不同的奢侈品。从某种意义上说，奢侈品是在一定的社会背景下“符合最低期望的产品”。举例来说，一位电影明星开着一辆又旧又小的车去奥斯卡颁奖典礼是不合时宜的，人们（可能包括电影明星）认为巨星就应该坐豪华轿车到达典礼现场。一个国家的国王或王后几乎不可能开一辆锈迹斑斑的旧汽车或住在郊区的一个小公寓里，相反，即使没有预期，宾利和城堡也是国王和王后的标配。如果在某种情境下，奢侈品变成了“符合最低期望的产品”，那它就不是用来提高身份地位的，而是对身份地位的一种标示和确认。

主张 6.2：奢侈品具有符合社会群体最低期望产品的功能

回顾前面讨论的奢侈品附加价值的内容发现，奢侈品实际上对每一个人都很重要，除了收入或财富状况，另一个解释就是，奢侈品具有群体识别功能。

奢侈品品类和品类定位

显然，不同的财富状况会导致个体接触到不同价位的产品类别，打个比方，一个极端是卫生纸，另一个极端是私人飞机。

由于人们的出发点、偏好情况以及所处的社会环境不同，理

论上讲，奢侈品存在于大多数产品类别中，即使不是全部的品类。迪布瓦等（2005，p. 115）也赞同这一点，他们认为奢侈品是“几乎所有的产品或服务品类中的一个特殊级别”。这对于管理者来说具有非常重要的意义，因为每一类产品中的奢侈品都需要进行适当的管理来发出前文描述的属性信号。

所有产品品类中的奢侈品都会与一些经典的观点有所矛盾。传统观念认为奢侈品品类是少数特定的几种，例如奢侈品子类的高级时装、香水、珠宝、手表、皮具、皮鞋、汽车、葡萄酒、香槟、烈酒、餐具、水晶和瓷器（Dubois and Duquesne，1993）。然而，在大多数这些“传统的奢侈品”品类中，奢侈品与非奢侈品并存。其他一眼看上去可能与奢侈品无关的品类，例如洗碗机、手机或瓶装水，仍然有奢侈品子类。因此，一般而言奢侈品与产品类别无关。在第 2 章奢侈品品类评估中，我们对这个结论进行了进一步的研究和说明。

主张 7.1：从假设角度讲，每个产品类别都存在奢侈品

由于所有产品类别都可能存在奢侈品，什么程度不再是普通产品？什么程度就是奢侈品？为各种不同品类界定这样一条通用的规则是非常重要的。为了界定这种规则，需要作出一些假设。

给定一个典型的有众多竞争品牌和产品的品类，假定这些产品的价格服从正态分布。在每个类别中，只有在价格区间中处于绝对高档级别的产品才能够发出显著的奢侈品附加价值（ALV）的信号。

通常某一类别的所有产品中，只有价格在前 1%的产品才有成为奢侈品的潜力，如图 4—3 所示。

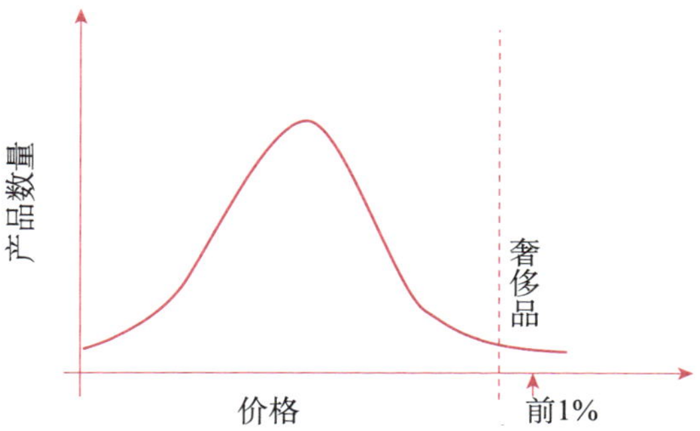

图 4—3　奢侈品 1%的假设

在明显存在奢侈品细分级别的产品类别中，上面提出的主张与实际情况是一致的。例如，在高档手表或豪华手机的细分类别中，在价格上属于高端级别的少数品牌，如劳力士或百达翡丽，仅占该品类产品销售量的 1%～2%，却可以占到整个行业高达 30%的利润（*The New Zealand Herald*，2006-10-20）。在奢侈品手机当中，诺基亚的威图（Vertu）系列以高达 300 000 欧元的价格销售，然而销量非常低，有些机型全球销量不到十部。

从狭义上理解，奢侈品通常是指在一个产品类别中，价格处于绝对顶级水平的产品，它们的价格远远高于同品类其他品牌和产品的价格。这一主张清晰地表明在消费者的感知和评价中，奢侈品附加价值可以达到多么高和多么重要的程度。

如果奢侈品"篮子"里涵盖过多的产品，比如某一品类所有产品的前 5%或 10%，这可能会明显降低奢侈品可操作定义的准确性，这意味着其中一些产品很可能将不再属于奢侈品。

这些产品只不过是高价产品，甚至只是普通的享乐型产品而已，它们通常不能提供显著的奢侈品附加价值。滥用"奢侈品"这一术语，甚至将其用在普通产品上，说明它的使用已经超出了本身的小范畴，并且非常不准确。

主张 7.2：假设某一产品类别的价格服从正态分布，那么一般来说在价格上处于前 1%水平的产品有成为奢侈品的潜力

从某种意义上说，1%规则有其局限性，尤其是对那些价格不透明的产品而言。一位著名艺术家的一件原创绘画作品——就拿毕加索来说——如果没有交易过，就没有价格，也就很难归类。在繁华大城市海边的一栋大房子可能会让人们认为它是奢侈品，但其实际价格可能很便宜。

然而，对于大多数产品类别来说，例外情况毕竟是相当罕见的，因此用狭义的方法对奢侈品进行定义可以增加它的清晰度。

第5章

奢侈品究竟是什么

“奢侈品在很大程度上是放纵、轻松的生活方式和梦寐以求的产品。如果不是预算负担和资金有限，从长远来看，我们都会拜倒在‘奢侈品的石榴裙下’。然而对于我们中的绝大多数人来说，奢侈品的消费是有计划的、适度的、偶尔的。”（Arain，*Chicago Tribune*，2008-01-03，online）

“……加里（Gary）几年前买了一架波音737，把它装备成私人飞机。他还拥有一架16座的湾流（Gulfstream）G2，作为他的‘第二架飞机’。加里计划购买一架更大的私人757，但现在他说一旦787梦幻客机（787 Dreamliner）上市，他就准备入手一架。‘在737上，我可以毫不夸张地说，’加里说，‘……它给了我自由出入和马不停蹄的奢侈享受。我曾经一天之内在5个州降落。’他说：‘但我不会一直留着737。我是一个有目标的人，我总是在追求新鲜事物’。”（Sharkey，*International Herald Tribune*，2006-10-17，online）

对奢侈品的主张，本书旨在提供清晰和准确的概括，就奢侈品的操作性定义提出框架。在奢侈品核心定义中，本书注重关键方面，在延伸的定义中，本书涵盖了奢侈品构念的所有重要方面。

核心定义

奢侈品是罕见的且具有享乐性，很难获取或者使用，能够在提供独特体验的同时，提升或巩固社会地位。它是一种情感的社会标志，能将人们进行区分。

奢侈品可能是耐用或非耐用的产品和服务。虽然通常时间被认为是奢侈品，但本书认为时间不是奢侈品，因为时间本身不能提升或巩固社会地位。然而，时间可能花在被认为是奢侈品的体验上。

延伸定义

奢侈品是稀缺的物品，能够传达身份地位信息。根据信号的清晰度、强度和一致性，所有者和其他人可以对其进行接收和加工。该信号具有提升或巩固社会地位的作用。它产生了消费者感知价值——奢侈品附加价值（ALV）。对消费者来说，ALV 可能是奢侈品总价值的主要组成部分。ALV 由作为顶级待遇的享乐型产品的各种功能构成，包括提升的自尊、自我认知和吸引力、资金流动性、社会力量和专业知识、公共保护和对新鲜事物的感知以及独特和顶级的体验。此外，奢侈品是一种社会标志，将人们划分为不同的社会群体成员。作为奢侈品附加价值的反映，奢侈品往往非常昂贵，很难购买或使用。通常情况下，它们都属于一个品类中最昂贵的产品或服务的前 1%。奢侈品趋向于与社会规范和价值观念相协调，这是保证社会地位的前提。

简而言之，奢侈品是独特的、人们渴望拥有的东西，它很难获得而且可能是难以掌控、管理或使用的，因此，它引发了一个梦想的世界。由于奢侈品传达出拥有者和其他人加工处理的信号，在这两类人眼中（既从所有者的角度，也从其他人的角度），它能够确认身份地位，有可能将所有者及其周围的同类人划分成一个社会群体。定义详见图 5—1。

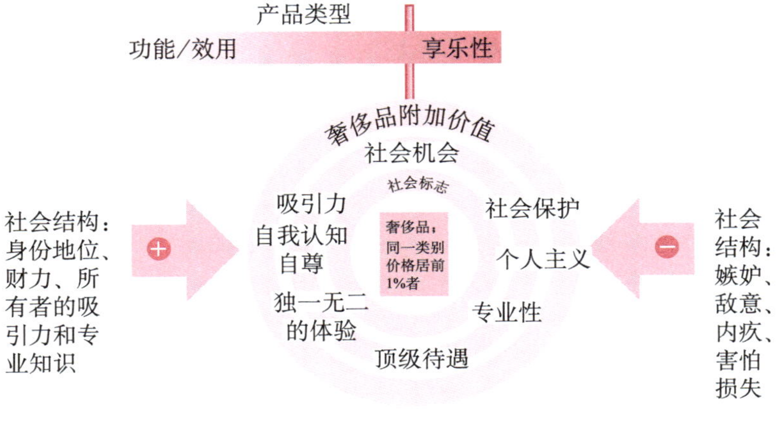

图 5—1　奢侈品的定义

奢侈品的不确定性原理表明，对产品是否为奢侈品的感知完全在于个人，它取决于个人的购买力和购买产品的累计数量、消费经验和当前的社会地位。在前面提到的波音 737 和湾流 G2 的例子中，拥有者可能根本不认为飞机是奢侈品，而是将其视为做生意的必需品，甚至购买波音 787 也是如此。然而，其他大多数人会认为那些是奢侈品。

社会标志和区分的功能能够平衡部分消费者的个人观点，因为文化层面关于奢侈品的公共准则和感知必须存在，否则它的社会信号将无法正常发挥作用。林德纳（2008）引述哈佛大学教授约翰·古尔维尔（John Gourville）的一段话，指出“……在某一领域被认为是精致的东西，在另一个领域可能被认为是平均水平。例如，在波士顿的中产阶级居住区，一辆奔驰轿车可能引人注目，但同一辆车在比弗利山庄（Beverly Hills）就不会”。因此，社会参照群体是选择奢侈品的决定性因素。

虽然奢侈品能够向其拥有者和其他人提供提升身份地位信号的功能，但也可能引发其他人的负面情绪，如嫉妒，甚至是敌意。在此背景下，如果打算购买奢侈品的消费者害怕别人认为这是一种炫耀，就可能影响对奢侈品的购买，也可能会引发内疚感，这都会阻止一个人购买奢侈品或服务。由于担心邻居、朋友、生意伙伴和客户的反应，曾经就有一位打算购买一辆价值 400 000 英镑的迈巴赫（Maybach）豪华轿车的消费者最终决定放弃，因为这辆车可能会被认为“太过奢侈”。为了避免内疚，他花了差不多的钱买了一辆在大家接受范围之内的奔驰 S 级轿车。

实际的或潜在的负面影响构建了奢侈品的社会限制性结构（见图 5—1）。本书认为用合适的方法引导这种社会结构，对持续和盈利性地进行奢侈品管理非常重要。

需求满意度：倒金字塔模型

正如前文所述，奢侈品实际上是与每一个人都相关的深层个人需要，个人购买力和产品专业知识影响购买或消费奢侈品的数量和品牌。根据这个原理并按照贝尔克（1985）关于消费者不同生活阶段变化的研究结果，我们提出一个奢侈品消费层次模型，该模型可以通过相关群体的消费和体验进行阐释。本书将该层次结构命名为奢侈品倒金字塔模型（见图5—2）。

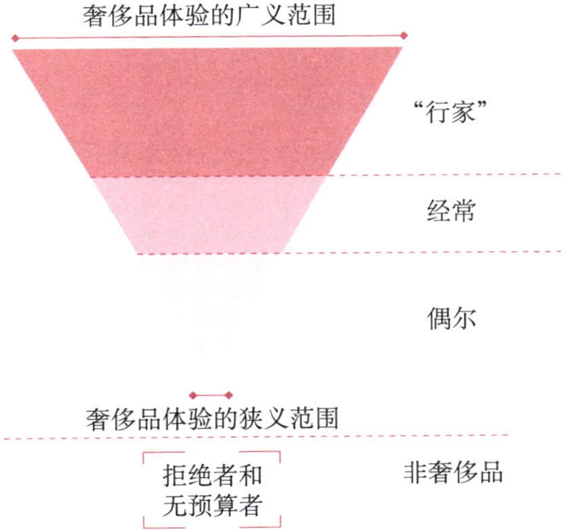

图5—2　奢侈品倒金字塔模型

一些消费者并不购买奢侈品。该群体主要是由拒绝奢侈品的人和由于某些个人原因不会购买奢侈品的人组成的。和尚就是一个很好的例子。即使是亿万富翁，如果有意识地拒绝购买奢侈品，他们就不会购买。

那些买不起奢侈品的人也属于这个群体。如果一个人没有或拥有有限的财力和产品专业知识，类似处于马斯洛需求层次中最低层次的人，奢侈品消费就会被限定为纯粹的欲望——那些人渴望得到并且愿意购买奢侈品，但却买不起。

随着消费者个人财务状况的改善，他们的奢侈品消费范围会扩大，这时他们对奢侈品的消费就会有较高的选择性，仅限于某几个特定的奢侈品。这些产品也可能包括一些奢侈品狭义定义之外的高价产品，但从个人的角度来看，它们仍然被认为是奢侈品。我们称这种消费模式为“偶尔的”奢侈品消费。

举一个例子，一位蓝领工人可能几年才能请妻子去一次三星级餐厅（通常指米其林三星餐厅，是餐饮界最高档次），点上一些精美的食物和一瓶昂贵的葡萄酒。这顿饭可能是他们人生中一个特殊的体验，他们永远不会忘记，也不会再消费第二次。

人们认为财力的提升和产品专业知识的增加会导致消费者购买更多的奢侈品。在奢侈品消费及体验过程中，人们会形成一定的“常规”：有规律地购买，这成为个人生活方式不可或缺的一部分。通过这样的方式，并伴随着奢侈品信号一致性的增强，奢侈品发挥出社会标志的功能。

传统的奢侈品消费者包括有高资产净值的个人和拥有大量奢侈品消费专业知识的人。常规的奢侈品消费者大概是这样的：一位公司总裁，住在500平方米的独立洋房中，开奔驰S600上班，出差经常坐头等舱，穿着量身定制的布里奥尼（Brioni）西装，经常在最好的餐厅用餐。

到了一定程度之后，奢侈品消费就会超越“常规”，我们把这个消费者群体划分为“行家”，这些人对奢侈品消费非常有经验，他们甚至觉得某些高端产品不再是奢侈品。

在财力方面，这些“行家”可能是有高资产净值的个人，甚至可能是有超高资产净值的人士，他们可能拥有几架飞机、一艘游艇和好几处房产、很多豪华汽车和名表。由于“拥有一切”，他们往往不再碰知名品牌，而是在感兴趣的特定领域成为专家，他们尽力去发现这些领域中世界上最好的品牌并定制能够满足他们个性化需求的产品。这些企业和品牌实际上并不为人们所熟知，因为它们往往为非常有限的客户量身定制。

在高端音响设备方面，柏林之声（Burmester）就可以归入上述品牌之列，它专门为个人住宅和游艇量身定制音响设备。连最昂贵的汽车布加迪威龙都会选择配置一套 50 000 欧元的柏林之声音响设备。即使不为公众所知，该品牌也是世界上公认的最好的音响设备品牌之一。在社会参照群体内部，由于每个产品都具有不同的个体特征，它们会进一步与同类产品区分开。

杨（Young，2007）给出了“行家”奢侈品消费行为的另一个例子，他引述了莫斯科一位奢侈品时装店老板的话：“俄罗斯最高端的消费者已经开始转向不太广为人知的品牌，因为奢侈品越来越意味着拥有它们就能够区分自己和其他人，并且别人不能马上认出你穿的是什么。”这个例子表明，在俄罗斯这样一个奢侈品通常被认为是炫耀的国家，老到的奢侈品消费者凭借他们的专长和知识形成了一种独特的品位。杨（2007）援引俄罗斯另一位奢侈品专家的话证实了这一结论：“当前，越来越多的顾客比以前更看重所谓的‘隐藏’的奢侈品——昂贵且精致的产品，它们满足了所有者的需要，只有这种奢侈品才能使自己圈子里的人认出来。”

倒金字塔模型中，消费者对于奢侈品的消费并不一定总是升级。处于上流社会群体的人可能一开始起点就高，例如出生在一个富裕的家庭。人们对奢侈品的消费水平也有可能向下移动，例如，失去财富，没有能力再像以往那样经常消费奢侈品。

每一次从一个群体升级到另一个群体，人们对奢侈品的消费越来越低调、独特，这至少能够消除部分消费者的两难处境：为了传达信号就要将奢侈品显露出来，但炫耀又会有相应的负面社会效应。不过，即便有部分奢侈品的消费是低调的，高频率消费奢侈品的人的消费行为还是有可能被别人看出来。

倒金字塔模型中总结的奢侈品消费行为是对本书提出的信号一致性主张的直接反映。信号越一致，奢侈品所代表的身份地位信息越能被更好地感知和加工。由于信号感知和加工对奢侈品所有者也很重要，通过正向的调节作用，个体感知的奢侈品附加价值应该会增加（见图 4—1 的框架图）。也正是因为价值感知的增加，随着财富和花费的提升，人们会倾向于在其全部消费中提高奢侈品所占的比例。

2006 年 12 月 7 日，福登（Forden）在《国际先驱论坛报》的一篇文章中指出，有迹象表明，伴随着财富的增加，消费者对奢侈品的需求也会增加。他的原文如下：“由于富人越来越富有，而且富人的排行榜已经从俄罗斯发展到中国，全球豪宅掀起了超昂贵的新浪潮，以此吸引最富有的客户。”在同一篇文章中，古驰（Gucci）的老板弗朗索瓦-亨利·皮诺（François-Henri Pinault）表示：“越来越多的人能够得到奢侈品，不是因为产品变便宜了，而是更多的人有能力购买奢侈品。这意味着一个比当下奢侈品领先集团更高层次的奢侈品将要出现，这样才能维持有超高资产净值的人士对奢侈品独特性和专享性的要求。”

其他注意事项

在奢侈品的核心定义中，我们将奢侈品描述为享乐品，因此，界定“享乐”一词的范围非常重要。我们利用较新的研究对享乐进行理解：奢侈品是一种带有显著享乐成分、实现享乐性和实用性统一的商品。正如湾流的例子显示的那样，奢侈品也可以提供强大的实用功能（这里是指湾流飞机运送人的功能），然而诸如有趣、舒适和刺激等享乐属性，才是奢侈品主导性的产品认知。

奢侈品对所有者和消费者的重要性表明任何损失都会对他们感知的或归属的身份产生影响。“如果财产被看作自我的一部分，那么财产的意外损失应被视为自我的损失”（Belk，1988，p. 142）。因此，与非奢侈品相比，所有者对奢侈品会更加谨慎。有高资产净值的人士会花钱来保护他们的投资，他们承认自己更容易成为犯罪的目标，因为目标更大。

他们保护昂贵奢侈品的行为已经形成一种趋势，诸如在豪宅里安装最先进的报警系统、拥有装甲车、雇用私人保安或将昂贵的珠宝或手表锁在精密的保险箱中。举一个典型的例子，印度的一位百万富翁为了防止他的劳斯莱斯幻影发生意外，总是安排司机开一辆档次稍低的车，例如，宝马或者保时捷（Porsche）跟在后面，以确保这辆非常贵重的车没人追尾（Gentleman，2006，

p. 24)。

因为这个原因，人们对奢侈品持久性的期望明显高于正常品，如奢侈品的质量和耐用性。奥迪一直努力成为人们眼中更高档的品牌，它在美国最高档的购物街开设旗舰展厅，销售价值 130 000 美元的 R8 型号跑车。然而，它做这么多努力的驱动力是一些美国消费者对奥迪车型的质量感知比较差，且 JD Power 对它的评级结果是低于平均水平。奥迪在美国的前负责人陈述商业风险时说："你要花很长时间为你的过失买单"（Taylor Ⅲ，2006，online）。

与负面的奢侈品消费框架相反，本书认为在一个繁荣的经济和社会结构下，财产损失的风险较低，这将促进奢侈品的购买和消费。以日本为例，日本是许多奢侈品品牌的关键市场之一，拥有大量可支配收入的上层中产阶级相对较多，且日本犯罪率比较低。与此相反，在巴西的大城市，穿得华贵或炫耀奢侈品可能会有生命危险，因为巴西整体收入低，而处于贫困和绝望中的人与高犯罪倾向有着很强的相关关系。

定义评估

"下一次，我们要以奢侈品的名义'烧些钱'，我们要牢记从那些潮流创造者身上学到的经验教训，确信购买奢侈品是值得的——我们的钱花得最值，此外明智地进行投资会产生最持久的效果，投资于那些可以长期存有的、能带来享受生活和提升日常生活品质体验的物质财富。"（Arain，*Chicago Tribune*，2008-01-03，online）

除了与当前研究结果相一致的高价、享乐主义、快乐、舒适或个性延伸的属性，本书又提出了几个新的奢侈品的特征和主张，扩充了奢侈品的框架（见表 5—1）。我们还提炼和揭示了奢侈品一系列隐藏的特征。

表 5—1　　奢侈品定义的评估

奢侈品定义的方面	先前定义的因素和方面	扩充的框架
享乐产品	• 快乐和享乐 • 悠闲和舒适 • 带来体验 • 奢侈品保留或提高品类的功能	• 连续统一体：提供功能性特征，但享乐特征被过度感知
奢侈品的标识	• 炫耀性消费 • 地位的象征	• 奢侈品发出地位的信号 • 信号加工取决于信号的清晰度、强度和一致性 • 与社会规范兼容 • 信号可被自己和他人加工 • 过分的炫耀会降低对奢侈品的感知 • 奢侈品消费趋于低调 • 信号与感知的奢侈品附加价值（ALV）之间的相关关系
奢侈品附加价值（ALV）	• 快乐 • 带来体验 • 不同的产品质量：设计、美学、风格、材质、稀缺性和历史 • 区分方法 • 延伸的个性	• 改变旧的思维模式，愿意尝试新体验 • 增强自尊 • 专家的“光环” • 资金流动性的标志 • 社会地位支配性的标志 • 引人注目 • 增强自我认知和吸引力 • 优越感保护和社会庇护 • 提高决策质量 • 总之，是购买奢侈品的原因

续前表

奢侈品定义的方面	先前定义的因素和方面	扩充的框架
社会标志	• 收入 • 文化 • 社会阶层 • 社会价值 • 群体细分 • 孤傲和从众效应 • 难以消费的产品 • “精英群体”	• 将人们划分为不同社群的成员 • 奢侈品有可能是达到某一社群成员最低要求的产品 • 引发负面影响的风险（如嫉妒、讨厌） • 失去奢侈品会产生社会地位降低的风险 • 购买奢侈品的其他原因
假设每一品类都有子类	• 各种品类的子类	• 理论上，所有品类都可能有奢侈品等级的产品
需求的满意度	• 不是绝对必要的 • 必需品与奢侈品的连续统一体	• 特有的彰显地位的作用使奢侈品对许多人来说是必需的
奢侈品的不确定性原则	• 社会价值 • 奢侈品取决于个人的观点和体验	• 虽然具有个性化的特点，但社会标志功能意味着一定的共同规则和认知
同类产品中价格在前 1% 的产品	• 昂贵 • 高质量和高价格 • 收入弹性	• 限定在一个品类中的狭义且精确的定义

首先，本书的奢侈品定义提出了一个产品之所以“是”或“成为”奢侈品的原因，它是本书提出的一个关键概念——奢侈品信号——的结果，这个概念是奢侈品的基本概念。总之，奢侈品能够从内在和外在影响对身份地位的感知。

它引出了一个全新的观点：奢侈品对人们很重要是因为两个

期望被满足：一是个体对其身份地位提高的感知；二是自己地位的上升会被别人感知。传统的观点认为，奢侈品是炫耀性的消费，这主要是因为传统看法更侧重于后者。

奢侈品信号的概念能够进一步解释奢侈品带给其消费者的两难境地，即为了发出一个让别人能够感知到的信号而展露奢侈品的必要性与炫耀奢侈品所要承担的社会风险之间的两难选择。这导致在奢侈品消费增加的同时，奢侈品消费越来越低调。通过奢侈品信号所产生的影响，本书进一步解释了购买和消费奢侈品的动机，例如传达社会地位的提升、更高的自我认知和机会增加。奢侈品所有这些基本的内在和外在特征被确定为“奢侈品之轮”(见图 4—2)。

奢侈品通过提供独特的体验来发挥其改变社会地位的作用。奢侈品具有提升所有者社会地位和巩固其社会群体关系的能力，因而奢侈品可以作为群体的标识。奢侈品的这些功能是消费者拥有和消费奢侈品的基本动机。

第二个发现与第一个发现密切相关，奢侈品能够满足人们的需求，因此奢侈品和大多数人相关。在最基本的情况下，所有社会成员为生物繁衍而奋斗。由于奢侈品提升了社会地位和权力，因而它有意或无意地发挥了社会助推剂的作用。

奢侈品满足基本需求的观点与一些经典的奢侈品定义有所冲突，那些经典定义认为奢侈品或者非必需品只跟极少数的人有关。然而，我们从偶尔的消费到个人奢侈的生活方式（“行家”）的角度，构建了奢侈品消费的倒金字塔模型，这是本书提出的信号一致性主张所得出的逻辑结果。基于深入了解、细分消费者和有针对性地与消费者沟通，这一发现拓宽了奢侈品营销的可能性，并凸显了对奢侈品进行专业管理的重要性。

奢侈品满足需求的能力说明其“平民化”的特征，这一点越来越多地被论文和文章提及。这本身不是一个新现象，而是个人可使用财富增多的结果，还可能是在更多可获得的产品品类中都增加了奢侈品供应的缘故。

不同的购买力、社会规范、体验和习惯会使个体消费不同的相关奢侈品。频繁购买奢侈品可能会形成“奢华的生活”，某些人可能会认为这是过度消费（Kivetz and Simonson，2002a）。购买奢侈品的核心动机在于它提升和标识身份地位的社会功能，因而能够满足人们的需要。

第三，本书引入了奢侈品附加价值（ALV）这一关键概念，并把它作为奢侈品的独有价值，它与传达身份地位信号的能力密切相关，而非奢侈品，哪怕是高价产品所发出的身份地位信号相对较弱、不明显，而且在传达信号方面效率低下。因此，ALV 能够解释奢侈品的显著溢价。失去奢侈品对所有者和他们的心态有较强的负面影响，因为 ALV 也随之丧失了。因此，奢侈品似乎需要更高的质量和耐用性。稳定的社会和经济环境也会促进奢侈品的购买和消费。

第四，我们不赞同迪布瓦等（2005）关于所有产品类别至少在假设层面上都存在奢侈品的观点。这意味着大量的产品都会成为奢侈品，这是糟糕的，因此需要一个可行的标准来提高奢侈品定义的精确性。作为标准，本书认为每个产品类别中只有极少数——价格居于同一品类前 1%——的产品有可能成为狭义定义的奢侈品。进一步地，本书拓宽了奢侈品框架，提出与“基本”产品相比，某些奢侈品可能令人不快。较高的感知不愉快可能会引发其他人的负面反应。在关于豪华运动多功能车燃料的经济性和碳排量的广泛讨论中，这种现象就很明显。

高价格是识别奢侈品的一个重要指标，也可能是购买奢侈品的关键原因之一，因为高价格有助于将自身与他人区分开。然而，本书的观点和定义清楚地表明，价格并不是唯一的指标，奢侈品价格高恰恰是奢侈品附加价值感知的结果。除了价格可以将奢侈品跟其他产品区别开，通常奢侈品更难得到，或者使用这些奢侈品的花费较高。

为了在盈利的基础上进行奢侈品管理，详细分析奢侈品的所有关键点是必不可少的。在下面的部分，本书将关注这个问题。然后，本书将分析奢侈品附加价值的货币衡量标准——定价。

第6章

奢侈品驱动力

“过了这个村就没这个店了，它从没打算在公众面前出现超过一晚的时间。乔治五世（George V），这款来自法国奢侈品制造商爱马仕的最新款香水，完全没有广告宣传，没有电影明星代言，甚至没有在免税店进行展示。然而就在上个月位于法国巴黎香榭丽舍大街的爱马仕精品店重新开业的庆典晚会上，900瓶乔治五世香水全部赠予到店的客人，而市面上不会对乔治五世香水进行销售。”（Brothers，*International Herald Tribune*，2006-10-21—22，p. 12）

价格昂贵、严格限量、很难买到、独特工艺、传奇色彩，一个独家品牌，并且独一无二到只能体验一次，满足以上条件的产品可能成为梦想的代表，有很大的可能性被认为是真正的奢侈品。乔治五世香水的例子表明，通过几个与众不同的口头描述就能辨识出一件商品是否为奢侈品。这就引出了一些重要的问题：除了高昂的价格，还能怎样辨识奢侈品？怎样区分奢侈品与普通产品？

另外，如何塑造和销售奢侈品？

让我们来看看那些驱动人们对奢侈品的感知的因素，通常认为是一系列组成奢侈品及其体验的因素。如果这些因素存在，或者至少部分存在，那么一种产品成为奢侈品的可能性就会提高。这些因素可以是奢侈品的前因变量，也可以是跟奢侈品预期或感知的影响相关的方面。这些因素对奢侈品感知非常重要，本书将之称为“奢侈品驱动力”。

接下来，本书将这些奢侈品驱动力分成几类，并对分类理由进行阐释。奢侈品驱动力分为 6 类，分属于产品和体验相关驱动力、社交相关驱动力、群体划分相关驱动力以及知名度和品牌资产相关驱动力 4 个维度。所有奢侈品驱动力维度和分类概况参见表 6—1。

表 6—1　　奢侈品驱动力维度和分类

驱动力维度	驱动力分类
产品和体验相关	1. 与品质和审美相关的驱动力 2. 与购买情境相关的驱动力 3. 与消费情境相关的驱动力
社交相关	4. 与文化和社会结构相关的驱动力
群体划分相关	5. 与消费者群体划分相关的驱动力
知名度和品牌资产相关	6. 与产品和品牌知名度相关的驱动力

第一类奢侈品驱动力是奢侈品的品质和审美价值。正如前文讲到的那样，奢侈品通常被认为具有超凡的品质和一流的制作工艺，并且往往只有在奢侈品厂商的专业知识、特殊技术以及历史传承的共同作用下才能做出，因此，品质和审美价值是奢侈品体验非常重要的驱动力。由于奢侈品会有很高的溢价，产品品质就成为购买奢侈品的一个合理的理由或解释。

第二类奢侈品驱动力是购买情境。价格溢价使得与日常买报纸这类普通购买行为相比，奢侈品购买存在明显的特殊之处。因此，奢侈品的购买情境应该在顾客的整个购买体验过程中发挥强大的驱动作用。另外，由于奢侈品传达社会地位的信号，一件奢侈品需要在一定程度上体现特殊性和独有性，如果在奢侈品购买过程中有一定的困难和障碍，就可以增加奢侈品附加价值，相应地，随处可见就会降低奢侈品附加价值。此外，本书还将分析在奢侈品购买过程中，奢侈品相关产品组合所起的作用。

第三类奢侈品驱动力是消费情境。消费情境是展现奢侈品本质的因素之一，奢侈品的诸如提升自我认知等内在和外在特征都可以显现出来。由于顾客的奢侈品体验至少跟实际拥有奢侈品一样重要，因此消费体验会强烈影响奢侈品感知。在消费情境中，顾客可以了解奢侈品，还有可能会产生快乐、兴奋和被保护的感觉，甚至产生某些如内疚之类的消极情绪。假如有人穿着非常华丽的粉色外套出现在歌剧院，在这种消费情境下，她就会体验到这个产品到底是可以保护优越感还是会成为尴尬的来源。

产品的消费难度越大，越需要更多的专业知识和消费准备，进而这种产品也就越独特。就好比知道如何驯服一匹桀骜不驯的赛马，驾驭一辆性能卓越的超级跑车，品鉴出一瓶经典年份的葡萄酒跟普通葡萄酒的不同之处等，这些都能够彰显奢侈品消费者的个性，增添专家或行家的光环，提升社会地位。因此，消费知识对奢侈品感知价值有正向影响。

第四类奢侈品驱动力是社会结构和文化。这可能包括社会关系以及在其他人心目中塑造良好形象的诉求等，社会结构带来的消极和有限的影响对奢侈品也起到重要作用。

第五类是根据不同的标准将奢侈品消费者进行细分，这样我们就能够分析这些细分对奢侈品驱动力的潜在影响。

最后一类是关于奢侈品强度的研究发现，指出产品知名度和品牌资产是奢侈品的重要驱动力之一。如果一个奢侈品在品质、价格、核心特色、审美价值、历史传承等所有方面完全没有名气，它就不能有效传达顾客社会地位的信号。因此，在购买者和消费者以及社会参照群体中，奢侈品都需要具有一定的知名度。

根据毕马威（KPMG，2013）关于中国奢侈品市场的一项报告，有诸多因素影响中国消费者对奢侈品溢价的支付意愿，这些因素包括：高品质且耐用、专属性、独特性、优质的服务、长期传承、绿色消费和企业社会责任、流行且知名、非常时尚、原产国以及代言人。实际上，这份报告反映了本书归纳出的一些主要的奢侈品驱动力。《奢侈品日报》（*Luxury Daily*，http：//www.luxurydaily.com/）于2016年进行了一项调查，调查对象是来自世界上最富有的七个国家的富有女性，涉及奢侈品的质量、独特性、提升社会地位和激发购买欲望等内容。消费者或潜在消费者对于品牌的态度很大程度上与其对品牌价值的认知相关。该项调查的结果也表明，奢侈品品牌的吸引力在于其能否吸引富有的女性消费者。

奢侈品的价值不仅体现在市场的零售价格上，更体现在质量、独特性及其拥有者的自豪感上。例如，美国的时尚品牌Calvin Klein（CK）在富有的女性中十分流行，许多人购买该品牌的产品。然而，Calvin Klein的广泛流行并没有为其带来较高的奢侈品地位指数（luxury brand status index，LBSI），导致该品牌在奢侈品的排名中位于末尾。如果消费者认可品牌的价格溢价，就体现了品牌的整体价值。正如富有的女性认为迪奥（Dior）、路易威登、普拉达（Prada）、香奈儿（Chanel）和爱马仕是高奢侈品价值溢价的品牌。奢侈品品牌经常采用手工制作来彰显价值，香奈儿通常采用这种方式来传递其独特的产品类别和时装产品。同时，香奈儿还尝试将消费者带入体验房间来制造独特性和神秘感。这些知名的奢侈品品牌也反映了本书讨论的奢侈品驱动力。

第7章

品质与美感

“宾利名声大噪是在放荡不羁的20世纪30年代。在那个年代里，‘宾利小子们’在伯克利广场（Berkeley Square）狂欢畅饮，沃尔夫·巴纳托（Woolf Barnato）开着宾利挑战蓝色快车（Le Train Bleu）的速度，从列车起点一路赛到法国南部。当年沃尔夫开的那辆宾利如今为拉尔夫·劳伦（Ralph Lauren）所有，这位世界顶级设计师清楚地知道，身份地位的每个细节都有强烈的吸引力。”（Veevers，*The Independent*，2006-10-15）

“进入卡地亚（Cartier）的世界，它的典藏系列的核心就是：历史、秘诀、创意和新闻。”（Cartier，2006）

人们往往将奢侈品跟卓越品质相联系。一瓶葡萄酒成为珍稀奢华的陈酿需要具有美妙的口感，同时，它在市场上的存量较少。对那些顶级皮质手袋而言也是如此，完美材质的精工细作和限量供应都是必不可少的。

本书也认为高品质和耐用性对于奢侈品非常重要，因为一旦丢失或者不能再继续使用一件珍贵的奢侈品，对拥有者的自我认知和他人对前者的认知都有重大影响。迪布瓦等（2001，p.8）曾提出，对某些人来说，品质和奢华实际上是同义词。他们研究中的一位受访者强调："对我来说，奢侈品就意味着品质。"

表 7—1 总结了从奢侈品驱动力中提取出的与非凡品质和美感相关的方面，主要包括以下几点：个性化、注重细节、专业的产品、严守美观准则、上乘的性能和体验。

表 7—1　奢侈品驱动力——品质和美学价值

驱动力	与品质和美学价值相关的奢侈品驱动力
1.1	来自高度个性化和特殊制造技术的产品独特性
1.2	需要特殊制作工艺而使用稀有昂贵的材料
1.3	专注每一个细节，创造极致之感
1.4	"手工技艺象征符号"的使用，例如，只有极少数专家能够制造和提供服务的高度专业化的物品
1.5	突出地使用品牌标志作为"工艺信号"
1.6	华美、让人兴奋、精湛和别致的独特美感能提升奢侈品独一无二的价值
1.7	精美别致、匠心独运的包装
1.8	在美感方面对每个细节都有严格的要求和规范
1.9	具有超越一般美感和设计的独具匠心的属性特征
1.10	奢侈品购买和使用情境具有一致性——产品陈列具有优雅精致的美感，同时购买和使用的消费者展现出优雅精致的美感
1.11	精心打造产品，使其具备成为艺术品的潜力
1.12	在自身具备专业性的特定领域表现一流
1.13	一流的产品体验
1.14	名人、皇室成员或者知名专家同款
1.15	被认为独一无二

续前表

驱动力	与品质和美学价值相关的奢侈品驱动力
1.16	与某个事件、名人和购买经历相关的限量版
1.17	通过塑造绝对的独特性和知名度，将产品购买定位成一个“光辉的历史”
1.18	感知的产品卓越品质始终如一
1.19	历史传承和品牌形象——奢侈品都有一段故事甚至传奇

独特性和个性化

出色的手艺成为奢侈品认知驱动力的一个例子是产品的个性化定制，例如乔治·阿玛尼（Giorgio Armani）的量身定制生产线。它是一条顾客专享的高端产品线，根据客人的尺寸、需求和品位进行个性化定制。它与众不同的原因在于：它是世界知名奢侈品品牌和奢侈品服装定制的结合，创造了“双重附加值”(Foulkes，2007，p. 81)。显然，顾客对此很认可，愿意支付 1 万美元以上的价格，这个价格远远超过普通定制西装。

几个世纪以来，制鞋师傅们根据不同客人的脚制成精确的鞋样，用来制作个人化的鞋子，一双鞋子的价格可能远远超过 1 000 美元。英国汽车制造商劳斯莱斯和捷豹（Jaguar）享誉世界数十年的品牌和产品，源自其无与伦比的手工真皮内饰，顶级木料打造的车内表面和无比安静、完美减震的舒适车厢。

在一流工艺的基础上，宾利精益求精，甚至提供由 Mulliner (马利纳）生产线打造的完全个性化的购车方式，毫不夸张地让顾客独有的愿望成为可能。宾利声称：“Mulliner 可以称为 21 世纪车身设计制造的最后堡垒。宾利将继续视 Mulliner 为传承几代、引以为豪的卓越手工艺传统珍宝。超过 100 位专业人士在 Mulliner 发挥他们的专长……他们都是以实现每个宾利客户的个性化要求为终极目标的世界一流手工巨匠。超过 90% 的宾利雅致（Arnage）完美融合了 Mulliner 的定制特性。它可以精细到酒套或者皮革内饰上个人设计的刺绣花纹，也可以彻底到全新的车身风格、加长的轴距或者全功能的移动办公室。由于宾利 Mulliner 能完全达成顾客的想象，雅致车主惊呼‘好像拥有自己的私人汽车公司一样’就毫不稀奇了”（Bentley，2007）。同时宾利也是一个充分发挥品牌历史传承作用的优秀案例，它将 Mulliner 拥有的源自 16 世纪制造马车和马鞍的精湛工艺与自身相结合（Bentley，2015）。

和宾利的 Mulliner 生产线类似，大多数其他高端汽车品牌也都引进了特殊的生产线来实现消费者个性化购车需求：梅赛德斯-奔驰的“AMG”生产线、宝马的“M”生产线以及保时捷的“Exclusive”生产线。它们都致力于将汽车个性化，实现方式可以是简单地安装马力更强的发动机，也可以是使汽车内部构造和外部造型个性化。

以上品牌通过这些努力制造出了可能是绝无仅有的高度个性化产品。贝尔克在对财产的研究中（1988，p. 144）表明，定制车的魅力在于车主在参与创造过程中所投入的“精神力量”。“这种力量和产品都被看做自我的一部分，因为两者生于或者说来源于自身。”因此，我们提出如下奢侈品驱动力：

奢侈品驱动力 1.1：来自高度个性化和特殊制造技术的产品独特性

拥有一件世上绝无仅有的东西，如一幅名画或者有可能一生只能体验一次的服务，都能让拥有者更加与众不同，让他们从社会参照群体中分离出来，这也反映了所有者希望借此提升自身格调的目的，通过奢侈品，拥有者仿佛在说："我是独一无二的。"

葆蝶家（Bottega Veneta）曾被纽约奢侈品协会评为世界上最奢华的品牌，其中一个理由是葆蝶家的产品严格限量供应，从而使其独一无二："……它们的服装系列，无论每季的款式还是成品，都有严格的数量限制。去年推出的珠宝系列仅供应几件：一条 18 克拉的黄色织金项链和一副镶嵌钻石的手镯。事实上，该公司的标语就是'当你拥有了就已足够'"（Nadeau，2007，p. 69）。

珍稀材质与精湛技艺的完美融合

珍稀、独特和昂贵的材料，例如黄金、钻石以及其他宝石、皮革或者木材经常用于奢侈品制作，这是很正常的。同时，这些材质的运用必须配合特殊的制作技术，包括手工。

奢侈品驱动力 1.2：需要特殊制作工艺而使用稀有昂贵的材料

稀有材料的使用能够明显提升奢侈品的独特性。已有实例证明，消费者愿意为有个性的产品支付巨额溢价："诺悠翩雅（Loro Piana）是一个世代经营高级布料的品牌，其精美的羊绒服装一直广受欢迎。针对那些寻求更加优质羊绒织品的顾客，诺悠翩雅向他们介绍小山羊绒，幼年山羊的第一茬绒毛——一生只有一次——一只山羊只能取到 30 克的优质羊绒，从 20 只小山羊身上才能收集到足够制作一件毛衣的小山羊绒，这就需要顾客支付高出普通羊绒大衣 50%的溢价。由于觉得这个价格还是有太多人能买得起，诺悠翩雅花费 12 年的时间再次推出骆马毛（vicuña），一种柔软、轻盈、保暖的布料，南美洲的印加人称之为上帝赐予的纤维。它远比羊绒稀有，是羊绒价格的五倍，一件诺悠翩雅骆马毛滑雪外套售价高达 8 365 英镑”（Foulkes，2007）。

一个极好的案例是瑞士奢侈手表制造商——爱彼（Audemars Piguet）。爱彼通过研发世界上最精密复杂的手表机械部件，不断地巩固其极致优雅的独特定位。秉承这一点，爱彼为顾客提供雅致造型和精湛工艺完美结合的高级机械腕表。此外，爱彼的皇家橡树系列腕表一直是最独特、辨识度最高、最漂亮的产品之一。

由此可见，不管是享乐性的产品材料还是精湛巧妙的制作工艺，都是形成奢侈品感知的强大驱动力。就像在一辆高级奢侈品轿车车身上，我们绝不会看到大批量生产的廉价塑料内饰。

在迪布瓦等（2001，pp. 8-9）的研究中，他们指出在生产制作过程中，不管是材料、部件，还是精致、专业的工艺，都是产品品质的重要指标。“……每一个细节都是至关重要的。当所有的细节都堪称完美无瑕时，极致奢华的感觉才能够浮现。”他们还提出这种情况的极端，那就是顾客感知到该奢侈品可以永远使用，给其一种永恒的感觉。

奢侈品驱动力 1.3：专注每一个细节，创造极致之感

异常复杂的高端机械表是极度雅致的一个很好的例子，比如一款陀飞轮（tourbillion）手表。陀飞轮的理念是通过校正地心引力对钟表部件运动的影响，提高机械表的精度。尽管陀飞轮已经

问世 200 多年了，可是由于陀飞轮装置非常精巧和昂贵，全世界仅有为数不多的几个厂商能生产和装配陀飞轮。根据维基百科(2016)，陀飞轮甚至被认为是手表制作过程中最为困难的机械装置之一。这也就解释了为什么陀飞轮装置的产量如此稀少：它几乎不会出现在 20 000 美元以下的手表中，而是作为 100 000 美元以上腕表的一个重要特征。

有意思的是，为什么陀飞轮会成为最昂贵手表的标配？在本书看来，并不是因为陀飞轮走得更准：陀飞轮使怀表走得最准，因为在口袋里，怀表运动的方向和范围都相当有限，相反，腕表几乎每时每刻都在不同方向上运动，这就意味着即使是陀飞轮装置也没有办法通过机械的方式实现多重运动的平衡。如果真的仅仅为了提高精度，那么石英机芯的表现会比陀飞轮好很多，更应该成为制表师偏爱的选择。

除了不具备走时准确的功能，陀飞轮还有另外一个缺点：服务和维修养护都需要非常专业的特殊技艺，而这一点显著提高了保有陀飞轮腕表的成本。“以 Richard Mille RM008 型号双秒针陀飞轮腕表为例，它的拥有者除了购买腕表的 300 000 英镑之外，还需要支付平均 10 000 英镑的总服务费用”（Foulkes，2007，p. 81）。

那么为什么陀飞轮会被用在顶级腕表上？可能是因为想让别人看出制作奢侈腕表所用到的非凡手工技艺。陀飞轮有特殊的外形，非常容易辨识，而且通常装配在腕表的正面。对于陀飞轮表的拥有者和其他人，这些特征都很明显地在强调：“这块表是最优秀的工匠制造的。”

在汽车行业中，陶瓷刹车片可以说是类似于陀飞轮的“手工技艺象征符号”，保时捷是极少数能提供这种配置的厂家之一。的确，陶瓷制动比传统制动有更出色的性能，但多付出差不多一辆小轿车价格的主要动机仅仅是提高这一点性能是令人怀疑的。从另外的角度来看，这种特殊的陶瓷刹车片很容易从外观看出来，至少对汽车专家来说是这样，而且它的色泽和外形都比较特别，这也使得它很容易被注意到。因此，这个例子同样说明，向别人传达信号或许才是一个重要的购买动机：“我开的车具有别人很少有的特征，只有很少厂商才能制造。”

奢侈品驱动力 1.4：“手工技艺象征符号”的使用，例如，只有极少数专家能够制造和提供服务的高度专业化的物品

对一些品类来说，仅仅通过材料和产品本身很难区分普通商品和奢侈品，手提包就是这种情况。虽然一些手提包可能会使用非常稀有的皮革和钻石来彰显奢华品质，但对于一件高端时尚的产品来说，如一个手袋，普通如牛仔布的材料也会用在奢侈品上。这种情况也会出现在裙子上，通过使用某种被大众忽略的普通面料反而造就了格外时尚奢华的服装。因此，当仅通过比较材质并不能区分普通品和奢侈品时，就需要关注其他方面。

对于手提包和时尚产品来说，把品牌标志放在显眼位置，通常是直接传达精湛手工技艺和专业性以及产品材质等信号的方式。路易威登、爱马仕或者香奈儿都是典型的例子。

在时尚产品中，与手表中使用陀飞轮不同，品牌标志用作传达手工技艺和专业性的符号，而不仅仅用来标识生产厂商。这样，不管一款包是用皮革还是牛仔布制作而成，人们都相信它是奢侈品，因为路易威登、爱马仕或者香奈儿在制作手提包方面的工艺十分考究。

奢侈品驱动力 1.5：突出地使用品牌标志作为“工艺信号”

总之，珍稀昂贵的材质、高度专业化的产品或者只是一个醒目的品牌标志都会影响对奢侈品的感知。本书认为，一款奢侈品的这些部分如果设计得越明显、越精巧，那么顾客感知到的奢侈品信号也就越强烈、越清晰。虽然这只是一个未经验证的假设，但是我们想象一下，用一些不是常规用来制作奢侈品的材料打造的奢侈品——比如一只用塑料制作并带有橡胶腕带的奢侈品腕表，是绝对不可能的事。

奢侈品美感创造独特价值

奢侈品美感是形成自发的、反复的奢侈品品质感知的一个重要因素。奢侈品的美感包括很多方面：产品的颜色、包装、标识、字样以及视觉、听觉、嗅觉、触觉甚至是味觉的体验（参见 Lageat et al. 在 2003 年对享乐特征的研究）。

总之，奢侈品的美感极大地影响产品整体的体验和评价。显而易见，那些外观看起来普通、无趣、过时、粗劣和廉价的产品很难成为奢侈品，而那些外观设计华美、让人兴奋、精湛和别致的产品能清晰地让顾客感知到奢侈品的信号。

奢侈品驱动力 1.6：华美、让人兴奋、精湛和别致的独特美感能提升奢侈品独一无二的价值

体现奢侈品美感的另一个重要部分是包装。比如将一款蒂芙

尼的吊坠作为礼物送给爱人，包装很可能起着至关重要的作用："我可不可以只买吊坠不要包装呢？这个我不确定，但是当我想到戴利拉（Delilah）打开那绑着白色缎带的鸭蛋青色盒子时的情景，我的选择就显而易见了。这种蒂芙尼盒子起源于1837年，从那时起查尔斯·路易斯·蒂芙尼（Charles Lewis Tiffany）就规定，曼哈顿新开的分店的所有包装和广告都要用这种一模一样的鸭蛋青色"（Rawsthorn，2006，p.15）。

奢侈品驱动力1.7：精美别致、匠心独运的包装

外形和颜色可以当做商标，也是各个奢侈品品牌一直以来想要提供独特包装的灵感突破口（见图7—1）。爱马仕的所有产品一致地提供配有特殊丝带的经典橙色包装盒。几乎所有奢侈品品牌，如乔治·阿玛尼、巴宝莉（Burberry）、迪奥、伊夫圣罗兰（Yves Saint Laurent）、唐培里侬（Dom Perignon）以及IWC万国表等，都精心设计了独树一帜的盒子、包装、字体和商标。

图7—1　蒂芙尼的盒子

精心设计的包装是为了使顾客的购物过程和品牌体验更加有趣、与众不同、引人注目和独家专属。一个说明奢侈品包装很重

要的例子就是用过的、空的奢侈品盒子（例如爱马仕的包装）经常放在 eBay 上进行线上交易（Rawsthorn，2006），而且能卖个不错的价钱。奢侈品包装的特色不仅限于包装盒，对于核心产品会精心设计每一个细节。唐培里侬的酒瓶非常独特并带有一个独一无二的标签，代表传统、品质和档次，或者它就是简单地在传达："这瓶香槟是独一无二的。"每条爱马仕丝巾都是精心设计的，它的设计是如此独特以至于即使看不到爱马仕的标志，也能轻易辨识出这是爱马仕的丝巾。

新加坡航空公司被评为世界上最豪华的航空公司之一。在新加坡航空公司，每位乘务员都穿着公司标志性的制服，公司还要求乘务员使用统一标志性的香水，对乘务员的妆容和发型也有严格的要求，以此形成独一无二的"新加坡航空靓丽风景线"。根据一位叫马丁·林德斯特伦（Martin Lindstrom）的品牌顾问的观点，这种典型且统一的香味是造就新加坡航空公司高品牌资产的一个关键原因（*Washington Post*，2005-03-06）。同时，新加坡航空公司也是世界上最早在空客 A380 上推出私人套间的航空公司之一，这大大提高了其顶级服务的差异化程度。

奢侈品驱动力 1.8：在美感方面对每个细节都有严格的要求和规范

奢侈品对每个细微之处美感的极致追求造就了其美妙绝伦的体验，进而为客户提供非凡的价值。总而言之，奢侈品是一种独特感官体验和感官愉悦的来源。

产品美感的作用可以远远超出美学设计或材质的作用。丹麦影音品牌 Bang & Olufsen（B&O）就是一个典型的例子，它以每款产品都有独特的设计而闻名。然而，B&O 产品的美感艺术不止于此，如果你打开一台 B&O 电视机，屏幕画面会如影院帷幕一般慢慢地拉开，与此同时声音也是逐渐增大而不是突然在耳边响起。如此一来，打开电视机变成了一件具有别样体验的事情，这是普通电视机所无法实现的。B&O 电视机遥控器上有个按钮，当你按动它时，电视机会向左或者向右转动。当你关闭电视机时，屏幕还会如帷幕一般慢慢关闭，声音也逐渐变小直至消失。购买了 B&O 高端液晶电视机的消费者称这种无形的极致美学体验是真正让该产品与众不同的原因。

前文曾提到，任何产品类别都可能有奢侈品。在这个前提下，成为奢侈品的关键是产品提供精心设计的远远超出普通审美水准的属性特征。我们来设想，一种售价 2 000 美元一卷的奢侈品卫生纸如果和售价 0.3 美元一卷的卫生纸没有任何区别，那么没有人会为如此高昂的奢侈品溢价买单，也没有人会感知到它的奢侈品附加价值。将其区分为奢侈品的可能做法是：使用艺术家设计的纸张，每节纸上都有一个个性化的设计；不再使用硬纸板材质的纸芯，而是将每卷纸缠在镀金纸芯上，每个纸芯的样式也不同，如此设计的目的是在卫生纸用完后，将镀金纸芯拿来收藏；每卷纸都可以编号，严格限量。通过以上方式，我们认为哪怕是卫生纸，也能卖到单价 2 000 美元。

奢侈品驱动力 1.9：具有超越一般美感和设计的独具匠心的属性特征

奢侈品即艺术品

迪布瓦等（2001，pp. 12-13）总结了消费者对奢侈品的进一步期望：

- 奢侈品陈列的整体环境具有优雅精致的美感。
- 消费奢侈品的顾客展现出同样的优雅精致的美感。

这支持了我们有关奢侈品信号一致性的观点：消费者的风格和态度从产品销售一直到购买或使用该奢侈品越一致，奢侈品带来的感官体验就越真实纯粹。

奢侈品驱动力 1.10：奢侈品购买和使用情境具有一致性——产品陈列具有优雅精致的美感，同时购买和使用的消费者展现出优雅精致的美感

奢侈品可以给人以非常强烈的感官上的独特体验："最极端的情况就是，奢侈品变成了人们不得不承认的艺术品"（Dubois et al.，2001，p. 12）。威利斯（Willis，2007）引用凡尔赛皇家珠宝公司（Royal de Versailles Jewellers）经理的说法："就像沛纳海（Panerai）陀飞轮腕表需要花费超过 2 年的时间才能制作而成，珠宝也是艺术品，或者等价于一辆劳斯莱斯。"

由此可见，奢侈品似乎完全可以同名贵艺术品相提并论，这一点从一些奢侈品在拍卖会上的成交价格可见一斑。百达翡丽的亨利·格雷夫斯超级复杂功能怀表（Henry Graves Super Grande Complication pocket watch）以 1 100 万美元（Business Insider，2012）的价格创造了有史以来手表拍卖的最高价，这样的高额价格堪比一幅伦勃朗（Rembrandt）的画作。百达翡丽、宝玑（Breguet）古董腕表的市价也可高达 400 万美元。收藏家们会像

保存名画一样在家中陈列这些古董表，通常还会为这些表购买保险，甚至专门安装报警系统来保证古董表的安全。为了保持它们的价值，这种级别的古董表很可能永远也不会戴出去。同样，现存世界上最古老的劳斯莱斯，产于 1904 年的 10 马力双座车，在 2007 年拍出 350 万英镑的天价（*Times*，2007-12-03），这显示了像劳斯莱斯这样的顶级品牌能够创造的感知价值是如何的超乎想象。

成为收藏品也是奢侈手表品牌推出限量款的目的，一般价格都会远高于 100 000 欧元，而且数量通常不超过 20 块。同样，这些手表也几乎不会作为日常手表佩戴，而是当做投资品，或者仅仅作为一种收藏。古董车也是如此，产于 20 世纪 50 年代的梅赛德斯-奔驰 300SL 汽车已成为博物馆的藏品，并且在众多精美艺术书籍中亮相。

一位音箱发烧友讲述了一个故事，是关于他的价值 65 000 欧元的宝华韦健（Bowers & Wilkins）鹦鹉螺（Nautilus）音箱。宝华韦健音箱堪比艺术品，其销售价格日渐增长，二手音箱的售价和全新音箱的价格相差无几，甚至更高。同艺术品一样，能有一个好价位的前提是没有划痕或者磨损的印记。这位发烧友把他的鹦鹉螺音箱作为一种投资，而不仅仅是购买的一件产品。

奢侈品驱动力 1.11：精心打造产品，使其具备成为艺术品的潜力

奢侈品与艺术品紧密相关的道理在建筑界也得到了印证，通过那些由著名建筑师操刀设计的奢侈品建筑物就可见一斑。香奈儿曾举办了一场世界各大城市巡回展，展出展品的壮观的、可移动、可拆分展馆，就出自著名建筑师扎哈·哈迪德（Zaha Hadid）

之手。“扎哈·哈迪德又一次创造了超出所有人想象的宏伟建筑，她勇敢无畏、走在时代前端的设计，让她成为明星设计师中的佼佼者”（McGuigan，2007，p. 54）。从产品方面看，路易威登一直以来同村上隆（Takashi Murakami）和理查德·普林斯（Richard Prince）合作，共同创作具有艺术特色或者至少具有艺术家个人风格的新手袋。

为什么一瓶干邑白兰地可以卖到20万美元？据酩悦·轩尼诗（Moët Hennessy）总裁克里斯托夫·纳瓦尔（Christophe Navarre）说，他们的限量款干邑白兰地“……更像是一件艺术品而不是消费品”（Gumbel，2007a）。产品吸引力的很大一部分来自其奢华、不同寻常的包装：酒盒镶满威尼斯玻璃（Venetian-glass）珠，这些玻璃珠由为大教堂打造华美窗户的工匠精心制作，这款干邑白兰地全球限量100瓶。鉴于它更像一件艺术品而不仅仅是一瓶酒，有些人愿意为它支付相当于一辆豪华轿车的价格。

这种将产品与艺术品相结合的方式，有效地将奢侈品与其他产品区分开来。加上一段故事和情感，以及精致的工艺和美感，也许还有助于防止假货。

产品性能与体验

相较于奢侈品专业的选材和精湛的工艺，一些奢侈品的性能却不一定是最优的，当然，人们也不会对其性能抱有很高的期望。本书之前已经探讨过，奢华机械腕表的报时精度并不是很高。事实上，任何一款20美元石英表的报时精度都能完败30万美元的陀飞轮机械表，一辆8万美元跑车的加速性能就能胜过40万美元的劳斯莱斯，而外壳镶嵌价值 2.5 万美元钻石的威图奢华手机却只有最基本的手机功能，连摄像头和上网功能都没有。

这些例子表明，就产品性能而言，奢侈品并不一定遥遥领先于同类产品，也不一定具备最先进的功能，奢侈品消费者“不大可能因为增加了产品新功能就转向竞争产品”（Thomas and Weigelt，2000，p. 900）。

然而，我们需要看到，在某些特定的和与消费者相关的方面，奢侈品总有着不可比拟的表现。奢侈品腕表可能不如普通石英表报时精准，但是它的制作工艺和美感远远超过任何普通手表。

诚然，跑车的加速性能也许胜过劳斯莱斯，但是通过选用最上乘的材质，劳斯莱斯车厢内的宁静和舒适是其他任何汽车难以媲美的。威图手机或许真的无法连接互联网，然而它的蓝宝石镜面手机屏幕永远不会出现划痕，其屏幕光洁度也是其他手机所不能比拟的，如此一来，如果是在珠宝手机的范畴内进行比较，恐怕没有手机可以超过它。任何体验过保时捷 911 涡轮增压（Porsche 911 Turbo）加速性能或哈雷-戴维森（Harley Davidson）独一无二的引擎声的人，都明白为什么这些品牌会有如此多的狂热爱好者，为什么有如此多的人都梦想拥有这些品牌的产品。

奢侈品在很多性能方面的表现都不是一流的，但是在其具有专业性的领域，奢侈品至少在一个关键方面独领风骚。

奢侈品驱动力 1.12：在自身具备专业性的特定领域表现一流

奢侈品讲究的是历史的传承，制作工艺的专业性，使用为人熟知的珍贵、稀有材料以及给购买者和消费者带去的整体体验。

因此，相比于更注重功能特性的普通产品，奢侈品能够获得更高的品牌忠诚度。

前文曾提到，奢侈品为消费者提供的整体体验会显著影响其附加价值，因而，管理奢侈品体验对奢侈品管理者来说非常重要。然而，根据拉吉特等（Lageat et al.，2003，p.99）的研究，"由于产品体验具有主观性和经验性，评估奢侈品享乐属性的感知来源十分困难"。其原因在于普通大众可能不具备鉴赏享乐属性所需的专业知识，一位没有经验的品酒者可能区分不出奢侈品红酒和普通红酒口感的不同之处。

这其实很好理解："当你关闭车门时，劳斯莱斯幻影发出的声音会比丰田普锐斯（Toyota Prius）更加优雅和坚实；当你在纸上书写时，一支奢侈品钢笔能给你带来更加精妙细腻的触感"（Lageat et al.，2003，p.97）。尽管以上两个例子中的体验是情理之中的，但不一定每个人都知道，因此在奢侈品的制作和营销过程中需要下功夫。然而，差不多全世界的人都知道，劳斯莱斯幻影无论是外观还是造型都堪称惊艳。

奢侈品驱动力1.13：一流的产品体验

以上对于奢侈品营销管理的启示是，对于奢侈品体验及其带来的奢侈品附加价值，可以引导消费者了解它们。假如奢侈品采用了一种与众不同的材质——回想一下本书之前提到的配有塑料仪表盘的豪华汽车，要让消费者接受这种材质，深入的解释（例如，塑料可以减轻车身重量，从而让汽车有更好的性能）是必要的。

如果一款产品的制作或消费需要具备专业知识，至少与同品类的普通产品相比需要更加雅致的方式，奢侈品就有可能发出信号——他的拥有者具有一定的专业知识。这种专业可能跟博士的专业不能相提并论，但是，假如你拥有一座酒窖，收藏着几瓶世界排名前 100 的名酒，或者拥有一件由世界排名前五的裁缝大师亲手制作的西装，用的是顶级的面料，这些至少能说明其拥有者在有关这类产品的知识方面胜于普通消费者。不管是不是真的掌握更多的专业知识，购买奢侈品这件事情本身就可能给购买者赋予一定的专业属性。因此，就像之前提到的，这将提升拥有者对社会地位的感知。

同样，如果一位皇室成员、名人或某个领域的专家使用了一款奢侈品，那么普通人使用后，或许也会给他塑造这样一种专业的形象。因而，许多英国奢侈品品牌都标榜自己是“女王御用”。

奢侈品驱动力 1.14：名人、皇室成员或者知名专家同款

奢侈品代表的一定专业水平有其局限性，即在社会参照群体中，只有当人们对产品、材质或者特性有一定的共同认识时，奢侈品的专业性才能够发挥作用。普通人可能根本无法识别一套手工定制的高级西装的剪裁，那么这套西装也就不会被识别出是奢侈品。

这个局限性同样适用于那些皇室成员和名人带来的效应：如果他们和产品并不相关，或者消费者并不认为他们拥有专业知识，那么他们对奢侈品的使用并不能提升奢侈品的专业形象。

名人效应也可能对某些顾客的奢侈品体验产生负面影响，“亚洲和中东的很多客户都要求定制的晚礼服刺绣越多越好，价格都是 10 万美元起，但是这类客户一旦看到某位女明星在走红毯时穿了相似的礼服，他们就会立即取消订单”（Thomas，2007，

p. 77)，理由是他们想要一件独一无二的礼服，因为他们想被看做独一无二的人。

奢侈品驱动力 1.15：被认为独一无二

支付巨额奢侈品溢价投资顶级产品，产品质量对合理解释这一点或为此提供合理借口发挥着重要作用。假如路易威登准备推出一款塑料手袋，这款手袋的品质和那些乡村无名时装店里出售的差不多甚至更差，设计毫无特色但是售价超过 10 000 美元，那么这款手袋的潜在买家可能就需要一个很好的理由或借口向其他人解释，购买这款手袋绝非纯粹的冲动而是有充分的理由。

换个角度来看，如果这款塑料手袋是出自一位世界排名前十位的设计大师之手，著名影星在奥斯卡颁奖典礼上用过这款手袋，手工制作，全球限量 20 件，排队预订两年后才能拿到，并且只有每年在同一家路易威登品牌店购买金额超过 20 000 美元的客户才有资格购买，那么这款塑料手袋就变成了一件远超其功能价值或材质价值的珍贵商品。

奢侈品驱动力 1.16：与某个事件、名人和购买经历相关的限量版

这就为消费者的购买行为提供了理由和合理的解释，因为这款塑料手袋具有稀缺性并且知名人士是它的拥有者，那么购买这款手袋至少是一个聪明的投资选择。它不再是一件简单的产品，而成为一个“光辉的历史”，它是绝对独一无二而且大名鼎鼎的，这足以让一切高额溢价合理化。

奢侈品驱动力 1.17：通过塑造绝对的独特性和知名度，将产品购买定位成一个“光辉的历史”

品质感知

如果一个奢侈品品牌一直致力于为顾客提供卓越的品质，那么这也会成为顾客充分的购买理由。正如本书之前说过的那样，卓越的品质能为顾客的购买决策质量和专业性提供社会支持。正如百达翡丽一直被认为是制表行业工艺登峰造极的典范，能够保值而且世代相传，谁能质疑购买百达翡丽的决策质量呢？

奢侈品驱动力 1.18：感知的产品卓越品质始终如一

顾客通常期望通过购买奢侈品获得极致的享受，所以奢侈品为顾客提供愉悦感和兴奋感的功能至关重要。在这种情况下，当奢侈品试图向顾客传递积极情感时，产品卓越上乘的品质起着决定性作用。比如，一辆豪华汽车的行驶里程才 1 000 英里，它的空调按钮就脱落了，那么这款豪华汽车似乎不太能够始终如一地给顾客带来驾驶的乐趣。

在提升奢侈品价值的众多途径中，将始终如一的非凡品质和材质、顶级的制作工艺与个性化定制服务完美结合，给消费者提供购买保证是至关重要的。如果一款奢侈品不能给出其高昂定价的理由，那么购买这样一款奢侈品甚至会有降低社会地位的负面影响，原因是如果一个消费者购买一款昂贵但没有什么品质和品位的产品，那么这个人可能会被认为是个败家的人。

奢侈品具有精妙绝伦品质的一个重要方面是其历史传承和形象。迪布瓦等（2001）指出，奢侈品需要一个故事，如果有一段传奇，那就最理想不过了。这就解释了为什么几乎所有的奢侈品品牌都在强调与客户体验息息相关的独特的历史传承。

奢侈品驱动力 1.19：历史传承和品牌形象——奢侈品都有一段故事甚至传奇

百达翡丽就是一个很好的例子。百达翡丽（2012）官网写道："早在 1839 年公司成立时，百达翡丽就确立了追求卓越的理念，一百多年来，百达翡丽始终如一地贯彻这个理念，从而奠定了它在业界无可争议的霸主地位……如果你让百达翡丽的拥有者跟你讲讲他们的手表，你会听到一个关于激情、爱与温柔的故事。一款百达翡丽腕表的意义远不止报时这么简单，它更是一件充满个人珍贵回忆的、独一无二的物件。选择购买百达翡丽通常与个人的一些重要时刻相关——一次事业成就、一段婚姻或者一个孩子的诞生，将百达翡丽作为礼物，是对爱或感情最动人的表达。"

伦敦著名的哈洛德百货公司（Harrods），一直以来也强调历史渊源和文化传承的重要性："哈洛德不仅仅是一个休闲购物场所，也不仅仅是一座辉煌壮丽的建筑，它的故事与每一位进店的顾客、在这里工作过的员工、写过有关事迹的作者以及建造这座宏伟建筑的人息息相关。诺尔·考华特（Noël Coward）、西格蒙德·弗洛伊德（Sigmund Freud）、奥斯卡·王尔德（Oscar Wilde）、玛丽·安托瓦内特皇后（Queen Mary）、AA·米尔恩（AA Milne）和皮尔斯·布鲁斯南（Pierce Brosnan）等很多名人都在哈洛德丰富的历史中留下了自己的印记。随着时间的推移，哈洛德还在不断地成长、自我调整、重新审视自身并进行自我改造，以创造新的历史”（Harrods，2006）。

如果奢侈品的历史传承非常深厚，品牌形象深入人心，这比任何有形的品质都更加重要，也会对品牌资产产生深远影响。阿斯顿·马丁（Aston Martin）就是一个典型的例子。《海湾时报》（*Gulf Times*，2006-09-02）曾经问道：“阿斯顿·马丁之所以成为高端奢华跑车的典范，是不是因为詹姆斯·邦德曾驾驶过一辆轮毂带有粉碎刀片、配备机枪和一个弹射座椅的阿斯顿·马丁？还是这个英国品牌赛车的历史传承和斩获的诸多超凡性能的证书让其在跑车中独领风骚？”

《海湾时报》那篇文章的结论是，从理性角度而言，阿斯顿·马丁的品牌资产不会超过10亿美元，因为它每年只有4 000辆左右的销量，但是从非理性的角度考虑，“它的品牌价值资产可能高达20亿美元”。这个例子表明奢侈品的历史传承和品牌形象的重要价值。因此，显而易见，和其他诸多有形的产品要素一样，奢侈品的历史传承和品牌形象，都需要进行精心打造和管理。

总结：奢侈品驱动力——品质与美感

在概述了产品品质、历史传承和审美价值的相关发现后，本书得出如下结论：

● 相较于普通产品，奢侈品在制作和个性化需求方面，对产品品质、审美价值和使用材质等有更高的要求。奢侈品在某个特定的性能方面通常代表一流的水准，并能为顾客提供独一无二的产品体验。奢侈品这种高度个性化的细分产品和服务能带来更高的顾客忠诚度，并能有力地提高奢侈品附加价值。

- 奢侈品通常传达出消费者具有相关方面专业知识的信号。原因在于奢侈品的精致性、个性化以及高档材质，此外，奢侈品的消费和使用都需要一定的专业性。同样，对某一品类的知识需求，比如怎样驾驶一辆奢侈品跑车，就传达出专业性的信号。专业知识信号越强，产品的奢侈品附加价值就越高。

- 某些特定材料的使用是奢侈品的典型特征，或者消费者期望某个奢侈品使用这种材质，例如由黄金或者钻石制成的奢华手表。这一点有利于轻松识别出奢侈品，并形成一种购买保证。如果材质的使用同某一品类常见的奢侈品不同，那么就需要额外的合理解释。

- 购买保证是奢侈品营销的另一个关键因素，至少让部分奢侈品溢价变得合理。

- 历史传承和品牌形象对于奢侈品来说至关重要。通过影响品牌资产，提供购买合理性并正面影响产品品质和顾客体验，能够提高奢侈品附加价值。

第8章

购买情境

“有一个古老的犹太故事，家人询问一位弥留之际的老祖母做苹果派的秘诀——为什么祖母的苹果派比其他人做得更好吃？这位祖母神秘地笑了笑，轻声说：‘不要做太多。’”（*Spiegel*，2007，online）

“劳斯莱斯的汽车有独特的元素——飞翔女神（The spirit of Ecstasy），从像艾伦·休格爵士（Sir Alan Sugar）和罗曼·阿布拉莫维奇（Roman Abramovich）这样的财阀，到像50美分（50 Cent）和本·阿弗莱克（Ben Affleck）之类的说唱歌手和电影明星，他们都会乘坐配有真皮和胡桃木内饰的劳斯莱斯出现在重要场合。这些人拥有劳斯莱斯意味着，他们可以从44 000种颜色中挑选自己喜欢的颜色，相比之下，那些开福特 T型车（Ford Model T）的人可能只拥有一辆劳斯莱斯幻影的汽车模型。”（Veevers，*The Independent*，2006-10-15）

控制产品供给一方面可以操纵消费者对产品的接触；另一方面会提高获取产品的困难度，这意味着购买情境对奢侈品感知有显著影响。反之亦然，购买奢侈品时，消费者期待有适宜的消费环境。表8—1总结了有关奢侈品购买情境的指标，这些指标有助于创造消费欲望，使产品更具独特性和价值，最重要的是，使购买变得更加特别。

表8—1　奢侈品驱动力——购买情境

驱动力	与购买情境相关的奢侈品驱动力
2.1	产品获得有难度
2.2	价格以外的其他购买障碍
2.3	（期望的）购买惊喜和不确定性
2.4	独特的、精挑细选的购买地点
2.5	品牌专卖店或者严格限定的具备顶级服务和专业水平的多品牌店铺
2.6	建筑、设计和特殊服务带来的引人入胜的购物体验
2.7	购物的私密性
2.8	购买过程中的个性化服务
2.9	为了实现最个性化的咨询服务和尽量保持低调，奢侈品实行上门服务或网络销售
2.10	预订时间是独特产品体验的一部分
2.11	奢侈品数量限定带来的独特产品体验
2.12	购买的先决条件构成产品体验的一部分：“需要足够的资格才有权购买”
2.13	隐蔽的购买地点或获取途径创造独特体验
2.14	将购买变为一种立即提升社会地位的行为
2.15	“互补”购买：奢侈品可能需要配套的产品和服务购买组合
2.16	感受同一品牌的多元化，体验其不同产品
2.17	在基本产品的基础上，提供更加昂贵的限量版高端产品系列
2.18	提供入门级产品来补充品牌体验
2.19	愧疚情绪是奢侈品购买的不利因素

刺激消费欲望

当人们很难获取某种产品时，对这种产品的欲望会被激发，除非真的无法得到它（Belk et al.，2003）。总而言之，我们总是对那些未曾得到的或很难得到的东西产生欲望。

奢侈品驱动力 2.1：产品获得有难度

鉴于奢侈品具有传达社会地位信号的功能，因此奢侈品显然不是轻易就可以拥有的产品。换句话说，奢侈品需要专属性(Dubois et al.，2001)。

实现专属性最重要的一种方式是奢侈品的高昂价格。然而，随着富人的不断增加，仅仅通过价格设置购买障碍是不够的，还需要采用其他方式来驱动奢侈品感知的形成。

奢侈品驱动力 2.2：价格以外的其他购买障碍

奥柯里和斯特拉希尔维茨（O'Curry and Strahilevitz，2001，p. 38）认为，享乐型产品通常具有特定价值，即预期价值："享乐型产品能带来更多的愉悦感，这种体验就像做了一个充满乐趣的梦。"

产品预期效用是形成产品欲望的驱动力，顾客对产品的期望越高，其购买行为的不确定性就越大。对享乐型产品和实用型产品的购买彼此相关，随着购买不确定性的增加，相比于实用型产品，消费者更有可能购买享乐型产品（O'Curry and Strahilevitz，2001）。因此，一些奢侈品在营销策略中加入了很多惊喜和不确定元素。巴黎珠宝设计大师 JAR 曾声称"……有一天你可能会因此变得与众不同，也许不会……"（Foroohar，2007，p. 48），事实上这些吸引了众多消费者的策略，对于一些消费者来说是一种购买的挑战，对另外一些消费者来说已经变得枯燥无味，因为对于他们来说，拥有“另外一双吉米·周（Jimmy Choos）的鞋子或者一辆私人定制的宾利汽车……”并没有什么。

奢侈品驱动力 2.3：购买惊喜和不确定性

在某种意义上，购买惊喜和不确定性是一种购买障碍，对某些消费者来说，这使得产品更显特别。同时，我们认为购买障碍使有些消费者显得更专业，因为他们克服了购买障碍。奢侈品购买障碍也能作为对奢侈品溢价的一个合理解释。

除了价格策略，还有一些其他的奢侈品购买障碍。以下是本书认为的重要的奢侈品购买障碍：

- 限量分销。
- 设置预订时间。
- 产品数量限定。
- 严苛的购买条件。
- 购买地点的隐蔽性。

限量分销

限量分销是设置奢侈品购买障碍的最基本策略，甚至可以说，产品限量分销是成为一款真正奢侈品的前提条件。对于大众市场上出售的普通产品，如低档巧克力或者可口可乐这类软饮料，其经营重点是尽可能通过众多的销售网点实现销量的最大化。作为无处不在的大众消费品品牌，营销的关键是赢得市场竞争、规避被替代的风险。

如果奢侈品品牌也采用这种策略，那么它将会丧失专属性和吸引力，导致奢侈品附加价值显著下降，因此购买一款奢侈品的基本原则是选择那些与大众市场产品截然不同的高端产品。让奢侈品购买成为一件“特别的事”，这对奢侈品营销很重要，能唤起消费者的购买欲望。无处不在、随手可得的奢侈品根本行不通，如果在很多汽车经销商那里能买到劳斯莱斯或法拉利，那么这些品牌的魅力和威望会大打折扣。

奢侈品驱动力 2.4：独特的、精挑细选的购买地点

除了仅在各国的一线城市的著名商业街设立专卖店，实行产品限量分销策略以外，一些顶级品牌还采取其他策略。路易威登的某些产品系列仅在指定国家甚至特定店铺内销售，例如，它的一些限量版手袋就只在日本市场发售，在世界上其他任何地方都无法买到，而普拉达的部分高端产品仅在指定的几个店铺有售。

限制分销网点的数量有助于更好地控制消费者的购物体验。因此，大多数奢侈品只在自己的专卖店内销售，在此没有品牌的竞争，并且产品形象能得到最好的展示和传达。

某些奢侈品品类，如高档手表或首饰，往往在多品牌环境下进行销售。尽管如此，这些多品牌渠道仅分布于为数不多的店铺，这些店铺无论是环境氛围、产品展示还是专家建议都达到了顶级的标准，正如纽约的维姆普（Wempe）表店或伦敦的哈洛德百货公司。然而，仍有很多高档手表和珠宝仅在自己的专卖店中销售，如蒂芙尼、御木本（Mikimoto）和卡地亚。

奢侈品驱动力 2.5：品牌专卖店或者严格限定的具备顶级服务和专业水平的多品牌店铺

奢侈品专卖店通常设计为旗舰店。对于那些在颇负盛名的地点开设的旗舰店，奢侈品品牌甚至会专门聘请著名的建筑师为其店面进行设计。例如，2001 年，由伦佐・皮亚诺（Renzo Piano）设计的爱马仕东京银座旗舰店开业，周围环绕着由青木淳（Jun Aoki）和妹岛（Sejima）设计的路易威登旗舰店，由西泽（Nishizawa）设计的迪奥塔，由彼得・马里诺（Peter Marino）设计的 10 层楼的香奈儿旗舰店，以及由赫佐格和梅隆（Herzog & Meurons）设计，耗费 8 500 万美元打造的普拉达旗舰店。对于东京银座商业区如此高密度林立着设计壮观的奢侈品旗舰店，一位建筑设计师给出了解释："奢侈品品牌都明白建筑有助于手袋的销售"（Blanks，2008，p. 193）。

香奈儿的银座旗舰店更是别具一格：外观方面，创意 LED 外墙完美模拟了香奈儿的经典斜纹图案（Weathersby jr.，2005）；店内设有展览和音乐会场的空间，只有被邀请的顾客才能进入；店内还有一间餐厅，由法国最知名的大厨之一阿兰・杜卡斯（Alain Ducasse）经营。这些标新立异的奢侈品旗舰店带给消费者全身心的享乐体验，让到访这些旗舰店变成一种体验而不仅仅是购物。

2007 年，乔治・阿玛尼银座旗舰店开业，进一步提升了整体的品牌体验水平：店内有阿玛尼主线精品时装、阿玛尼/卡萨（Armani/Casa）系列家具和家居饰品、一个展示间、一间酒吧、一间餐厅，甚至还有全球第一家阿玛尼 SPA。在三间奢华的 SPA 理疗室内，顾客可以体验到享有专利技术的温泉水疗。餐厅的主厨恩里科·德夫林格（Enrico Derflingher）曾任白宫厨师，五次被评选为全球最优秀的厨师（Blanks，2008）。

在巴黎还有另外一座壮观的建筑：2005年开业，坐落于香榭丽舍大街的路易威登旗舰店。这间旗舰店是路易威登全球最大的店铺，占地1 200平方米，包括一片展览区域。“在这里徜徉，消费者可以获得不断升级的全新体验，尽情探索皮具、鞋子、珠宝和太阳镜的世界”（路易威登，2006）。同样，建筑、艺术和奢侈品的完美融合在这里发挥得淋漓尽致。

奢侈品驱动力2.6：建筑、设计和特殊服务带来的引人入胜的购物体验

与多品牌购物环境相比，在旗舰店精心打造的购物环境中，工作人员受过特殊培训，能够更加详细地、有针对性地向顾客就产品本身、品牌形象、品牌历史以及制造材质和工艺等进行解说。

同时，旗舰店营造的不受外界打扰的专属环境能很好地保护顾客的隐私，也能让顾客享受工作人员无微不至的服务。珠宝店内通常提供充足的展位或单独的小隔间，以便顾客私密地进行产品体验。专属购物环境对奢侈品体验和奢侈品附加价值有强大的驱动作用。

奢侈品驱动力2.7：购物的私密性

私密性也变成一个重要因素，因为像纽约第五大道（5th Avenue）、洛杉矶比弗利山庄罗迪欧大道（Rodeo Drive in Beverly Hills）这些享誉全球的商业街，已经被越来越多的游客而非奢侈品消费者挤满，这种情况会严重降低奢侈品的购物体验。吉尼斯（Guinness，2007）引用马里奥·格拉乌索（Mario Grauso）——

旗下拥有莲娜丽姿（Nina Ricci）和帕科拉巴纳（Paco Rabanne）两大品牌的集团总裁——的话："店铺门前涌动着拍照留念的游客，完全没有购物体验可言。"

即使在拥挤的环境中，一些品牌也极力维护顾客购物的私密性。最典型的例子就是位于罗迪欧大道420号的毕扬精品店（Bijan）。这是一间特别设计的店铺，甚至被冠以世界上单次消费额最高的专卖店的头衔，因为据专门报道知名人士和好莱坞明星新闻的seeing-stars.com网站（2007）的消息，毕扬精品店平均每位顾客单次消费金额高达100 000美元。据估计，罗迪欧大道每年游客数量超过1 400万，毕扬秉承打造世界上唯一"会员准入制"精品店的理念，保证其顾客的购物专属性和私密性。从州长、行业领袖、总统到国王和皇帝，都在毕扬的顾客名单之列，他们需要绝对私密的购物空间（Bijan，2012）。

私密的氛围也保证了购买过程中有效实现一对一个性化咨询服务。比如，宝马在展厅中开辟出几个独立的空间，分别安装了高清显示屏。在那里，潜在购买者可以向销售人员咨询他们想要定制的汽车配置，通过高清显示屏，顾客可以实时体验汽车不同设计的效果，比如不同的皮革与木质搭配的内饰设计。

奢侈品驱动力2.8：购买过程中的个性化服务

同样，奢侈品消费者的私密性和个性化购买需求也驱动着网络奢侈品营销的发展："……富人显然乐意为一流的服务付出几乎任何代价，他们对具有即时性和便利性的网络购物兴趣渐浓。如奢侈品购物网站vivre.com，net-a-porter.com，或20ltd.com等，在这些网站上，消费者可以在完全私密的情况下买到价值22 500美元的艾瑞克森比蒙（Erickson Beamon）水晶吊灯，也可以买到价值 800 美元的诺悠翩雅旅行枕头。根据奢侈品协会的研究，几乎所有美国富人（98%）都曾通过网络购买这样的商品或服务，而经常进行网上购买的比例达到一半以上”（Foroohar，2007，p. 50）。奢侈品网络购买渠道的另一个优势是购买行为不受时间限制。

奢侈品驱动力 2.9：为了实现最个性化的咨询服务和尽量保持低调，奢侈品实行上门服务或网络销售

奢侈品品牌也在不断向网络市场进行扩张，迪奥甚至在知名网络游戏“第二人生”（Second Life）中给玩家展示 2007 年春季新款珠宝。目前的购物网站提供的都是一般性奢侈品，但是 20ltd. com 有意销售少量特别是限量版奢侈品。这些限量版只能通过网络渠道进行购买，在任何其他店铺都无法买到（20ltd. com，2012），因此，在该网站网购的消费者能够确保买到独一无二、高度个性化的奢侈品。本书认为，创造极致的网购体验是必需的。

随着越来越多的人光顾奢侈品商业街和精品店，奢侈品品牌的上门服务应运而生，以更好地实现客户咨询和产品展示的绝对私密性。如托马斯（Thomas，2007，p. 77）描述的那样，“就像坐拥宫殿的王后一般，现在很多购买服装的客户在家中享受高级时装定制服务”。究其原因，部分客户越来越追求服务的专业化，但是他们可能无暇前往实体店铺，于是高级时装精品店就指派一位专家上门服务。随着财富不断增加，顾客对购买过程隐私化的要求逐渐提高，因为他们的身份地位要求他们尽量低调行事：“时装业已经发生了变化，因为客户行为已经改变。现在的时装客户大多数是有权力和影响力的女性”（Thomas，2007，p. 77）。

设置预订时间

另一个制造购买障碍、激发顾客欲望的策略是设置产品获得前的等待时间。其中最有名的例子就是爱马仕“凯莉包”(Hermès’ Kelly Bag)，这款手袋最初是专为格蕾丝·凯莉(Grace Kelly)设计的，想要购买这款包的客户需要提前一年以上预订才能拿到。长时间的预订已经成为“凯莉包”的一部分，如果这款手袋可以直接买到，其对顾客的吸引力将大打折扣。

奢侈品驱动力 2.10：预订时间是独特产品体验的一部分

这可能是在很特殊的情况下，爱马仕的产品也不会折价的原因。曾有一个关于“凯莉包”的故事：在东京最昂贵、最负盛名的酒店里，一位服务生不小心把红酒洒在了顾客白色的“凯莉包”上，为了让这位沮丧的顾客冷静下来，酒店提供了一段时间的免费住宿，这是因为“凯莉包”需要很长的预订时间，就连酒店高层也无法立即买到新的“凯莉包”赔给顾客。劳力士也实行同样的预订等待策略，其迪通拿（Daytona）腕表甚至需要顾客耐心等待几年之久。

产品数量限定

限定奢侈品数量会显著提高产品价格。通常顶级手表仅限量发行几只，如百达翡丽或万国表的限量版机械手表，发售数量低于五只。价值 31 万美元的威图眼镜蛇（Vertu Signature Cobra）

手机是由法国珠宝商宝诗龙（Boucheron）设计而成，全球限量发行 8 只（Lew-Ram，2006）。

奢侈品驱动力 2.11：奢侈品数量限定带来的独特产品体验

法拉利坚持对全线所有跑车实行统一策略，即所有跑车只在限定时间内发售，并且车型更新速度远比其他品牌快（Hammonds，2007），这一策略能把每个系列的车型总产量保持在低水平。法拉利的跑车因始终保持专属性而变得十分抢手。这个策略的另一个优势是令品牌永远都有新话题，从而不断吸引那些超级富豪客户。

同样，宾利的 Brooklands 双门轿车全球限量发行 550 辆（Bentley，2007）。更加厉害的是，法拉利的主要竞争对手兰博基尼（Lamborghini）于 2007 年 9 月推出了号称"跑车中顶级"的兰博基尼雷文顿（Reventón）超级跑车。这款车以 1943 年杀死著名斗牛士菲力克斯·古斯曼（Felix Guzman）的公牛命名，全球限量发行 20 辆，价格为 140 万美元，是世界上最昂贵的车型之一。它的设计令人联想到一架由复合材料建造的隐形战斗机（见图 8—1），跑车内部就如喷气式飞机的机舱一样，它是全球第一款装配 3 台完全由客户定制的电脑显示屏而非传统的仪表设备的车辆。

这款车还配备了重力计，无论在直线或曲线轨道上，都能测量跑车的加速度动力，这一特点揭示了兰博基尼的野心，那就是打造史上最具运动感的超级跑车（Lauborghini，2007）。全球限量发售 20 辆，保证了其买家的绝对专属性。首辆兰博基尼雷文顿正式问世之前，就已经全部售出。兰博基尼首席执行官证实："消

图 8—1　兰博基尼雷文顿

息一经传出，四天之内就销售一空”（*International Herald Tribune*，2007-09-13）。虽然市面上仍存在很多的购买需求，但是兰博基尼拒绝增产。与雷文顿相比，其前身——12 缸的麦尔斯阿拉哥（Murciélago）LP640 的价格为 219 600 欧元，雷文顿的价格是其 6.4 倍。此外，购买雷文顿还需要一年以上的预订时间。2012 年兰博基尼以 210 万欧元售出了一辆更加独特和昂贵的限量版车型——Aventador J，它是有史以来重量最轻、动力最强劲的超级跑车之一（*Autobild*，2012）。它拥有史上最野性张扬的外形设计、全面优化的性能以及绝对的舒适性，在全球仅发售 1 辆。这款车着重强调三个奢侈品驱动因素——极致的外形设计、独特性能与限量发售——的完美结合。

同样具有专属性的布加迪威龙 16.4 Pur Sang，也是有史以来最昂贵的跑车之一，只生产 5 辆，税前价格高达 140 万欧元。布加迪（2007）表示，其目标是满足客户不断增长的个性化和定制化服务需求。这款车的两个色调并非喷漆而成，而是碳材料和铝材料的原色调。2010 年，布加迪凭借威龙加强版超级跑车刷新了纪录。这款全新车型拥有 1 200 马力的发动机，以每小时 431 公里的最高时速刷新了世界纪录。这款稀有的超级跑车全球限量发售 5 辆，外观均为橙色和黑色搭配（刷新速度纪录的那辆车的颜色），价格约为 195 万欧元。毋庸置疑，这 5 辆限量版跑车一经发售立即售罄。

限量版对奢侈品价格的驱动力似乎是无穷的。冈贝尔（Gumbel，2007）引用了一个日本研究机构的数据：在日本，超过 94.3%的 20 岁左右的女性拥有路易威登的产品。该品牌的产品几乎随处可见，这对于奢侈品感知本身是有影响的，对此路易威登打算通过限制核心产品来提升品牌的专属性和吸引力。这样一来，虽然该品牌的很多产品都有较高的曝光率，但是特定的一些产品即使付出高价也难以获得。

例如，“路易威登的玛丽莲（Marilyn）33 彩系列手袋，每只所用的鳄鱼皮颜色都略有不同，路易威登也没有透露其价格”（Gambel，2007）。这篇文章还引用了路易威登总裁卡塞勒（Carcelle）的观点，严格限量的产品是企业未来具有高增长点的领域，“消费者对不可思议的、独一无二的奢侈品有巨大的需求”。

无独有偶，2007 年路易威登推出了售价达 52 000 美元的“礼拼包”（Tribute Patchwork Bag），限量发行 24 个。这款手袋极为别致，因为它是把其他 14 款路易威登手袋分解后，再错落有致地重新组合制作而成。这款包在美国市场仅发售 5 只，蓝调音乐（rhythm and blues，R&B）歌手碧昂斯（Beyoncé）是迄今为止仅有的一个被看到拿这款包的名人。为了进一步打造这款产品，路易威登拒绝透露有关其他所有者的任何消息（*Spiegel*，2007）。

严苛的购买条件

这种策略的一种变形是：在品牌店铺中有购买历史的顶级高端顾客才能购买相关奢侈品。我们认为这种近乎严苛的购买限制，是彰显奢侈品购买力的最有力信号。拥有一款购买难度极高的奢侈品，意味着其所有者属于人数极为有限的上流阶层。配有 V12 发动机的超级跑车法拉利恩佐（Enzo），限量发行 400 辆，其中包括为罗马主教特别定制的一台。这款跑车只对拥有法拉利 F40 或 F50 的客户发售，对此，法拉利认为，只有这些客户才真正值得拥有这款跑车，才懂得如何正确地使用和欣赏它。

奢侈品驱动力 2.12：购买的先决条件构成产品体验的一部分："需要足够的资格才有权购买"

美国运通（American Express）的百夫长（Centurion）信用卡，通常被称为"黑卡"，人们甚至无法通过直接办理的方式获得它。在众多限制条件的标准组合中，一个前提条件是，这位潜在客户首先需要拥有最昂贵、最负盛名的美国运通白金卡，而美国运通白金卡每年的年费高达 500 美元，并且对客户的最低收入有严格要求。

此外，客户使用白金卡达到一定年限，而且白金卡每年的周转额度超过 250 000 美元，持卡人才可能会被邀请升级至百夫长卡，因此，百夫长卡只对最优质客户的顶层圈子开放。美国运通从未透露过获得百夫长卡邀请的确切标准，只强调百夫长卡只能通过被邀请的方式获得。成为百夫长卡的会员，需要支付每年 2 500 美元的会员费。全球范围内只有 1 000 名百夫长卡会员，他们能享受到诸如航班升舱、私人导购和私人礼宾等服务。自 2006 年，百夫长卡就开始采用阳极氧化处理钛作为原材料，凸显了其绝对的专属性，先前的塑料卡片也在流通，2014 年及之前的卡片采用浮雕技术显示卡片信息，2015 之后的卡片则采用激光雕刻技术（Babej and Pollak，2006；Wikipedia，2016）。

拥有一张百夫长卡意味着两件事：第一，持卡人十分富有；第二，他经常有大额的消费。根据我们对奢侈品的定义，该卡可以被视为黄金等级的奢侈品，它能清晰地传达所有者的社会地位。传闻史上使用百夫长卡成交的最大一笔交易，是以超过 3 000 万美元的价格购买了一架私人飞机，因为用的是百夫长卡，所以也就不足为奇了（Wikipedia，2008）。

位于纽约的“E at Equinox”运动会所的运作机制与美国运通相似。作为具有专属性的 Equinox 会所旗下的一间会所，“E”会所坐落于时代华纳广场的中央公园（Central Park）内，仅有 200 名会员。每一个会员只有被邀请才能加入，每年要缴纳 23 500 美元的会费。这间会所为顾客提供最独特私密的体验，其中包括如同五角大楼一样的视网膜扫描识别进入系统。会所经理指出：“我们只为重要贵宾（V-VIP）服务。”已知的 V-VIP 有著名的美国有线电视新闻网（CNN）主播瑞奇·马丁（Ricky Martin）和娜奥米·坎贝尔（Naomi Campbell）等（Pitzke，2007）。

百达翡丽的一款巅峰之作星月陀飞轮（Sky Moon tourbillion）天文腕表，是首块能在表背显示星空运动情况的双面腕表，价格高达 90 万美元。消费者必须通过认证才能购买这款手表，即买家需要通过位于日内瓦的公司总部的审查，经过批准后，买家还要经历长达四年的等待。威利斯（Willis，2007）对此解释道，强烈的购买欲望能带来非凡的价值，这就是这种策略的魅力所在。“对某些富裕阶层的买家来说，包括那些私募基金群体，这种等待是无法容忍的。《时代》杂志发现有买家花费 120 万美元的价格在拍卖会上拍得成色较新的二手星月陀飞轮腕表，以避免漫长的排队等待。”结论很明显：需要购买资格认证的原因在于，限定购买条件能有力地激发购买欲望和提高感知价值。

购买地点的隐蔽性

尽管这听起来可能有点奇怪，但是隐蔽的或很难发现的奢侈品店铺入口是提高奢侈品价值的另一个有趣的策略。例如，纽约最时髦的夜店，它们的外观和入口都非常隐蔽和低调，几乎是隐形的。一般来说，买方和卖方需要建立长期持续的关系（Yabroff，2007，p. 56），这些酒吧从外面几乎无法看出来。“曼哈顿这些秘密夜店的外观显得十分低调，但是一旦你进入到夜店内部，时尚的装修陈设、精心调制的鸡尾酒，以及内部密室空间所带来的隐秘快感扑面而来。”

奢侈品驱动力 2.13：隐蔽的购买地点或获取途径创造独特体验

该策略让顾客获得一种绝对独特的消费体验，因为只有凭借自己的专业知识和社会地位，才能成为少数被选中知道地点在哪里，并且知道怎么进场的人之一。

这种现象并不限于纽约而是逐渐成为全世界的趋势。本书的一位作者曾经在东京生活多年，了解到东京一些颇负盛名的场所完全大隐隐于市，必须通过一个密码通信门禁系统才能进入，而这个系统的密码每天都会更改。客人收到密码后，还需要通过电话认证，才能被列入符合会员资格的宾客名单中。当然，想要列入这个名单，除了各项进入标准都符合，还需要一位高级会员的推荐才行。

亚布罗夫（2007，p. 56）列出了一些寻找隐藏在纽约大街小巷中的潮流店铺的方法：

- 某条街道边上卖玉米饼的摊位就是一个秘密入口。“你需要提前打电话预约，之后总台会通过对讲机低声确认你的姓名，然后才会指引你走某个楼梯。”
- 有一间酒吧，如果想进入，需要“在一个不起眼的热狗店旁边通关一个指定游戏，再去附近的电话亭敲门，开门后才能进入一个温馨的鸡尾酒酒吧”。
- “一个写着‘71’的红色灯泡是唯一的指引，但经过一个废弃马车仓库的拱形木门后，你将看到截然不同的景象……”

除了以上方式，获得或接触奢侈品的限制条件在封闭的网络群体中还有其他表现形式。这种群体通常有严格的进入标准，每个成员都属于一个在兴趣、收入、社会阶层等方面相似的群体，尽管这些群体仍然是可见的——在网上可以找到他们的主页，但是如果没有成员推荐、会员许可或者密码，其他人是不可能有机会进入的。

这类场所里的所有活动专属于会员，包括奢华旅行服务、与一流艺术家的私人会晤以及音乐会或高尔夫赛事 VIP 区的专属位置等。对于广大的非会员群体，这些地方充满了神秘的色彩。

“迎合奉承”销售

1990 年的著名影片《风月俏佳人》（*Pretty Woman*）向我们

展示了奢侈品特殊的购买情况——“迎合奉承”购买：影片中男主角是一位成功的商人，他雇用了由女主角扮演的伴侣。为了陪他一同出席上流社会的晚宴和活动，女主角需要学习如何挑选、购买和穿戴高级时装。于是，男主角带着他的新同伴前往最高档的精品店，并要求销售人员进行“迎合奉承”销售。女主角几乎立刻变成人们的焦点，销售人员热情地帮助她挑选衣服，她从“灰姑娘”摇身一变成为优雅的淑女。现实中也有类似的场景，为了立即提升顾客社会地位的感知水平，在奢侈品购买过程中，创造与顾客日常体验完全不同的感知。同时，这也激发了对配套服务的需求，如消费者教育。

奢侈品驱动力 2.14：将购买变为一种立即提升社会地位的行为

这种情况并非仅限于《风月俏佳人》中的情节。近年来，亚洲和俄罗斯地区的奢侈品消费持续繁荣，这表明随着亚洲百万富翁数量的不断攀升，许多富人想在短时间内迅速改变他们原有的生活方式，以匹配全新的财富规模。扬（2007）通过引用一位俄罗斯奢侈品管理者的观点来强调这种倾向：“在苏联时期，大众并没有多少选择产品的余地，尽管这样，一些富人仍然花大价钱打扮自己，这个倾向在女性身上表现得尤为明显。”

管理奢侈品的挑战在于如何以适当的方式服务新客户群体，提供合适的产品组合，指导甚至培训消费者如何穿戴得体、驾驶一辆跑车或品味一瓶高级红酒。

奢侈品组合对购买的影响

莫和法德（Moe and Fader，2001）指出奢侈品管理会影响购买行为。消费者购买享乐型产品和奢侈品时一般不会单一地购买，而会考虑产品组合中的其他产品和型号。例如，豪华跑车往往是车主的第二、第三或第四辆私家车。如果不是每天都开这辆豪车，而是仅在特殊的场合使用，如赛车场，那么跑车后备箱这类功能性的配置与跑车品牌方所提供的附加服务相比，就显得没那么重要。这些附加服务包括给予车主专属的赛道、专门邀请现任或退役 F1（世界一级方程式锦标赛）车手对车主进行赛车技术指导等。对于一位奢侈品腕表收藏家而言，购买一块限量款腕表的关键原因可能是拥有绝对专属的名家之作。因此，对产品组合及其相关服务的管理对奢侈品是非常重要的。如果忽视了产品组合，可能会导致感知的奢侈品附加价值减少，甚至产品不再被认为是奢侈品。

奢侈品驱动力 2.15：“互补”购买：奢侈品可能需要配套的产品和服务购买组合

另一个更高层次的产品组合策略是通过向顾客提供几种不同层级的奢侈品来进行品牌组合和延伸。在伞形品牌策略中，也可以包括来自不同品类的产品，这有利于消费者获得购买该奢侈品品牌的不同情境或不同品类产品带来的体验，这种策略能有效避免消费者对同一品牌产生单调乏味的感觉。加尔布雷斯（Galbraith，2006）指出，如今的消费者越来越期望奢侈品呈现一定程度的多元化。

奢侈品驱动力 2.16：感受同一品牌的多元化，体验其不同产品

乔治·阿玛尼就是一个例子。除了时装，阿玛尼还提供各种配饰和家具、精心设计的鲜花甚至是巧克力（Moe and Fader，2001）。路易威登除了经典的行李箱和手袋，还增加了时装和钟表产品。万宝龙在最初的书写工具的基础上不断延伸产品组合，包括旅行、珠宝以及手袋等。即使对于经典的书写工具系列，万宝龙也提供了具有差异性选择的奢侈系列钢笔。这些豪华钢笔从尺寸、材料到颜色不尽相同，并且全新的金色和银色钢笔实现了对万宝龙传统黑色钢笔的突破。

对于高端系列，万宝龙每年都会推出至少一款限量版钢笔，从而保持品牌的话题性和多样性。对于这些钢笔，万宝龙践行一个非常有趣的原则，那就是一旦这些钢笔制作完成，会立即销毁制作过程中的所有工具，为产品的完全限量提供绝对保证。为了保证产品的专属性，打击假货也尤为重要。不难想象，如果市场上充斥假货，那么奢侈品品牌将被推向一个极为危险的境地。

奢侈品驱动力 2.17：在基本产品的基础上，提供更加昂贵的限量版高端产品系列

在奢侈品营销的各个方面，劳斯莱斯都已经成为业内典范，它同样也是一个强调奢侈品多样化的优秀案例。直到 2007 年，劳斯莱斯只提供一款车，就是劳斯莱斯幻影。经常有客户批评劳斯莱斯车型的选择太有限。韦威尔斯（Veevers，2006）的一篇文章中提到劳斯莱斯的车主说唱歌手“50 美分”的抱怨：“能不能去掉汽车顶篷，我想要更加动感的汽车，我不是一个老头，因此我

很想卸掉汽车顶篷，让它变成一个名副其实的‘幻影’。”于是，劳斯莱斯推出了第二款幻影车型——“活动车顶轿车”（Drophead Coupe），限量发行，数量少于 1 000 辆。第三款幻影车型——双门轿跑车（2-door Phantom Coupe），也已经问世。

奢侈品品牌的延伸和组合策略为消费者细分创造了机会。奢侈品品牌根据消费者不同的需要和生活层次、在倒金字塔模型中的不同位置，来传达品牌精神。此外，这些策略有利于奢侈品品牌向更广阔的方向发展。莱恩（Lane，2001）甚至指出，那种要求产品线延伸与品牌风格保持一致的主流观点并不一定正确，有时候将传统风格与高度偏离传统的产品进行有机结合并反复宣传，可能会带来更积极的产品评价和购买意向。

事实上，阿玛尼推出的品牌鲜花和巧克力给予消费者意想不到的、其他品牌无法比拟的乐趣和兴奋感，这有助于丰富品牌的整体感知。一些奢侈品品牌纷纷开始实践这种策略：通过提供非常昂贵、华丽浮夸，甚至是轻佻的顶级产品，增加消费者的购买欲望，借此销售更多的入门级奢侈品（Forden，2006）。即使在品类或产品方面存在不一致性，我们仍然认为融合到品牌中对于任何产品组合和产品延伸来说才是最重要的。

另一种极端策略，也是很多奢侈品品牌正在使用的典型策略，即入门级产品组合推动品牌差异化。几年前，宾利推出了欧陆（Continental）车型，大大降低了购买门槛；保时捷推出了卡曼（Cayman），一款远比保时捷 911 便宜的替代车型；Bang & Olufsen 推出了价格更平易近人的音响系统——Beoplay 系列产品。

尽管这样，普通大众还是难以承受奢侈品的高昂价格。作为品牌的入门级奢侈品，只能提供补充性的品牌体验。然而，这些入门级产品有可能会被消费者认为价格太低或者品质不好，从而产生模糊奢侈品品牌先前清晰定位的风险。

奢侈品驱动力 2.18：提供入门级产品来补充品牌体验

这类品牌延伸可能需要品牌为此付出代价。汤姆·福特曾指出："现在的问题是我们正在打造的是一种大众化的奢侈品，而我认为大众化的奢侈品不再是真正的奢侈品"（*Newsweek*，2007，p. 73）。即使是一些专属性非常强的品牌，比如宾利，仍有高端车主会抱怨拥有宾利车的人太多了。的确，在一些非常富裕的地区，可能会看到两三辆甚至更多的宾利车，很明显这对品牌专属性感知是有风险的。

通过对奢侈品品牌产品线延伸的分析，我们发现劳斯莱斯活动车顶轿车的问世似乎是一个正确的策略：它在拓宽消费者期待、提升品牌资产的同时，潜在增加了劳斯莱斯体验中的性感因素和惊喜成分。反之，因为保时捷卡曼在明显很低的价格下，提供了与 911 型号车相似的加速度和高速行驶性能，这使得保时捷卡曼的推出看起来有些风险和问题。

一些评论家甚至认为，相比 911 型号，卡曼是更好的选择。"实际上，这款全新的保时捷车型具备了 911 型号所缺少的一切：振奋人心、超级稳定、完美的平衡性、舒适宽敞的空间，就像一个天才说书人同时具备倾听的技巧"（DeMatio and Kacher，2005）。这个策略的确能有效吸引很多新顾客，但是也会把 911 型号客户的品牌忠诚置于很危险的境地，因为 911 型号客户不会乐意看到所谓的"下层人士"花很少的钱就拥有了一辆性能相似的保时捷。

作者的一个朋友是保时捷的老客户，正考虑卖掉他的 911 型号的车，因为自从保时捷推出卡曼以后，他对保时捷的专属性感知急剧下降。随着卡曼吸引新客户策略大获成功，这种对保时捷专属性感知的下降将会更加明显。尽管保时捷成功吸引了大量新客户，但是这种自降身价的产品延伸存在根本性的危机——刺激其高端客户向更具有专属性的品牌迁移，如阿斯顿·马丁、法拉利或者兰博基尼等，这将导致保时捷作为一个真正奢侈品品牌的时日不多，走向漫长而痛苦的灭亡（当然，吸引新客户会在短期内获得大量利润）。最终，时间将会告诉我们，保时捷这种向下延伸的策略是对还是错。

同样，还有更加明显的因为入门级产品而使品牌面临风险的例子——捷豹 X 型号（Jaguar's X-Type）豪华轿车。这款轿车自 2001 年问世以来就充满了争议，因为它与福特蒙迪欧（Ford Mondeo）共享制造平台和零部件，称为“塑料捷豹”。这款车在性能、造型、品质、生产标准方面的诸多负面新闻使其处于尴尬的不利局面，一度影响了整个捷豹的品牌形象感知。

《德国汽车画报》（*German Autobild*，2005）总结道：“捷豹 X 型轿车之所以被排斥和诟病，主要还是因为它的品质。”面对近年来持续亏损的形势，选择推出这款 X 型轿车，而不是强化其品牌形象，注定无法改变捷豹的颓势。因此，捷豹改变了策略，推出更加优质、动感的轿车，如 2008 年推出的 XF 车型和 2010 年推出的 XJ 车型等，这些车型的设计和制造工艺是捷豹进行产品定位时着重考虑的方面。

保时捷将帕纳美拉（Panamera）作为打入 4 门轿跑车市场的入门级车型，维持了一贯的专属性和品牌形象，是进行向上品牌延伸的正确举措。保时捷实现长远成功的先决条件就是，在维持其顶级一流的驾驶性能的基础上，制定让顾客感知到专属性并刺激其购买欲望的价格策略。

购买模式

由于购买模式不同，与之相关的购买情境也表现出明显的差异性。奥柯里和斯特拉希尔维茨（2001）发现，如果购买享乐型产品使用的是意外之财而非正常收入，那么消费者被触发的愧疚情绪水平较低。意外之财可以是奖金或者彩票中奖等。进一步地，他们发现，奢侈品购买中也存在类似现象，即奢侈品不是为自己而买，而是作为礼物送给别人。

这是为什么？谈及奢侈品的高昂花费，而奢侈品购买者不能确定他人对此的反应时，会产生愧疚感，当一个人觉得自己购买奢侈品太轻率随意时，他也会产生愧疚感，而意外之财通常是意想不到的、不在预算之内的。通常的观念认为，固定收入应该用来支付定期账单，而额外钱财（奖金、彩票）可以用来购买奢侈品。一般人们会对在自己身上花钱感到愧疚，但购买奢侈品送给自己爱的人是可以接受的。

如果这种愧疚情绪十分强烈，人们可能会选择放弃购买，因此这种消极的愧疚情绪会影响奢侈品的销售。

奢侈品驱动力 2.19：愧疚情绪是奢侈品购买的不利因素

在管理消费者对奢侈品购买的愧疚情绪方面，百达翡丽是一个很好的案例。百达翡丽对此使用的广告策略是，强调消费者购买它的奢华腕表的真正意图并非为了一己之私，而是为下一代投资，手表终将有一天被下一代继承。因此，广告中表现的购买理由是将百达翡丽腕表作为礼物送给下一代，换句话说，腕表是一种明智的投资。这种观点降低了产品被视为轻浮的个人享受型消费的风险。

有效管理消费者愧疚情绪的另一种方法是将获取和维护奢侈品的高额支出降低或进行分期，比如，通过融资、服务、租赁或部分所有权等方式来实现，这些方式实现了购买的合理化。消费者部分地拥有一架私人飞机，与全资拥有相比，具有非常相似的奢侈品附加价值。然而，拥有部分权的使用者就可以辩解说，私人飞机只用于他的商务需要。

总结：奢侈品驱动力——购买情境

总而言之，奢侈品的购买情境对奢侈品附加价值和购买可能性有显著影响：

- 期望是产生购买享乐型产品的欲望的一个关键驱动力，对奢侈品而言更是如此。当产品不那么容易买到时，期望就被激发出来。奢侈品最基础的购买障碍是限制产品分销网点的数量。为了刺激购买欲望并驱动购买行为，通常只在少数一线城市的高级商业中心设立分销网点。
- 等待时间、限量版及限制购买条件，能进一步提升奢侈品的专属性，增加奢侈品附加价值。
- 奢侈品通常是消费者个人所购买的产品组合中的一部分，因此根据消费者细分和最终提供的产品对产品组合进行管理，对奢侈品体验具有决定性作用。
- 单一品牌专卖店通常是旗舰店，可以实现一对一的顾客服务，并提供充分的自由选择权，进而形成一种独特的品牌体验，提升奢侈品附加价值。

- 消费者在拥有意外之财或者购买礼物时，购买奢侈品的可能性比较高。奢侈品的负面效应，例如愧疚感，可以通过以上购买模式的调整被抵消或者降到最低。

第9章

消费情境

“（奢侈品）让我们能对其用户进行一定的判断：其他人这样做，我们也这样做。对于这种评价机制，我们可以给予正面判断，也可以作出负面判断。……消费者可以选择使用或不使用奢侈品来传达自己对于奢侈品消费的态度的信息。”（Dubois et al.，2001，p. 22）

“奢侈品让生活更美好。”（来自 Dubois et al. 一项定性研究中消费者的陈述，2005，p. 117）

“当我穿戴或使用一件奢侈品时，我感觉有些在伪装自己。”（来自 Dubois et al. 一项定性研究中消费者的陈述，2005，p. 117）

奢侈品的消费情境影响整个奢侈品体验。以上的引述表明，奢侈品消费能够从侧面反映一个消费者的某些特征，这些特征可能是对意外乐趣、兴奋或者社会保护的感知，比如说穿着漂亮礼服、戴着钻石项链出席晚宴时自己的心理感受。在豪华旅游胜地受到高级款待，这种独一无二的体验所带来的个人满足感是难以复制和媲美的。

奢侈品消费情境也会引发负面感受或反应，如怀疑或愧疚感。如果在某种场合，上文提及的礼服不适合这位顾客，或钻石项链对于所在场合来说太过奢华，便会引来其他人的消极评价。一旦顾客发现奢侈品的消费体验不如想象中那么完美，他们会变得失望或愤怒。

表面上看，奢侈品的消费过程是它的价值所在。根据上一章的总结，我们留意到，产品购买过程很重要，有极个别的奢侈品可能从来不会使用，甚至被当作一件艺术品。即使顾客把奢侈品看作艺术品，仅仅把它留在身边用来观赏或赞美而非使用，这也是一种消费。

因此可以得出结论，奢侈品消费情境是一个重要的奢侈品驱动力。表 9—1 概述了消费情境对奢侈品的驱动作用。

表 9—1　　奢侈品驱动力——消费情境

驱动力	与消费情境有关的奢侈品驱动力
3.1	打造能够激励消费者建立强烈象征性关系的产品
3.2	消费溢价
3.3	消费者品类熟悉度（提高某个奢侈品的消费可能性）
3.4	消费者品类专业性（能够完成奢侈品相关的任务）
3.5	克服消费障碍
3.6	将购买、消费和维护的难度相结合（进一步提高购买欲望以提升感知的奢侈品附加价值）
3.7	前所未有的体验
3.8	个人消费策略（推动个人奢侈品组合的消费）
3.9	奢侈品品牌联盟（进一步提高体验的专属性感知）

续前表

驱动力	与消费情境有关的奢侈品驱动力
3.10	收藏（奢侈品消费习惯促进奢侈品的消费）
3.11	社会保护的期望和感知
3.12	消费的不确定性（“那就挑最好的”）
3.13	社会攀比
3.14	社会参照群体的消费（部分决定个人奢侈品消费行为）

体验和象征性关系

贝尔克（1985）曾强调和产品消费过程相联系的体验的重要性。他的研究表明，体验已经成为人们财产的一部分。贝尔克（1988）认为消费者会和他们的财产之间建立类似人际关系的象征性关系。这就意味着商品的消费体验可以远远超出它本身的效用：它跟其拥有者之间类似人际关系的特征，使得奢侈品能给人们的整体生活带来深远影响。

在这种情况下，如果一个品牌能够创造出唤醒这种象征性关系的产品，就可以产生很重要的奢侈品驱动力。比如，定制的珠宝例如婚戒，能够在使用时唤醒这种象征性关系。

奢侈品驱动力 3.1：打造能够激励消费者建立强烈象征性关系的产品

由于强烈的情感卷入，象征性关系可能会在消费者与品牌之间建立很强的联结。这种情况下，消费者主要是根据自己的心意作出选择，因而对价格敏感度较低。据一位曾与布加迪（Bugatti）管理层有过密切接触的人士称，他了解到布加迪曾有过这样一个令人震惊的案例：世界上最贵的车——布加迪威龙16.4 型号 Pur Sang，限量生产五辆，结果和潜在客户吃了一顿晚饭的工夫就全部售罄。因此，一个品类中最昂贵产品的销售是在情感诉求的情境中完成的，与顾客平时的消费习惯、购买情境无关。

从另一个角度来说，人们一旦和某一品牌建立了很强的象征性关系，就对背叛很敏感。曾经有个品牌过分拓宽自己的目标客户群，并且没有很好地践行品牌定位，这种贸然的客户扩充产生了使高端顾客失望的风险，最终该品牌失去了它的顶级顾客。从某种意义上讲，奢侈品的情感联系更强。奢侈品品牌在价值传递过程中获得的是顾客忠诚，如果消费者认为该品牌很糟，那么它将失去这些顾客，以及这些顾客的朋友们。

象征性关系只能在持续提供卓越体验的过程中创造和维护。因此，与正常商品相比，我们认为产品体验对奢侈品的提升作用更大。有些法拉利车主甚至通过参加特别举办的法拉利比赛、开车环游世界等活动来表达对法拉利品牌的崇拜和热爱。对于他们来说，驾驶法拉利本身就是一件稀罕、与众不同的事情。另有一些汽车收藏家从来不开这些名车，更多的时候，他们沉浸在欣赏藏车精妙的设计中，哪怕把车放在车库里，也能获得巨大的满足感。

消费溢价

奢侈品往往意味着显著的消费溢价。从前面的例子可以看出，高级定制的礼服不是谁都能穿的，想穿这些礼服需要好身材，必须节食减肥并且定期运动；一块奢侈腕表并不能更加准确地报时；豪华跑车也不是那么容易驾驭的。简而言之，尽管奢侈品在一些性能方面存在缺陷，通常还是要求消费者具备一些特定的知识和技巧。由于消费溢价能提高产品的专属性，并让产品变得更特殊，因而溢价与奢侈品感知存在正相关关系。

奢侈品驱动力 3.2：消费溢价

在阿尔巴和哈钦森（Alba & Hutchinson，1987）的相关研究中，他们提出消费者知识由两部分组成：熟悉度和专业性。熟悉度是指累计产品相关体验的总和，专业性是指成功执行产品相关任务的能力。

这两方面非常重要。例如，重复消费上等红酒可以提高消费者对该品牌的熟悉度，使其能够辨别口感和香气，进而更好地欣赏稀有红酒。从某种意义上讲，熟悉度会增加消费某种特定奢侈品的可能性，因此，产品熟悉度是重要的奢侈品驱动力之一。

奢侈品驱动力 3.3：消费者品类熟悉度（提高某个奢侈品的消费可能性）

这是消费者专业性的一个补充维度，它包括很多方面，比如说消费者能通过品酒说出葡萄酒的品牌、葡萄产地和年份，对上酒温度、倒酒技术和适合酒杯有一定的了解。消费者的相关专业知识越丰富，他们就越可能消费一些非常珍稀而且独一无二的东西，因为消费者需要一定的专业知识才能正确发挥某些奢侈品的作用。

奢侈品驱动力 3.4：消费者品类专业性（能够完成奢侈品相关的任务）

消费溢价是奢侈品的又一个购买障碍。消费奢侈品的人会被看做更加有教养的行家。因此，我们认为奢侈品通过使其消费者更具专业性的方式对其进行奖励。这种特征还可能进一步地隐含受过高等教育和具备更多文化专业知识。它还可以帮助那些没受过相关教育但想买给奢侈品常规消费者的人提升相关专业知识，例如，那些想给女伴买手提包的男士们。

奢侈品驱动力 3.5：克服消费障碍

由于被认为更具备专业知识，消费奢侈品能进一步提高其拥有者的个性化感知。由此，奢侈品附加价值会随着消费者掌握专业知识的增加而增加，即消费行为越复杂，奢侈品附加价值就越高。如果有人不仅拥有私人飞机，而且知道怎样去驾驶，那么他就又跨过了一道重要的奢侈品消费门槛，这也会让这次消费变得更加与众不同。在过去的几年里，影星约翰·特拉沃尔塔（John Travolta）就因拥有数架私人飞机，并且可以亲自驾驶而声名大噪，他甚至拥有一个和住宅相连的私人机场，这都需要专业的运营和维护知识。因此，购买、使用并将奢侈品与其他独一无二的物品相联系，会提升奢侈品的专属性，让它难以媲美或超越。

奢侈品驱动力 3.6：将购买、消费和维护的难度相结合（进一步提高购买欲望以提升感知的奢侈品附加价值）

特殊时刻和前所未有的体验

限量版产品的稀缺性会带来前所未有的体验，这种感觉甚至会超越纯粹的专属性，也会带来消费体验感知的提升。这种溢出效应跟消费者感知的风险有关，这件事“以前从未经历过，以后可能不会再发生”。

仍以葡萄酒为例，陈年的葡萄酒味道独一无二，然而新酒也有其独特的地方。仅存几瓶，并且数量在逐渐减少的 1902 年的拉图（Château Latour），如果能够喝上一瓶，绝对可以说是一生仅此一次的体验。这种酒太珍贵了，终有一天会消失，买一瓶确实可以获得一种前所未有的消费体验，但也可能要承担为这么一件稀有产品支付高价之后却很失望的风险。

奢侈品驱动力 3.7：前所未有的体验

类似地，如果你从来没有去过一家三星级餐厅，那么第一次去也可能会出现上述情况。因为当天可用食材和厨师个人烹饪风格不同，在那里的一次就餐体验很可能是前所未有的。因此，这种溢出效应的风险就是：它能够显示一个人支付高价产品的经济实力，但是因为从来没有尝试过，顾客可能一点都不喜欢这个产品或服务。

其他可以称得上前所未有的特殊时刻，可能就是像爬珠穆朗玛峰那样的体验了。简单地通过欣赏和感受一件由特殊工艺制作的奢侈品，可能就能获得难以言喻的独特体验。就好比一个人拥有一块价值 160 万美元的江诗丹顿 Tour de L'lle 手表，就足以产生前所未有的体验。因为这款手表被认为是制作最为复杂的腕表：它由 834 个零件组成，耗时超过 10 000 个工时才制作完成（Prabhakar and Serman，2007）。

当被问及自己认为什么是奢侈品时，很多人回答“有属于自己的时间”。尽管按照本书的观点，时间本身并不是一件奢侈品，但从这些人主观的、自发的表达中可以看出，个人经历的特殊时刻和独一无二、难以忘怀的体验——也就是花费时间的方式，却是真正的奢侈品驱动力之一。从某种意义上讲，这种带有非凡体验的特殊时刻，即个性化的体验，甚至一生仅有一次。游艇体验就有可能是这种体验中的一种。艾默林（Emling，2007）说道：“现在的富人不仅投资资产，还投资体验……我的典型客户基本上会有三套房产，有时会互相分享私人飞机，接下来他们就开始追求游艇体验。”

寻求独特体验是消费的明显趋势。有资料显示，越来越多的人聘请私人教练、私人购物帮手以及私人造型师，为自己打造独特的个性化体验。像普拉提（Pilates）这种运动越来越受欢迎，更有甚者，有人选择去顶尖高校，如哈佛大学、沃顿商学院或欧洲工商管理学院（INSEAD），体验很少有人会经历的学习，或者到只有会员才能进入的私人夜店，又或者加入某个封闭网络社区，这些都可以看作少有的、与众不同的体验。在某种意义上说，这些就是奢侈品。这也包括名人厨师亲自上阵的烹饪课或法拉利组织的驾驶培训。一位专为明星服务的造型师透露，他曾经坐着酋长的私人波音 737 飞机前往沙特阿拉伯，为酋长的女儿和参加她 10 岁生日派对的朋友们做发型。这些追求特殊体验、身份地位和社会角色的欲望从何而来？我们认为，即使是那些什么都买得起的人，也在寻求更高的地位和差异化。

当今时代，越来越多的百万富翁和亿万富翁产生，即使是他们，对于顶级产品或服务的追求也是不同的。一些人，像甲骨文公司（Oracle）的创始人拉里·埃里森（Larry Ellison），喜欢参加像美国杯帆船赛（America's Cup sailing tournament）那样曝光度比较高的活动，而有些人，像比尔·盖茨和沃伦·巴菲特（Warren Buffet），则喜欢大力发展慈善事业，向基金会捐赠几十亿美元，试图从善出发，发挥自己的作用，他们似乎很享受这种独特的奢侈。

如果你想要什么就有什么，那么目前“最保险又最流行的花钱方式就是捐赠。目前在慈善捐赠者中，年轻的金融家和企业家的数量急剧增加，他们通常以自己的同名基金会发展慈善事业”（Foroohar，2007，p. 50）。

消费策略

一个人的消费情况对他进行奢侈品品类选择有很大的影响。显然，一个不打高尔夫的人不可能使用与高尔夫有关的奢侈品，一个不喝酒的人不会购买 1902 年的拉图。相反，如果经常使用某类产品，很可能会强烈推动该品类奢侈品的消费。这就解释了为什么有些人因为热爱大自然和园艺，愿意花数百万欧元为日本锦鲤投资建设花园池塘。这些现象和之前提到的消费者对奢侈品的熟悉度和专业性是一脉相承的。

值得一提的是，当你经常使用某件产品，那么它对你的重要性就会提高。对于一位女主管，与她手袋里的其他任何东西相比，手机是她最常用的东西，她可能愿意在手机上花费更多，比如购买一款价值两万美元的威图手机。

同时，我们发现人们倾向于把“产品组合策略”应用于个人奢侈品消费。一旦配套的奢侈品逐渐与主要的奢侈品消费步伐一致（所谓的倒金字塔模型），说明这位消费者已经形成互补型的奢侈品消费：昂贵的理发服务只是为了搭配刚买的高级礼服；注射肉毒杆菌或接受整容手术只是为了配合礼服出席某项活动；购买威图手机是为了让人整体看起来更加和谐。

奢侈品驱动力 3.8：个人消费策略（推动个人奢侈品组合的消费）

这对奢侈品管理有重要启示，本书认为理解顾客的个人消费组合至关重要，它可以帮助企业提供正确的产品组合。我们依据图 9—1 对个人消费策略做了总结：消费者可能会选择配套的奢侈品，例如，为了搭配高级礼服进行整容手术；他们会选择不同细分市场或品类的奢侈品，比如购买礼服后选择高档手机；他们也会购买或使用更好的产品来提高自己的品位，就像戴了几块名表后选择一块更加名贵的限量版手表；他们会选择一件入门级的休闲风格的奢侈品，使外表整体上更加休闲。

品牌联盟可以保证配套产品获得的便利性，单个品牌却做不到这点。以宾利和百年灵（Breitling）的合作为例，宾利轿车在其仪表盘上装配了百年灵表，后来，百年灵为宾利车的顾客提供限量版宾利联合品牌的手表，让他们在驾车以外还可以获得来自

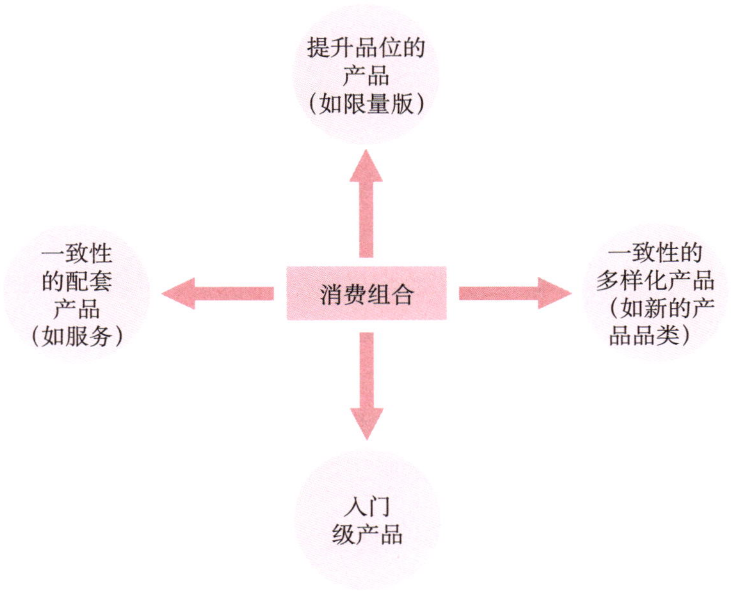

图 9—1　个人奢侈品消费组合策略

宾利的体验。甚至更进一步，阿斯顿·马丁和积家（Jaeger-Le-Coultre）联合推出了一款名贵手表，其中装配一个传感器，拥有这款手表的车主不用钥匙就可以打开和启动阿斯顿·马丁 DBS 跑车。

奢侈品驱动力 3.9：奢侈品品牌联盟（进一步提高体验的专属性感知）

这种联盟的优势在于它提供了来自不同品牌的最好产品以及品牌专业技能。对于手表爱好者来说，出自宾利的手表可能没什么信誉度和价值，同样，出自百年灵的汽车在信誉和形象方面存在问题，然而，品牌联盟却有潜力创造出两大“传奇”，两个领域联合打造出来的产品会比单个领域更强大。如果两个罕见的事物结合在一起，那么它们会更加与众不同。调查表明，相比正常的百年灵腕表系列，为宾利打造的百年灵手表创造的溢价是之前价格的 5～10 倍。

在奢侈品消费的概念里，一个很重要的方面是欣赏，而欣赏的表现就是收藏。从顾客的角度讲，收藏奢侈品可以创造独一无二的产品组合，能够更好地与他人进行区分。贝尔克（1988，p. 154）曾说："收藏使占有变得合法化。"一旦获得了某个奢侈品，对它的消费使用就会被认为是合法的，这样会带来更多的奢侈品消费行为。奢侈品附加价值激发人们"尝试"更多的奢侈品，同时降低心理上消费奢侈品的障碍。

奢侈品驱动力 3.10：收藏（奢侈品消费习惯促进奢侈品的消费）

这一发现也是对倒金字塔模型的进一步验证。

庇护和保护

我们已经介绍过奢侈品的功能之一就是提供优越感的社会保护和庇护。比如，人们认为使用奢侈品会让他们看起来更有吸引力，尽管事实并非如此。或者一个人用百达翡丽手表搭配休闲牛仔裤和 T 恤衫来表明自己的地位。能够提供社会庇护和保护功能的产品会大幅提高奢侈品附加价值。

奢侈品驱动 3.11：社会保护的期望和感知

社会保护的第二个方面是奢侈品代表了人们的决策质量。那就是，如果一个人不确定应该买什么，那么选最好的（或最贵的）就对了。

奢侈品驱动力 3.12：消费的不确定性（“那就挑最好的”）

如果消费者缺乏相关知识和专业性，不确定性也会起到反作用。我们认为，一旦他人认为某奢侈品太夸张、太过奢华或不合适，这种社会保护功能就会消失。

本书提出的奢侈品一般框架能够说明这一点：如果配套奢侈品不到位，产品的浮夸程度会作为一个调节变量，曲解它传达的信号，最后削弱奢侈品附加价值，这种信号的曲解也就降低了社会保护功能。举个例子，20 世纪 90 年代，除了美国迈阿密，范思哲设计的花式男士衬衫在任何地方都显得非常浮夸。当然，如果某人在社交场合一直广受欢迎，并因为身穿高级礼服或手戴名贵手表而不断受到他人的赞美，那么这些奢侈品就会带来社会保护，也会进一步刺激奢侈品的消费。

奢侈品与社会攀比：欲望的循环

奢侈品消费的忠诚度会影响消费者重复消费、附加购买以及组合购买的决定。贝尔克等（2003）曾从欲望循环的角度描述了忠诚的概念：当人们实现一个欲望后，只会短暂地停歇，直到发现下一个欲望并实现它，这样一个接一个，形成一个无止境的循环，这个欲望的循环正好解释了消费者购买奢侈品历程的发展，从普罗赛克（prosecco）葡萄酒的消费开始，再由购买普通香槟逐渐发展到尝试唐培里侬顶级香槟。在某种程度上，奢侈品消费会产生社会攀比心理，反过来社会攀比又会推动奢侈品的消费。奢侈品能够作为一种“身份证”进行社会群体区分，这样引发社会攀比心理也是情理之中的事。一旦人们沿着社会等级阶梯往上爬，就需要新的“身份证”或者拥有符合所在社会群体的标志性物件。

奢侈品驱动力 3.13：社会攀比

克罗索和史密斯（Crossl and & Smith，2001）指出，在公共场合使用某种产品，因为可以被周围人看到，所以会影响他人的消费行为。由于奢侈品具有塑造和提升社会形象的功能，它们经常在公共场合被消费或使用。这种可见的奢侈品消费会刺激他人效仿。在日本，人们出行主要是坐火车或飞机而不是汽车，因此他们的行李箱包的曝光度要高于欧洲。据观察，日本人相比欧洲人，更倾向于使用豪华行李箱包。

奢侈品驱动力 3.14：社会参照群体的消费（部分决定个人奢侈品消费行为）

我们得到了一个重要的管理启示，即通过提高奢侈品曝光度来影响消费情境。这是一把“双刃剑”，因为过高的曝光度又会降低消费欲望。

为了提高品牌曝光度，劳斯莱斯专门为前往“奥斯卡之夜”的电影明星提供贵宾接送服务。看到好莱坞明星开着劳斯莱斯出席重要场合，人们或许也会想要拥有一辆。宾利将一款特别定制的雅致（Arnage）轿车赠送给英国女王，希望能够加强跟至高无上的皇室的关联。

总结：奢侈品驱动力——消费情境

总的来说，推动奢侈品购买的关键消费情境有：

● 消费溢价能够提高奢侈品附加价值，这可能是由于昂贵产品的消费要求消费者具有一定的产品熟悉度和专业性，或者是由于“前所未有”的体验给消费者带来的感知风险。

● 对品类的熟悉度和亲近程度会影响奢侈品消费，人们最有可能购买对自身很重要的奢侈品品类。

● 由于奢侈品通常属于消费组合的一部分，奢侈品的消费组合管理是一个重要的管理课题。组合奢侈品的消费会降低消费者购买更多奢侈品的阻碍。

● 奢侈品的社会庇护功能是奢侈品附加价值的驱动力之一，原因在于该功能可以提供社会保护或提高决策专业性。

●“欲望循环”说明人们总是从一个消费体验到下一个消费体验，循环不断。同时，在公共场合使用奢侈品会激发他人的购买欲望。

第10章

文化与社会结构

“房子大小无所谓，只要周围的房子一样小，它就满足了所有的社会需求，但是如果在众多小房子旁边建起一座宫殿，那么其他小房子瞬间就会变成茅草屋。对于富人来说，相对贫穷的标准就是比他人少几千万或几亿美元。”（Maidment，*International Herald Tribune*，2007-09-18）

“宾利雅骏（Bentley Azure），帆船型的敞篷设计，哪怕停在七星级海湾酒店的停车场也非常醒目，它就像是在向大家宣称‘我是个无耻的浪子和享乐者’。每一部车都在清楚地告诉全世界，它的主人花了25万美元购置了一件会贬值的资产，却不以为然。”（Veevers，*The Independent*，2006-10-15）

有些人可以完全不顾社会规则和周围人的看法，购买任何他们想要的东西。然而，社会结构对大部分人的奢侈品消费行为有着重要影响。经过分析得出结论，社会结构是奢侈品消费的助推器，因为奢侈品代表着地位、权力、魅力或专业性。同时人们会因为内疚、嫉妒和对失去的恐惧而限制奢侈品消费。

奢侈品可能会影响社会关系，它有助于消费者塑造理想的形象，或者成为让人接受，甚至是符合人们期望的样子。比如，一个国家总统住小房子，穿便宜衣服，显然不符合管理和代表着几百万人的一国总统的形象，这就直观地反映了本段开头的观点。奢侈品就是要脱颖而出，成为真正特别和与众不同的事物。因此，奢侈品在很大程度上取决于大众普遍接受的原则、价值观和社会规范。在本章中，我们从文化和社会结构中提取出一系列有关奢侈品的指标，详见表 10—1。

表 10—1　　奢侈品驱动力——文化和社会结构

驱动力	有关文化与社会结构的奢侈品驱动力
4.1	期望得到更多关注和更精致的服务
4.2	增进社会关系，引导理想的社会命运
4.3	塑造理想形象
4.4	模仿理想的社会阶层
4.5	品牌“奢侈品可靠性”高：始终如一地提供能够被消费者感知到和普遍接受的期望性能
4.6	品牌“奢侈品有效性”高：始终如一地传达真实可靠的信息
4.7	品牌“奢侈包容性”强：能将负面效应控制在社会批判临界点以下
4.8	奢侈品与文化的联结（“奢侈品成为历史的一部分”）
4.9	不道德消费以打破日常生活的单调
4.10	创造游走在现实和挑战传统边缘的形象：纵欲过度、过分骄纵、无所事事和节食减肥
4.11	提升自己，相对降低周围人的社会地位和形象

续前表

驱动力	有关文化与社会结构的奢侈品驱动力
4.12	挑战社会参照群体有关规范和习惯的平衡（潜在的负面驱动力）
4.13	改变现实感知的能力
4.14	与社会价值观的一致性

社会关系

贝尔克（1988）提出，物品的所有权能够促进社会交流，对于代表社会地位的奢侈品来说，更是如此。奢侈品可以使拥有者增强自信，提升吸引力和获得来自社会层面的庇护。

如果有人身穿华丽的香奈儿礼服，拖着路易威登行李箱入住高级酒店，用美国运通百夫长卡登记入住，那么她一定会被当成该酒店的高级客户。面对高端客户，酒店员工会更集中注意力，为她提供尽可能好的房间和服务。我们敢肯定，她受到的服务和待遇比一个身穿便服、拎着便宜箱包、没有信用卡的顾客要好得多。

奢侈品驱动力 4.1：期望得到更多关注和更精致的服务

我们可以想象一下，上面例子中提到的那位尊贵客户晚上去酒店的餐厅用餐，奢侈品提供的社会庇护在这种社交情境下变得特别明显。哪怕她时不时地大笑，把勺子掉在地上，餐具方法使用错误，别人都不在乎。如果同样的事情发生在一个普通人身上，恐怕其他人就不会是这样的反应，因为他没有明显的社会地位，对酒店的收入和声誉贡献较小。在前面章节的举例中，被工作人员弄脏了的“凯莉包”如果是一款不知名的女包，酒店的反应肯定会小很多。

简而言之，奢侈品象征着金钱，金钱可以改变一个人，至少在他自身看来，自己变得更好、更强大，少了几分恐惧和脆弱，多了几分魅力和睿智。概括地说，奢侈品可以让人更有吸引力，拥有更多的能力。

因此，奢侈品就是欲望的载体，贝尔克等（2003，p. 337）指出人们希望通过奢侈品“……增进社会关系，融入理想的社会群体，并且主宰自己的社会命运”。

奢侈品驱动力 4.2：增进社会关系，引导理想的社会命运

在不同的角度下，酋长等有身份地位的人与快递员等普通收入群体在奢侈品消费方面有相似之处，可参考我们之前讲到的各种奢侈品消费类别。

形象塑造与模仿

本书进一步提出了奢侈品的社会互动属性：塑造并传达所需形象。比如，我们通常会把保时捷的顾客与运动、独立、年轻的形象联系在一起，而梅赛德斯-奔驰 S 级轿车的消费者应该是成熟可靠的人，或许是一位公司的领导。

奢侈品附加价值还包括人们对形象塑造的期待，这蕴涵在品牌定位和长久传承的属性中。门克斯（Menkes，2004，p. 12）说

拉尔夫·劳伦（Ralph Lauren）的衣服标志着“我在汉普顿（Hamptons）有套房子”，香奈儿则代表“我是正统的法国人，而且是高端人士”。奢侈品帮助人们扮演社会期待的角色，同时会给人们带来良好的自我感觉，觉得像或者就是同类人。

奢侈品驱动力 4.3：塑造理想形象

这一奢侈品驱动力恰好说明奢侈品具有社会标志功能。我们把理想形象的塑造和信号传达称为奢侈品的“模仿特性”，因为它让消费者可以模仿理想社会阶层。

奢侈品驱动力 4.4：模仿理想的社会阶层

奢侈品所具有的模仿特性传递出其所有者的财力和社会地位信息，可以通过品牌形象对消费者进行定位。这个过程中，顾客感知到的产品定位信号的真实可靠性是最重要的。美国商业资讯网（Businesswire，2004）有篇关于奢侈品的文章指出，奢侈品消费范式已经从简单地让顾客接受和相信奢侈品的品质（单纯地依靠品牌名称或已知属性）转变为能否真正地全方位体验产品。

我们之前提到过葆蝶家就是一个非常成功的奢侈品案例。奢侈品协会首席执行官米尔顿·佩德拉萨（Milton Pedraza）将其描述为“……低调，不花哨。它并没有沉浸在不断标榜自己中”（Nadeau，2007，p. 69）。葆蝶家旨在向顾客提供值得信赖的高品质产品和独特设计，而不是炫耀自己的价签和品牌标识。事实上它根本不需要任何商标就可以被识别出来。

奢侈品品牌能否实现向大众做出的承诺、满足消费者的期望，与该品牌的表现及价值紧密相连。此外，奢侈品要始终如一地提供消费者期待的独特体验，如果豪华跑车品牌承诺提供无与伦比的加速性能，那么该品牌的所有车型都需要在众多竞争者中脱颖而出，特别是与那些非豪华车相比。

奢侈品驱动力 4.5：品牌“奢侈品可靠性”高：始终如一地提供能够被消费者感知到和普遍接受的期望性能

如果香奈儿意图成为法国高端品牌的佼佼者，那么它在传递自身产品的可靠性信息时，需要保持独特性和高度一致性。由于大众辉腾（Volkswagen Phaeton）在宣传过程中没有和母品牌保持一致，导致至今它也没被视为真正的豪华车。从这个案例中我们可以看到，尽管它一直以来具有驾驶平稳、座椅舒适、材料和皮革内饰都堪称完美等被视为豪华车经典属性的特点，但仍需要进行有效的宣传。在大众旗下的众多品牌中，如高尔夫（Golf）、波罗（Polo）或福克斯（Fox），辉腾是它们的“老大哥”，但是它很难让消费者清晰地感知到它所提供的真正的奢华体验。

奢侈品驱动力 4.6：品牌“奢侈品有效性”高：始终如一地传达真实可靠的信息

随着时间的推移，如果辉腾能够认真对待自身品牌发展，也许会改变消费者对它的认知，他们会认为辉腾的定位慢慢向奢华靠拢，否则，它的产品延伸以及进入奢华行列的战略还是会面临各种挑战。

图 10—1 总结了奢侈品可靠性和有效性在形象塑造和社会规则模仿上的作用。如果缺乏可靠性和有效性，奢侈品就不可能被认同，也无法实现它该有的社会作用。

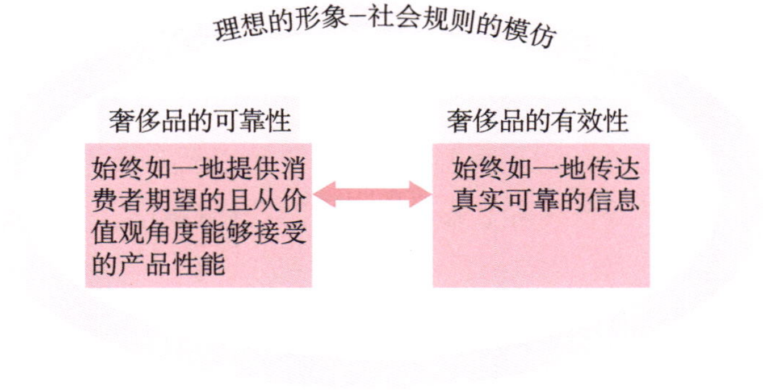

图 10—1　奢侈品的可靠性和有效性

负面社会效应：抑制剂还是催化剂

负面的社会效应和互动会显著降低或完全消除消费者对奢侈品附加价值的感知。最明显的是会引发内疚感，并影响对奢侈品消费的评价（可参考第 8 章以及 Kivetz & Simonson，2002a）。本书先前提到过迈巴赫的潜在顾客，他们会因为担心别人的负面评论和反应而放弃购买。同样，一个电影导演告诉我们，他卖掉了他的阿斯顿·马丁，因为他不想让别人把他跟这个品牌联系起来："我不想成为有阿斯顿·马丁车钥匙的人。"

通常来讲，过多地担心负面社会效应是没必要的，纯粹地担忧他人的反应很可能导致杜绝购买奢侈品，而非仅仅卖掉或停止使用。正如在欧洲皮草大衣市场出现的情况，由于皮草购买被认为是不道德的交易，20 世纪 90 年代欧洲皮草交易几乎销声匿迹。

奢侈品驱动力 4.7：品牌“奢侈包容性”强：能将负面效应控制在社会批判临界点以下

奢侈品管理者必须意识到这点，并致力于降低负面社会效应和压力。路易威登不断地通过文化方面的社会赞助，向自己的产品注入文化元素：如果路易威登的产品成为历史和文化的一部分，那么人们就不会认为使用路易威登的产品是错误的。

奢侈品驱动力 4.8：奢侈品与文化的联结（“奢侈品成为历史的一部分”）

在这种情况下，聘请名人作为品牌形象代言人，将会是说服大众的有效方式。这么做的原理很简单：如果施特菲·格拉芙和安德烈·阿加西（Steffi Graf & André Agassi）这样的名人都会使用路易威登（见图 10—2），那么购买并使用这一品牌的产品就不会是错误的，尽管这个品牌比非知名品牌手袋的价格贵 100 倍。

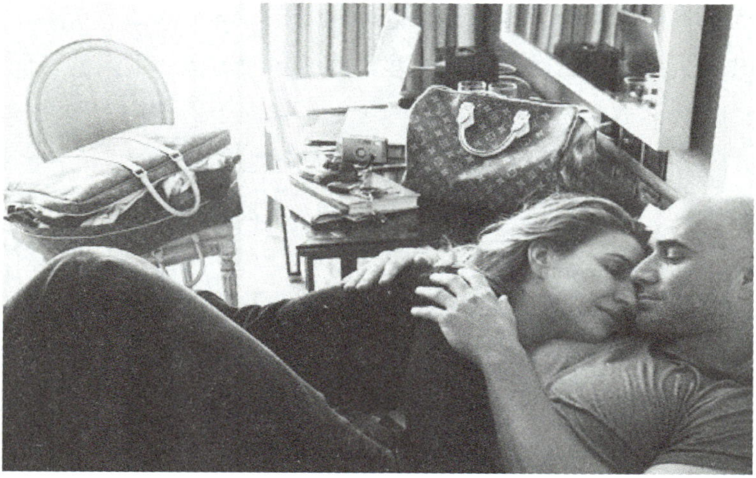

图 10—2　路易威登——格拉芙和阿加西（路易威登，2007）

出人意料的是，负面社会效应也可能对奢侈品消费有积极影响，因为这可能会刺激消费欲望。比如一些危险或不道德的商品，像雪茄、超浓郁的巧克力、甜腻的食物或者一款像布加迪威龙一样的 100 公里全速行驶需要耗油 80 升的跑车。

贝尔克等（2003）认为选择那些不道德产品的人，通常是为了打破普通生活的单调。因此，消费奢侈品并不是为了获得负面的社会反应，而是为了时不时地打破常规。就像为了某个特别的晚上，我们可能会租一枚价值八万美元的戒指，虽然在大部分时候，我们不会这样做。

爱马仕作为国际知名的奢侈品品牌，一直走在市场开拓和品牌创新的前列。2009 年底，爱马仕决定在中国创立一个新的品牌“上下”，该品牌在风格、材料和做工方面都体现了独一无二的中国特色。爱马仕希望通过这一举措来促进销售额在中国的增长。爱马仕自 1999 年进入中国至今门店数量已经达到 16 家，一直以相对低调的姿态在中国市场进行销售活动。面对日益激烈的市场竞争和全球经济的衰退，爱马仕选择用有中国特色的新品牌来提升在中国市场的竞争力。2010 年春季，爱马仕的新品牌“上下”在中国上海开设了第一家门店。新品牌“上下”以中国本土设计师和营销团队为主导，原材料也都来自中国，这样就可以节约一部分成本，为中国消费者提供更大的价格优势。爱马仕在中国创建新品牌的举措在一定程度上是一种对文化元素的开发，是一种以当地的艺术文化传统为交流主题的独特的沟通方式。“上下”品牌的设计使命是设计、生产和推广用最优质原料生产出来的中国制造的物品。除了文化之外，该品牌将手工工艺作为重要元素，这一点与中国传统的刺绣、丝绸和古董等物品的价值相符合。

奢侈品消费 4.9：不道德消费以打破日常生活的单调

汤姆·福特在 20 世纪 90 年代和 21 世纪初，按照以上原则重新建立了古驰品牌。经威利（Willie，2006）证实，古驰的品牌形象就像电影《甜蜜的生活》（*La Dolce Vita*）里的女人，集纵欲过度、过分骄纵、无所事事和节食减肥于一身。古驰品牌以往的产品系列中，有 6 英寸的细跟高跟鞋、牙线比基尼，还有更像皮带而不像裙子的迷你裙，古驰的衣服在现实生活中比较罕见，这也就是我们为什么对它如此崇拜的原因。身穿古驰的女人们根本不用四处走动，也不用抬起那高贵的手，这些不食人间烟火的古驰消费者恰恰增添了它的神秘感。

古驰的另一个宣传策略是广告活动，它曾让名模卡门·凯丝（Carmen Kaas）把自己的阴毛剃成“G”的形状。该照片由马里奥·特斯蒂诺（Mario Testino）拍摄，它的非官方标题是“阴毛敌人”，这引起了不少的争议和公众讨论（*Vogue*，2003）。从古驰品牌这些年的飞速发展可以看出，建立在挑衅和不道德之上的品牌个性，如果能够配合其品牌定位，就有成为奢侈品的潜力。

奢侈品驱动力 4.10：创造游走在现实和挑战传统边缘的形象：纵欲过度、过分骄纵、无所事事和节食减肥

在某些情况下，向奢侈品品牌中注入某些可控的不道德因素会很有趣，可以让该品牌变得更特别。例如，在一件名贵外套上增加一些被“禁止”的元素，像把动物的皮毛嵌在衣服里侧而不

是外侧，就是可控的挑战传统的行为。这些元素不仅可以成为奢侈品消费的抑制剂，也可以是催化剂，两者只有一线之差（见图10—3）。

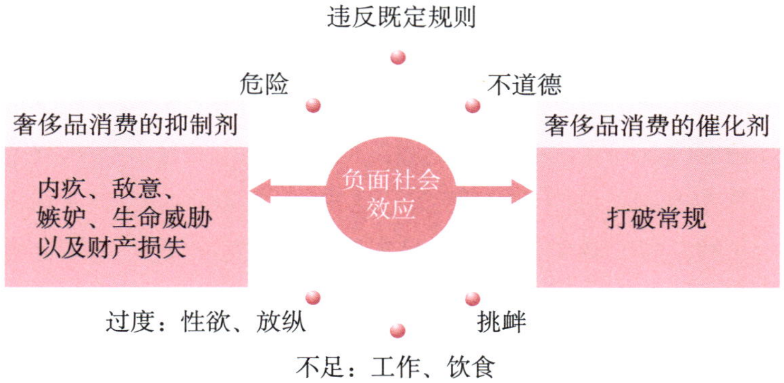

图 10—3　负面社会效应：既是抑制剂又是催化剂

价值、规范和奢华

正如前文所总结的，没有普通产品，也就没有奢侈品。奢侈品需要规范、价值和尺度，然后在这个基础上进行突破，这样就形成了独一无二的体验。然而，逾越规范可能会限制或者促进人们对奢侈品的购买，这取决于对程度的把握。

奢侈品能够提升一个人在社会中的身份，但是也存在隐含的负面作用：在提高自身社会身份的同时，必然会相对降低周围人的水平。最明显的例子就是“邻居的新车”，如果你的邻居把普通车换成豪华车，不管从价值还是外观上看都比你的车要好，这就潜在地降低了你的档次，还会使你产生嫉妒心理。

奢侈品驱动力 4.11：提升自己，相对降低周围人的社会地位和形象

奢侈品的发展与社会参照群体规范的突破程度有关。本书认为，比起走摇身一变的高调奢华路线，循序渐进的低调路线更容易被人接受和认可。从某种程度上看，奢侈品消费一直在向周围人群的生活规范和习惯发起挑战，从而给他人的社会结构感知带来潜在冲击。

一种极端的情况是，奢侈品提升社会地位的效应可能会打破某一群体或社会的平衡（见图 10—4）。让我们假想一下，有一个以耕作为生的宁静山村，在村长的管理下，社会秩序井井有条，村上最有影响力和有钱有势的村民就是大夫和仅有的一家餐馆的老板。如果突然有一天，有人为了饱览山上的美景，在村里修建了一所豪宅，每天坐着直升机或豪华车队进进出出，那么这个村子的权力平衡肯定会发生变化。

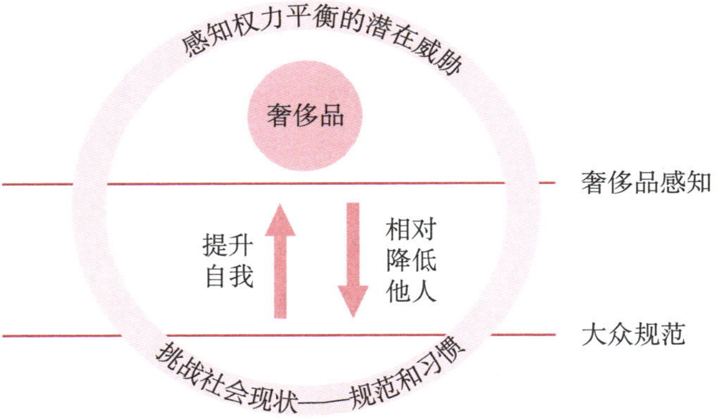

图 10—4　奢侈品带来提升自我和相对降低他人社会地位的影响

奢侈品驱动力 4.12：挑战社会参照群体有关规范和习惯的平衡（潜在的负面驱动力）

尽管这不是真实的例子，但不难想象，一个陌生人带着豪华车队突然开进山村，肯定会在村里引起一场轰动，村民们难免产生激动、受挫、嫉妒等心理，至少，在那种封闭的环境里，没有人不为之触动。

贡萨洛·费尔南斯德拉莫拉（Gonzalo Fernández de la Mora）是研究现代羡慕嫉妒心理的先驱人物，他的研究指出，人们生活的世界里充满了羡慕、嫉妒和对比，人们总是通过他人来定义自己（Müller，2007）。

奢侈品的确能够改变人们对现实的认知，安然公司（Enron）的失败就很清晰地说明了这一点。当初，安然公司陷入财务危机，但公司借助奢侈品掩盖了这一事实，力图对内外都保持成功的品牌形象："在安然的某些部门，敏感的员工认为自己所在部门的境况并不理想，但到处都是安然公司成功的信息，使得他们轻易相信了公司的其他部门运营状况良好。安然公司花 2 亿美元打造 40 层高的摩天大楼，聘请建筑界的设计巨星西萨·佩里（Cesar Pelli）亲自操刀。挂在中庭天花板上的是造价 100 万美元 18 英尺[①]的手工玻璃浮雕世界地图……在伦敦，安然的办公楼能俯瞰白金汉宫……'基于这些观察，我们都认为安然公司没问题'"（McLean & Elkind，2003，p. 239）。安然公司向外界公开很多奢侈消费，其中还有几架私有飞机，有时公司高管们不得不坐航空公司的飞机出行时，也是乘坐头等舱。

---

① 1 英尺＝0.304 8 米。

奢侈品驱动力 4.13：改变现实感知的能力

如果品牌想要按照既定形象持续发展下去，就需要平衡奢侈品对自身现状改变的程度和这种改变有可能带来的对权力平衡的挑战甚至威胁，因为奢侈品力求与社会价值观保持一致：

- 公认的社会权力平衡。
- 物质主义的接受程度。
- 品类的社会接受度。

在美国，大家普遍能接受大排量轿车，因此 SUV（运动型多功能车）一度是最受欢迎的车型之一。如今，随着人们越来越认可乐活族（LOHAS），即健康又可持续的生活方式，混合动力车和消耗替代燃料的汽车变得流行起来，相反，SUV 被人们称作“油老虎”，被很多人拒绝。最著名的 SUV 驾驶者阿诺德·施瓦辛格曾公开表示：“我的悍马（Hummer）使用的是生物燃料，这种加油站太少了”（*Vanity Fair*，2007-07-17）。

奢侈品驱动力 4.14：与社会价值观的一致性

社会兼容性的重要意义在奢侈品的沟通方式上日渐体现出来。越来越多的奢侈品公司在它们的官网上发布环保声明。路易威登是众多最早发布可持续发展小册子的品牌之一，其名称是“天然创意”，该册子可在其官网上下载。小册子详细说明了公司的可持续发展措施，并介绍了公司的碳足迹（Louis Vuitton，2007）。

总结：奢侈品驱动力——文化与社会结构

文化和社会结构的影响对奢侈品感知和消费很重要：

- 社会结构对奢侈品消费具有影响：想要可持续发展，就要遵循大众普遍接受的社会规范。
- 奢侈品能够带来社会层面的积极作用：增加自信、提供保护和增加吸引力。奢侈品模仿效应可以使其消费者转变成其期望的社会角色。这些积极作用正向影响奢侈品附加价值。
- 传达真实并一致的信号是实现模仿效应的先决条件。
- 不利的社会反应和期望会使奢侈品产生负面社会效应。他人的不良行为会降低甚至消除奢侈品附加价值，这些显然会限制甚至降低奢侈品的整体价值。
- 然而，可控的负面因素在一定程度上能够提高奢侈品价值。如适度的不道德或挑战传统可以提高人们的购买欲望，至少在特殊情况下如此。
- 社会规范和价值观强烈影响奢侈品消费。自身社会地位的提升会相对降低周围人的水平，进而对社会现状发起挑战。

第11章

消费者细分

“我可以谈论奢侈品几个小时。”（Dubois，一项定性研究中消费者的陈述，2005，p. 117）

全球范围内存在两个主要的可观察的奢侈品现象：追求独有的、个性化的高端市场的奢侈品的有钱人越来越多，与此同时，大众化的奢侈品几乎无处不在。在这个背景下，我们认为“奢侈品”这一词语已经被滥用，甚至是非常普遍地用于日常消费的商品之中。

有些人消费奢侈品的方式是公开炫耀，这是几乎所有的说唱音乐视频的典型特征，而另外一些人偏好隐私和低调。一些人喜欢在生活的各个方面都使用奢侈品，相反，一些人对奢侈品的消费则可能是有选择性的，他们可能在家中收藏多件价值不菲的艺术作品，如毕加索的真迹。将奢侈品与其他便宜的复制品混在一起，或将旧货市场里的便宜东西与昂贵的家具组合在一起，这似乎是一个新的奢侈品趋势。弗里德曼（2007-09-07）在《金融时报》中写了一篇文章："15 英镑的鸡和 15 000 英镑的珠宝，大众性和独特性可以在奢侈品中和谐共存，因为它们实际上是相同的——它们给予消费者惊喜、吸引消费者、满足消费者的欲望。俗气的设计可能曾经被看作负面因素，现今却能够增加宝石的魅力。"所有这些观察表明，在消费群体的行为或态度方面，奢侈品的消费者细分为进一步分析奢侈品驱动力提供了一种思路，我们在表 11—1 中进行了总结。

表 11—1　　奢侈品驱动力——消费者细分

驱动力	和消费者细分相关的奢侈品驱动力
5.1	倒金字塔模型中的个人等级直接影响感知的奢侈品附加价值（正面或负面调节）
5.2	倒金字塔模型中的个人等级直接影响支付更高价格的意愿
5.3	倒金字塔模型中的个人等级引发了对奢侈品的不同期望并因此决定了奢侈品消费
5.4	增加的奢侈品距离调节了奢侈品信号（负面驱动力）

奢侈品消费集群的细分

在第 5 章中我们认为消费者的消费模式可以通过倒金字塔模型来描述：从偶尔的奢侈品消费开始，到非常频繁地购买个性化程度很高的奢侈品。这里的关键细分变量之一是源于收入和财富的购买力——在相对细微的程度上源于专业知识和产品知识。消费集群相关的消费者细分可以预测一个人购买或消费奢侈品的可能性：集群等级越高，进行广泛的个人奢侈品投资的可能性越高。

个人奢侈品组合越广泛、越一致，奢侈品信号就变得越一致。我们认为在奢侈品总体框架的讨论中，信号一致性对正面或负面调节感知的奢侈品附加价值会产生影响。因此，奢侈品消费集群可能影响奢侈品附加价值。在这种情况下，奢侈品消费惯例与专业知识成为奢侈品的驱动力。

这个观点可以帮助解释为什么“拥有一切”的人仍然购买更独特和更昂贵的商品，原因在于财富增加使得购买力增加。然而，也可能是由更高的信号一致性产生更强烈的奢侈品附加价值所驱动。140 万美元的兰博基尼雷文顿就是一个很好的例子：“大部分购买者是美国男性，他们其中一部分人已经拥有了一辆兰博基尼”(*International Herald Tribune*，2007-09-13)。

奢侈品驱动力 5.1：倒金字塔模型中的个人等级直接影响感知的奢侈品附加价值（正面或负面调节）

如果由于更高的信号一致性和正面调节，感知的奢侈品附加价值更高，那么产生的直接结果就是支付高价格的意愿会增强(见图 11—1)。

奢侈品驱动力 5.2：倒金字塔模型中的个人等级直接影响支付更高价格的意愿

根据奢侈品消费集群，倒金字塔模型也能衍生出特定的战略。显然，一个“远离奢侈品”的消费者不会是目前的目标消费者，然而，他有可能在未来成为目标消费者，因此可以将建立品牌知名度作为一种战略。在“偶尔”的奢侈品消费集群中，一个奢侈品品牌可以刺激欲望。也许有些人刚开始只少量购买

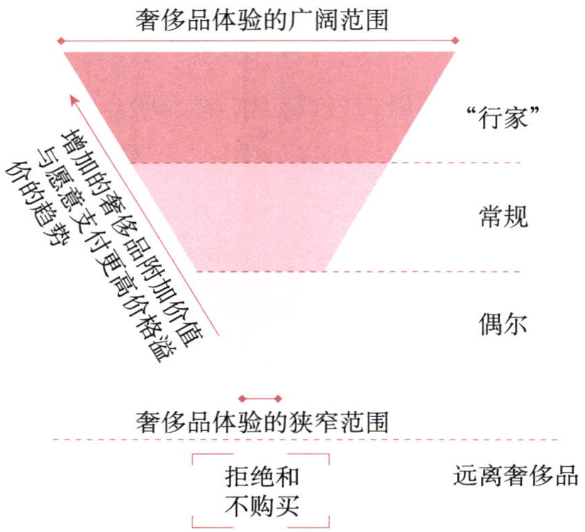

图 11—1　倒金字塔模型与奢侈品价值/奢侈品定价

奢侈品，而且是价格相对较低的一些品类，比如一个手提包，而不是一辆汽车。在这种有限和有选择的消费阶段，进一步建立奢侈品品牌意识是最好的战略。

建立一个全面的产品组合或奢侈品品牌联盟，更有利于服务更高等级的奢侈品消费者，即那些经常购买奢侈品的消费者。由于经常购买奢侈品的消费者具有先进、丰富的专业知识，他们可能会需要一流的服务和质量。那些有着较多财富的顾客可能要求极为罕见和昂贵的商品来拓展产品组合。正如说唱歌手"50 美分"（本名柯蒂斯·詹姆斯·杰克逊三世（Curtis James Jackson Ⅲ））曾要求劳斯莱斯定制没有顶篷的汽车。

这可能与"行家"相反，他购买一个品牌的产品是因为它非常独特并能够满足个性化需求。一个较大的产品组合——对很多消费者开放——可能会产生一个致命的错误，因为经常购买奢侈品的消费者会认为高度个性化的商品具有象征性意义，如果这个品牌变得无处不在，他们是无法容忍的。

奢侈品驱动力 5.3：倒金字塔模型中的个人等级引发了对奢侈品的不同期望并因此决定了奢侈品消费

为了服务不同的消费集群，卡地亚将其业务划分为三个范围，分别是高于 250 000 欧元的最高等级，20 000～250 000 欧元的中间等级，以及 1 000～7 000 欧元的入门等级。这使得卡地亚必须在几个细分市场将消费者与品牌相结合，同时，消费者增加了卡地亚的财富："我们看到了更昂贵的产品正在增加的趋势，如果我们能卖给顾客一只价值 1 000 欧元的戒指，他可能会带给我们 1 500 万欧元"（Bernard Fornas，卡地亚的 CEO，Forden，2006-12-07）。

布里斯托（Bristol）是一个一直高度排他的公司，用它自己的话说，"是英国最高档的豪华轿车……也是至今唯一一个仍然手工制造整辆汽车的公司，这个历史悠久的方式受益于严格的技术、工匠个人的精确程度与仔细程度"（Bristol，2007）。

布里斯托汽车对汽车鉴赏家（"行家"）很有吸引力。公司试图保持独特性，生产出来的汽车只有 10～15 辆。然而，在 2011 年，它不得不宣布破产，这表明不变的技术使管理奢侈品正在受到挑战，这种风险并不能被布里斯托公司的小规模转移。

奢侈距离的消费细分

迪布瓦等（2005）根据奢侈品的距离，提出进一步消费细分的方法（见第1章）。倒金字塔细分模型中的一个区分标准是在何种程度上依赖于消费者的主观态度和声明。

态度和行为应该是非常强大的奢侈品消费驱动力。一般情况下，那些不购买奢侈品的人将会在很大程度上控制其行为不受奢侈品附加价值的支配。然而，我们的总体框架表明，甚至是奢侈品的拒绝者都很容易受到奢侈品信号的影响，因为信号可能以缓慢和较弱的方式被感知。

奢侈品驱动力5.4：增加的奢侈品距离调节了奢侈品信号（负面驱动力）

让我们来看一个原理：我们可以比较奢侈品附加价值感知与颜色感知，两者都是刺激的结果。人们可能不喜欢红色，但是该信号仍然会被感知和处理为红色。类似地，人们可能不喜欢奢侈品，但是我们认为奢侈品信号仍然会被感知，它还会引发对信息的处理。

内在或外在消费的细分

从逻辑上来看，奢侈品消费可以进一步归类为两个相反的群体：为了自己购买的内在导向者和为了给别人留下印象的外在导向者。总之，消费群体可能是“行家”或者是“炫耀的那些人”。当然，现实中会出现两个极端的连续统一体，因此，我们会考虑极端情况。

无论人们是否了解或炫耀奢侈品，我们认为购买奢侈品的基本原则和动机是相似的。(虽然这似乎是外在导向消费的逻辑）理由是内在导向的群体可能会在很大程度上感知到吸引力，感受到保护且更专业，即使他们是为自己消费。运用我们的理论可以很容易地解释这一点，即传递给拥有者的奢侈品信号不应该受到消费者的内在或外在导向的影响。

我们认为，两者之间的主要区别是产品和品牌以及消费情境的选择。外在导向的消费者可能会更专注于奢侈品在同龄人当中享有较高的知名度，因为这可以引起其他人对奢侈品的渴望。这个群体的成员可能会专注于商品的消费可以向外界炫耀并有高能见度，比如手表、手提包、珠宝、皮草、汽车或船。

一个具有内在导向的人要么谨慎地消费同样的产品，要么专注于那些对外界不可见的产品，可能是高端的音响系统、豪华的床或黄金制成的浴室设备。在品牌方面，可以假设一辆相当华丽的劳斯莱斯的车主更倾向于外在导向，而鲜为人知的宾利车主可能更倾向于内在导向。

这种细分产生的管理启示是选择传达哪种特性给每个群体的成员。对于豪华汽车，可以选择突出强调内在功能（木饰面、垫脚凳的舒适性等），或者突出强调外在产品功能（外观设计、“极其引人注目的地方”等）。

众多品牌似乎都有能够很好地吸引内在导向和外在导向消费者的“投资组合”。例如，劳力士拥有各种类型的顾客：“典型的劳力士消费者是不存在的——除了有购买需求以及购买商品所需要的钱，它的顾客从演唱‘Roley’主题歌曲的说唱歌手，到演唱爵士、摇滚和流行音乐的歌手，例如戴安娜·克瑞儿（Diana Krall）、艾瑞克·克莱普顿（Eric Clapton），或普拉西多·多明戈（Placido Domingo）。从总统如约翰·肯尼迪（John F. Kennedy），到革命家如切·格瓦拉（Che Guevara）和菲德尔·卡斯特罗（Fidel Castro），从首席执行官（CEO）到皮条客，劳力士都是奢侈品的同义词”（Hecking，2007b）。

为了成功吸引并获得广泛的消费者组合，尤其是内在导向和外在导向的群体，一个品牌需要提供全面的、两个群体都感兴趣的产品组合。在劳力士的案例中，这个组合从相当低调的钢蚝式恒动型号（Oyster Perpetual）和潜航型号（Submariner）手表，到非常华丽的黄金配钻石限量珍藏版手表。

新手或专家的细分

与专家相比，奢侈品新手表现出不同的行为和态度。当我们讨论没有接受过教育的消费者和奢侈品消费集群细分时，电影《风月俏佳人》的例子能够形象地说明。奢侈品往往具有一定的消费难度，因此需要专业知识。新手可能会避免购买自身知识领域之外的奢侈品。

一个在收藏手表领域的新手，可能一次购买三块或者更多的手表，这种情况可能是因为他想逐步进入这个新的领域，寻求专家的协助。在这个阶段，他不可能购买大量的互补性奢侈品。

随着专业知识的增加，我们期待互补性奢侈品消费有一个明确的转变。我们将分别评估奢侈品驱动力，比如“熟悉”（驱动力 3.3）、“品类专业性”（驱动力 3.4）、“个人消费策略”（驱动力 3.8）和“收藏”（驱动力 3.10）。

从新手的角度来看，由于奢侈品附加价值来自未曾有过的经历，一个类别的新手似乎对支付溢价有更高的意愿。然而，奢侈品附加价值很可能会被信号一致性抵消，比如收藏第三、第四或第五辆汽车。因此，我们认为，目前尚不清楚，在相同的财富或消费能力的情况下，新手对价格的敏感度与专家相比是更高还是更低。

同样，增加的专业知识提供了进一步个性化的方法，在奢侈品消费的最终阶段我们可以发现人格特质：人们甚至可以支付近乎荒诞的高价来购买非常罕见的物品或专门为他们制作的产品，比如花 1 亿欧元或更高价格来购买一幅画。因此，我们认为新手和专家的细分对奢侈品消费具有影响，但是它不会产生在前面章节中已经确定的奢侈品驱动力之外的驱动力。

中国消费者市场

根据贝恩公司 2014 年关于奢侈品全球市场的研究报告，国际旅行和旅游业的发展为消费者提供了 360 度奢华体验，包括奢华的交通工具，如高度定制的汽车和游艇，还有豪华的酒店和游轮。因此，我们需要注意到奢侈品消费者不经常在本国内进行消费。奢侈品市场的发展受到旅行花费的驱动。对消费者关注的重要性已经超过了对消费地点关注的重要性。当然也有一些例外情况，比如日本的消费者由于货币因素的影响经常在日本国内进行奢侈品消费。中国的消费者在国外的奢侈品消费额是在国内的奢侈品消费额的三倍。中国的游客越来越多地在美洲市场进行消费。这种趋势使奢侈品品牌的管理者将研究的重点转移到消费者，以全球视角提供产品和服务。全球市场的奢侈品包括九大类别：个人奢侈品、豪华汽车、豪华酒店、豪华游艇、定制家具、精品食物、精品酒类、游艇和私人飞机。其中，个人奢侈品仍然是奢侈品市场的核心。20 年来，个人奢侈品的消费增长了近三倍。自 2013 年，由于货币因素，个人奢侈品消费的增长速度有所放缓。美国仍然是全球最大的奢侈品市场，奢侈品消费额超过中国、法国、意大利和日本。此外，美国奢侈品市场也呈现增长趋势。中国消费者的消费已经从国内转移到海外，以人民币进行消费的奢侈品占到全球市场的约 1/3。在全球范围内，奢侈品市场不仅关注当地的消费者，而且更多地关注游客的消费。

该报告指出，奢侈品公司自有的零售店继续获得最大的销售份额。许多奢侈品品牌开拓多种销售渠道。2014 年新开零售店带来了近 2％的销售额，卖场的专卖店销售额占到整体市场的 1/3 以上，此外，机场免税店也是主要的销售渠道。在线的奢侈品销售市场近几年也在不断扩大。从地域上来看，美洲的在线购物较为发达；从品类上看，自 2012 年以来，配饰已经成为奢侈品中销售量最大的类别，其次是服装、硬奢侈品和美容产品。配饰和服装的在线购物分别占 41％和 28％。在线零售商依然是最多消费者选择的购买渠道，其次是电子零售商。事实上，有 35％的奢侈品品牌没有进行在线销售。

贝恩公司 2015 年末的报告指出，汇率的波动和环球旅行促进了个人奢侈品市场的增长，但是实际的增长在放缓。2015 年该研究调查了十类奢侈品，其中豪华汽车、豪华酒店和个人奢侈品占整体市场的 80％。整体奢侈品市场在 2015 年实现了超过 1 万亿欧元的销售额，并且以 5％的速度逐年增长，其中主要的增长品类是豪华汽车（8％）、豪华酒店（7％）和精品艺术品（6％）。在汇率和跨国界消费者的影响下，个人奢侈品消费仍然是市场关注的核心。在新环境下，奢侈品品牌面临的挑战是汇率的波动和游客行为的影响。受美元强势的价值增长影响，美洲成为个人奢侈品购买的最大区域。欧元价值的持续下降促进了欧洲奢侈品销售的增长，欧洲逐渐成为全球最大的淡季销售地区。亚洲区域的国家在奢侈品销售方面表现不一。日本的奢侈品市场受到本国居民和中国游客的影响呈现增长趋势。韩国尽管受到中东呼吸综合征的影响，但是仍然以 4%的速度增长。中国的奢侈品市场呈现小幅收缩。中国消费者在全球奢侈品消费中继续发挥重要作用，占到全球奢侈品购买者的 31%，其次是美国消费者和欧洲消费者。中国消费者在国外的消费远超过在国内的消费。为应对汇率波动，中国消费者为了获得价格优势将奢侈品消费目的地逐渐转移到欧洲、韩国和日本。大规模销售仍然占据主导地位（66%），公司自有的零售和电子商务销售由于网络的发展呈现高速增长。大规模销售的放缓主要是由于三个因素：持续的奢侈品零售化（将授权店转变为公司自有的门店或联合门店）；美国百货公司的跨品类销售表现欠佳（特别是皮具类）；亚洲手表零售商为了应对过量库存而降低销售量。2015 年，电子商务销售额占市场份额的 7%，达到 2012 年的近两倍。专业化的电子零售商在全球范围内表现良好，中国在逐步扩大电子零售商的地域覆盖范围，欧洲和美国的零售商电子商务网站也在持续增长，以满足客户对全方位渠道体验的需求。全球旅游者促进了机场奢侈品销售额的增长。随着市场中的中等收入群体不断壮大，中国消费者追求良好的品质和高价值的产品，在成熟的市场中寻找打折商品，品牌管理者则利用降价促销来获得市场增长。

根据李国新等（2012）的研究，针对中国市场即将成为最大的消费市场，更好地理解中国消费者对奢侈品的消费对于品牌管理者非常重要。该研究主要是关于中国消费者的消费意愿与其生活方式和感知价值的关系。研究结果指出，中国消费者的时尚生活方式分类与其他国家的分类相似（Ko et al.，2007）。同时，消费者感知的奢侈品价值主要有三类：社会/情感、实用性和经济价值。中国消费者对这三类价值的感知会影响他们购买奢侈品的意愿。对于奢侈品有较高的实用价值要求，例如舒适性和必需性的消费者更加愿意购买奢侈品。同时，中国消费者会感知和追求与奢侈品相关的综合价值。与时尚生活方式和感知价值相比，该研究发现有购买经验的消费者有四种不同的分类。社会/情感和实用性对有经验的奢侈品消费者的购买意愿有很大的影响。在这种情况下，零售商应该在市场战略中强调现有消费者的内在品牌价值。对于只拥有仿冒奢侈品的消费者，他们的生活方式、感知的社会/情感价值会影响他们的购买意愿。在奢侈品品牌宣传时，要强调在拥有真正的奢侈品时会获得的成功的、多样的和受到尊重的社会/情感价值。对于没有奢侈品购买经验的消费者，奢侈品品牌的感知经济价值对他们的购买意愿有显著影响。品牌零售商可以考虑通过更多的促销活动来发展潜在的奢侈品购买市场以刺激消费者进行奢侈品消费。此外，为了培养真正的奢侈品消费市场，品牌营销战略应该帮助消费者停止购买仿冒产品的行为，并提高消费者对奢侈品品牌的认知。在研究中，实用性会显著影响消费者的购买意向，因此品牌的感知质量和客户服务是影响现有消费者继续购买奢侈品的重要因素。国际奢侈品品牌必须不断地提高品质来满足中国消费者的需求。

随着收入的增加，中等收入群体的消费者会购买更多的奢侈品。如今，奢侈品品牌在中国的收入占全球总收入的很大一部分。麦肯锡咨询公司（McKinsey）指出中国的奢侈品消费者比世界其他国家的消费者更加年轻。中国消费者中 45%是 35 岁以下，而中国富豪的平均年龄为 37 岁，与之对比的美国富豪的平均年龄为 57 岁。从长远来看，年轻的中国消费者有更长的客户生命周期，同时呈现不同时代消费者的心理差异，这为奢侈品营销带来了很多挑战。由于中国政府对于贫富差距的扩大及其对社会稳定的影响十分敏感，因此对奢侈品市场的监管十分严格，对于奢侈品广告也有严格管制。2011 年初，北京市工商行政管理局禁止企业在户外广告中使用“奢侈”“皇家”以及“高档”等词语。2013 年 2 月，所有奢侈品广告禁止在官方电视台和广播电台播出。虽然中国消费者享受奢侈品品牌所赋予的地位，但是他们缺乏与品牌忠诚度相关的情感联系。对传统和品牌文化的宣传在其他国家十分有效，但是在中国可能会面临失败。一些奢侈品品牌从当地人的喜好方面吸引消费者。例如路易威登发现二三线城市的奢侈品购买者喜欢贵宾待遇，因此，公司关闭商店半天接待私人贵宾来访者的花费超过 20 万元，为客户创造了“贵宾级的体验”。同时，品牌也在尝试建立一个专门的区域来提高消费者的体验。英国饮料公司帝亚吉欧（Diageo）开放了尊尼获加楼，以此为客户提供品牌体验空间。在上海，该品牌进行苏格兰威士忌的宣传，并鼓励中国消费者将其与生活体验相关联。高端家电制造商美诺（Miele House）在上海建立了美诺之家，其中包括组合店/陈列室，通过在家庭环境中展示美诺的产品，帮助消费者了解在这种环境下的生活，使消费者获得奢侈体验。

对于跨国界消费者，我们需要关注中国消费者在全球市场的行为以及他们的特征。中国的游客是全球奢侈品的主要消费者。根据中国旅游研究院的研究，中国在 2015 年上半年有6 190 万出境游客，比 2014 年同期增长 12.1%。此外，波士顿咨询集团估计，到2030年中国游客将占亚洲出境游客的约40%。近几年中国出境游客的数量逐渐增长。在出境游客中，以休闲为目的的游客占92%，以商务为目的的游客占56%（中国国际旅游交易会，2015）。2015年25～34岁的游客占出境游客的最大份额，其中广东省、浙江省和上海市依次是出境游客数量最多的地区。出境游客中有46%的游客喜欢国际连锁酒店，28%倾向于选择具有当地特色的酒店。FBIC全球零售科技和中国奢侈品咨询公司的研究发现，中国游客在海外的平均消费额约为1 678美元，最受欢迎的海外购买品类依次为服装、鞋类及配饰，香水和美容产品，电子产品，保健品或维生素，以及手表。中国消费者的购买渠道逐渐向网络购买转变。根据毕马威发布的中国互联网消费者报告，奢侈品网购用户已经占总用户的45%，预计到2020年，中国国内的奢侈品在线购买会达到50%。手机是中国奢侈品网购消费者最常使用的设备。逐渐增加的网上消费与进口关税的降低和品牌对海外及中国价格的调整有关。随着中国智能手机的普及和中等收入群体财富的增加，许多富裕的中国消费者会优先使用手机来获取品牌信息。中国互联网络信息中心（CINIC）的研究报告指出，2015年前六个月移动互联网访问量增加了36.79亿次，但是针对中国市场有详细电子商务战略的奢侈品品牌仍然很少（少于15%），更不要说品牌自有的电子商务网站。少于10%的品牌会选择与阿里巴巴的天猫商城合作来抵制仿冒品，以此促进品牌的销售。2015年中国消费者花费在数字媒体上的时间已经超过在传统媒体上的时间。中国总互联网普及率达到48.8%，社交媒体用户约有6.59亿，多于美国和欧洲的总和。中国互联网用户花费在网上的时间每天超过 6 小时 8 分钟，其中 3 个小时是在社交媒体上。社交媒体 70%的用户在 35 岁以下，其中 30%的用户年龄为 26～30 岁。中国常用的四大社交网络分别是 QQ（腾讯开发的一款即时通信软件服务）、QQ 空间（腾讯旗下与 QQ 相结合的社交网站）、微信（移动文字和语音消息的通信软件）和新浪微博（中国微博网站）。在手机上最常用的应用为微信、电子邮件和照片。在消费者的搜索内容中，奢侈品行业的搜索量以两位数字的速度增长。服装品类的搜索有很大的季节性，在初夏和初冬搜索量有所增加。奢侈品消费者在寻求更多的灵感和生活方式，“搭配”、“街拍”和“时装周”的搜索数量较多。全球范围内，中国消费者对成熟市场有所偏好，因此欧洲仍然是购物的首选目的地。前任法国外交部部长法比尤斯（Laurent Fabius）指出，中国游客首选的国际旅游目的地仍然是法国。日本和韩国在“黄金周”期间成为中国游客热门的目的地。同时，根据 FBIC 全球零售科技和中国奢侈品咨询公司关于旅行花费的研究，中国消费者旅行花费在 407～1 222 美元之间。波士顿咨询集团预测到 2030 年，中国旅游者的海外消费金额将达到18 000 亿美元。

总结：奢侈品驱动力——消费者细分

奢侈品感知受到消费者细分的影响：

● 感知的奢侈品附加价值、支付价格溢价的意愿、消费的产品组合，可能受到倒金字塔模型中个人等级的影响。

● 由于奢侈品距离的增加，对奢侈品的主观重要性评价是奢侈品信号感知的调节变量。

除了前面章节中讨论过的驱动力，新手或专家似乎不看其他的奢侈品驱动力。内在或外在的消费倾向似乎不是一种奢侈品驱动力，而是对消费类别和奢侈品管理的一个重要影响变量。

第12章

品牌和产品知名度

“葆蝶家不需要任何标志去证明自己的品牌属于高端级别……‘我们臣服于美好的事物带来的纯粹乐趣，还有工匠的非凡能力。’”（Nadeau，2007，p. 69）

“它是奢侈品的绝对象征，是成功的标志，而且难以复制。这就是劳力士。它的发烧友在为其支付六位数的价格时也面不改色，而且这在全球范围内已成为一种约定俗成的消费方式。”（Hecking，2007b）

品牌知名度是奢侈品感知的关键。正如我们所阐述的那样，一个奢侈品品牌并不需要每个人知道，但必须让目标客户群以及同伴知晓。同样，像奢侈品的材质、性能、历史传承这些重要元素，也需要引起顾客注意，从而正确传递出奢侈品的象征意义。表 12—1 总结了关于品牌和产品知名度的奢侈品驱动力。

表 12—1　　奢侈品驱动力——品牌和产品知名度

驱动力	有关产品知名度的奢侈品驱动力
6.1	品牌资产
6.2	产品在同伴中的知名度
6.3	关注奢侈品整体价值链的每一个细节（建立此物是奢侈品的共识）
6.4	保持品牌“热度”的能力
6.5	续写最初传奇的能力
6.6	极端昂贵的价格可以创造优越感

品牌资产

让我们仔细剖析一下劳力士。了解劳力士神奇的发家史后，我们就不会惊讶于它为什么能成为人们最想拥有的品牌之一。1927 年劳力士发明了第一块手表——具有防水、防尘、防空气的性能，并将其放在品牌特有的蚝形盒子中。一年后，伦敦打字员兼专业游泳运动员梅塞迪丝·吉莉丝（Mercedes Gleitze）戴着劳力士手表横穿英吉利海峡。活动结束之后，这块表完好无损，从此声名大噪。一个新的传奇就此开始（Hecking，2007b）。

在时尚行业，与奢侈品有关的传奇从未过时：“迪奥手表相信，莎朗·斯通（Sharon Stone）的那张脸就可以把腕表业绩刷新到成千上万的销售量，同样，路易威登相信，戈尔巴乔夫（Gorbachev）能带来很好的品牌效应”（见图 12—1）（Bass，2007）。然而，巴斯（Bass）总结道：“一张漂亮或著名的面孔已经不足以提高产品销售量了，现在需要的是一个有优势、有新意、有惊喜，甚至是令人骚动的活动。”也就是说，就像劳力士当初的品牌发展原理一样：首先以独一无二的情境设计来吸引人们的注意，成为大家的谈资后，再将其与品牌连接起来。

图 12—1　路易威登——戈尔巴乔夫（路易威登，2007）

当然，当消费者意识到产品的独特材质和工艺技巧后，如金色抛光层或钻石，即便没有品牌知名度，也能激发人们对产品形成一定的奢侈品概念。尤其对珠宝而言，并不一定借助品牌效应，独特的技艺和镶嵌的珍贵宝石就能够使其绽放更加耀眼的光芒。

同时，将品牌资产与品牌传承、特殊工艺和稀有材质联系起来，有利于开发奢侈品的潜力。因而，当奢侈品的品牌资产和感知到的相关品牌价值对等时，就形成了关键的奢侈品驱动力。

奢侈品驱动力 6.1：品牌资产

品牌和产品在同伴中的知名度

在本文的前面部分，我们提到过美国运通的百夫长卡，它在选择顾客时非常严苛，对顾客人数也设限，因此大家都把它看做判断是否奢华的“黄金准则”。显然，当别人比卡主更了解百夫长卡以及它的难能可贵时，这张奢华卡就开始发挥作用了。

相反，如果持卡人身边的同事朋友以及商店都不知道这张卡的来历和功能，那就不妙了。如果他的朋友们认为这张黑色的卡只是美国运通的打折卡或普通借记卡，那么卡主就很难感知到奢侈品的符号功能，甚至会为获得这张卡付出的代价而感到后悔。

因此，当产品在同伴和参考群体中存在知名度时，奢侈品才变得有意义。大家普遍认同，独特的产品就是奢侈品。从某种意义上讲，这一点很重要，这说明人们开始通过自己和他人的认知去关注品牌、产品及其成分的知名度。

雷克萨斯（Lexus）是美国销量最好的日系豪华车，由于在欧洲的品牌知名度很低，无法激发欧洲客户的购买欲望。如果你在德国花 10 万欧元购买了一辆雷克萨斯，结果你的邻居认为它是中等价位的丰田（Toyota），这肯定对你的社会地位造成严重影响。当然，雷克萨斯在未来几年里会有极大的改变，它将定位为混合动力技术的先驱。雷克萨斯将迎合消费者对小排量车的喜好，把“混合动力技术”和“极度舒适”作为独特的销售主张，使品牌资产和知名度在大众心中显著提升。

尽管没有多少出版物或研究项目提到有关感知奢侈品知名度的必要性，但我们认为这是奢侈品购买动机的重要因素，而且这种知名度在奢侈品营销和非奢侈品营销中的作用截然不同。

在非奢侈品营销中，针对目标群体建立品牌知名度，是为了吸引潜在顾客和消费者。例如，有一款针对 35～45 岁、干性皮肤女性的面霜，在市场营销过程中，如果不需要拓展自己的目标客户群，就根本没必要向 25 岁以下或 55 岁以上的女性推广。

然而，对于奢侈品来说，建立品牌知名度更复杂：一方面，奢侈品需要常规的市场营销手段，在目标消费群中建立品牌知名度；另一方面，奢侈品还需要在部分非使用者中建立品牌知名度，这部分人要和目标消费群具有相似的社会等级。

奢侈品驱动力 6.2：产品在同伴中的知名度

在美国运通百夫长卡的例子中，除了要向潜在用户普及信用卡的排他性和功能，建立品牌知名度还需要注意三点：

第一，让所有其他的美国运通卡用户非常清楚这款奢华卡的存在，这样当他们看到有人使用它时，就会明显感觉到地位的差距。

第二，在所有的潜在消费点进行美国运通卡的知识普及，以便酒店前台、餐厅等清楚百夫长持卡人的尊贵身份，并及时提供特殊照顾和服务。也就是说，品牌意识的建立需要抓住整条价值链上的每一个细节。

第三，最理想的状态是奢华卡能被广大受众熟知，哪怕不是美国运通的客户也对其有所耳闻，这样奢华卡能够在更多的场合发挥它的地位象征功能。

奢侈品驱动力 6.3：关注奢侈品整体价值链的每一个细节（建立此物是奢侈品的共识）

不断宣传传奇历史

随着在非核心目标客户群中建立品牌知名度变得越来越重要，我们可以看出，与正常商品或品牌相比，奢侈品需要特殊的营销管理技巧。其中，保持品牌的“热度”是关键，即让该品牌一直成为众人的话题，不断刺激购买欲望和制造惊喜。对于一些小的特殊的奢侈品制作公司，却恰好相反，它们往往由创始人或管理者以非常个性化的方式进行运营。比如说制鞋厂、高端音响设备制造厂、一流的葡萄酒庄等。相比于市场营销，这些奢侈品公司似乎更重视组织内部的发展，如产品研发过程。然而，如果奢侈品业务忽视市场推广，比如忽略竞争者、消费者、舆论管理等，那么它的可持续发展就存在一定的风险。

巴斯（2007）谈到香奈儿 No. 5 的幕后战略转型时引用了一位营销分析师的话：“三年前，香奈儿 No. 5 的市场占有率开始下降。可自从让妮可·基德曼（Nicole Kidman）代言后，销售量由负增长变为 16%的正增长。没有改变香水的瓶子，也没有改变它的气味，唯一改变的是，有了妮可·基德曼，就新增了一群原来从没接触过香奈儿 No. 5 的年轻顾客。没有妮可，香奈儿无法取得这一成绩。”这说明强大的传统奢侈品品牌需要新闻来吸引新顾客，留住老顾客。

奢侈品驱动力 6.4：保持品牌“热度”的能力

最可怕的是，品牌突然失去了吸引力，丧失了消费者渴望，沦为平庸的级别。皮尔·卡丹（Pierre Cardin）就是这样的例子，由于特许经营的同名品牌不受皮尔·卡丹控制，无法共享品牌定位和吸引力，导致皮尔·卡丹品牌就此没落（Gumbel，2007）。

巴宝莉（Burberry）也是个很好的例子。根据耿贝尔（Gumbel，2007a）记载，在 20 世纪 90 年代，“……足球流氓和八卦小报上的女演员把巴宝莉的格子图案作为自己身份的象征。一时间，英国夜总会的打手拒绝穿戴巴宝莉的人进入”。突然之间，巴宝莉和无业游民挂钩，失去了原有的光彩。后来，巴宝莉大力减少格子图案的设计，这才挽回了部分损失。

品牌传承通常是奢侈品价值的源头，有关品牌的传说和来源应该不断充实和发扬光大，包括提高品牌传承意识、保证完整的历史和形象不受破坏、加强品牌辨识度以及追求更大的吸引力。

通过对奢侈品网站进行简单的查证，我们可以发现，几乎所有的奢侈品品牌都在强调其历史根源：

- 宾利关于自己的布兰克鲁（Brooklands）跑车有这样一段叙述：“宾利布兰克鲁的所有样式、动力以及灵感都归功于 20 世纪初出现在著名布兰克鲁赛道上的‘宾利小子’”(Bentley，2007）。
- 宝玑（Breguet）强调自己的品牌来历：“路易十六和他的玛丽·安托瓦内特（Marie-Antoinette）王后是宝玑表的早期爱好者”(Breguet，2012）。
- 路易威登强调：“自从众议院成立后，旅行者一直对路易威登情有独钟”(Louis Vuitton，2007）。
- 百达翡丽声称：“百达翡丽公司成立于 1839 年，部分历史是关于日内瓦伟大的制表传统。这是个囊括了许多独特传统的故事，结合经验、智慧和激情来保卫和振兴企业的文化和技术。它的制表师和工匠一直忠于高贵的手工技术，并日复一日地延续着这种制表艺术，包括优雅的、不受时间影响的手法，眼神的敏锐以及触摸的灵活度，这些技能一直被认为是最先进的技术”(Patek Philippe，2012)。

- 鲍尔斯 & 威尔金斯（Bowers & Wilkins）揭示了其打造高端音响系统的夙愿：“早在 1966 年，约翰·鲍尔斯（John Bowers）和他毕生的朋友彼得·海沃德（Peter Hayward）在英格兰南部海岸的沃新创办了一家名为 B&W 的电子制造公司。他们从一开始就主张凡事低调，把所有的利润都用于商业研究，以期更好地发展……”(Bowers & Wilkins，2012)。

简而言之，奢侈品驱动力之一就是品牌能够不断渲染其品牌历史传奇并与时俱进。

奢侈品驱动力 6.5：续写最初传奇的能力

创造卓越

关于创造卓越方面，我们可以看出，有关奢侈品品牌的特殊材料和非凡工艺的知名度，对区别奢侈品有至关重要的作用。如果人们不相信劳斯莱斯或宾利的皮革装饰工艺，不相信它们能够区别其他车的皮革内饰，就不会对劳斯莱斯或宾利如此着迷。

同样，打造奢侈品品牌，需要建立消费者对产品优越性能的认知，也就是说，与其他产品相比，奢侈品需要培养消费者对品牌的卓越性认知。例如，劳力士的所有手表都通过了瑞士天文台

(COSC) 认证，这足以说明劳力士手表的优越性能和品质。同时，它极端昂贵的价格也是优越的象征。

奢侈品驱动力 6.6：极端昂贵的价格可以创造优越感

消费者明确的价格感知对奢侈品品牌来说很重要，他们可以对某一产品类别的奢华档次进行归类。我们之前提到布加迪威龙，它的音响系统不仅和柏林之声的家用高端系统价格一致，而且可能是最昂贵的汽车音响系统。这很明显就将柏林之声汽车音响系统和其他高级系统区分开来，如博士（Bose）和马克列文森(Mark Levinson)。它的定价也说明了其优越性。如果一个奢侈品品牌能够直接或间接地传递出高端价格定位，也就完美地诠释了自己的卓越之处。

毕扬（Bijan）服装的一个传递高价格的方法是通过美国罗迪欧大道（Rodeo Drive）的奢侈品服装店进行销售。根据维基百科(Wikipedia，2016)，公司创办人和设计者毕扬因收藏豪车而出名，其中就包括一辆奔驰 SLR 迈凯轮（McLaren），可能还有布加迪威龙，这些车通常停在服装店外边，标志着这家服装店身价不菲。

总结：奢侈品驱动力——品牌和产品知名度

综上所述，奢侈品知名度能够产生奢侈品附加价值。如图 12—2 所示，在奢侈品购买者和他们的同伴中，企业需要建立品牌知名度。这个过程囊括了对品牌资产和优越性的认知，以及保持品牌活跃度和生命力的能力。管理奢侈品，需要关注价值链上的每一个细节，让大众认同“这东西就是奢侈品”。

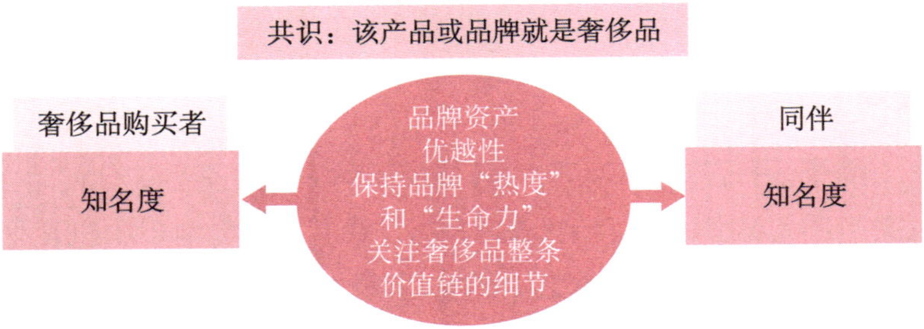

图 12—2　奢侈品驱动力之知名度

第13章

奢侈品驱动力分析

“毋庸置疑，当今奢侈品成功的关键在于与顾客建立情感纽带。如果有足够多的消费者相信这是奢侈品并愿意为此买单，那它就是奢侈品。然而，斯特凡尼亚·萨维奥洛（Stefania Saviolo）在米兰的博科尼大学（Bocconi University）所提出的‘维持梦想的艺术’才是最难的部分。”（Gumbel，2007a）

在进行奢侈品驱动力分析之前，首先应该注意到，影响一个品牌或产品奢华度感知的因素有很多，清楚地认识到这一点便于更好地理解和管理奢侈品。通过深入解析，我们综合得出 76 个奢侈品驱动力的集合，包括与产品品质、购买与消费、社会结构、消费者细分、品牌和产品知名度相关的五个方面。

这个集合涵盖了非常普遍的奢侈品驱动力因素，比如说创造极致之感（驱动力 1.3）、品牌标示的使用（驱动力 1.5）、精挑细选的购买地点（驱动力 2.4）、消费溢价（驱动力 3.2）、通过极端昂贵的价格可以创造优越感（驱动力 6.6）等。其中也有相对隐秘的驱动力，如成为艺术品（驱动力 1.11）、购物的私密性（驱动力 2.7）、购买地点的隐蔽性（驱动力 2.13）、提升社会地位的购买行为（驱动力 2.14）、前所未有的体验（驱动力 3.7）、消费的不确定性（驱动力 3.12）、增进社会关系（驱动力 4.2）、与社会价值观的一致性（驱动力 4.14）或能被同伴识别（驱动力 6.2）等。

没有任何一个奢侈品能同时体现所有的驱动力，但每一种奢侈品很可能具备这 76 个驱动力中的一个或者几个。不过，有些奢侈品驱动力显得比其他驱动力更重要一些，比如前文阐释过的与社会价值观的一致性，对大部分奢侈品来说这都是一个重要的前提条件。

如果我们单独去看某个驱动力，会发现有些非奢侈品也具备以上所述的某些驱动力。例如，增进社会关系（驱动力 4.2），因为社会关系确实可以被非奢侈品，如婚姻介绍所所驱动。本书总结出这些驱动力是基于与奢侈品有关的情境，尤其是当驱动力并不是单独出现，而是与其他奢侈品驱动力一同出现时。

另外，这些奢侈品驱动力可以归纳成几个组别，例如，个性化（驱动力 1.1）和稀有昂贵的材料（驱动力 1.2）这两个驱动力都可以提高产品的独特性，那么独特性就可以成为驱动力的一个组别，包括个性化和稀有材质等具体驱动力。

如果想要通过实证检验来明确奢侈品驱动力的作用，就有必要进行上述的分组，以便将所有的驱动力因素归纳成几个维度，这几个归纳出来的维度就是需要进行测量的子构念（变量）。

对于本书提出的奢侈品一般框架而言，把每个奢侈品驱动力分配到输入端（“前因”）或输出端（“后果——奢侈品附加价值”）

也是十分必要的。

中国奢侈品购买驱动力

奢侈品品牌特别擅长创造客户体验，使客户感受到独特性。尽管数字信息化沟通方式在飞速发展，奢侈品品牌仍然在很大程度上依赖于口碑宣传，口碑宣传也是消费者表达对品牌产品和服务满意的一种方式。在调查中，消费者对于小型、精致的标签的印象很好，这说明品牌并不需要很丰富的文化历史感来与富有的女性消费者产生共鸣。根据哈格特韦特和帕特里克（Hagtvet and Patrick，2009）关于奢侈品消费的研究，奢侈品的享乐或愉悦性元素对于消费者对品牌的评估和品牌延伸都有驱动作用。很多奢侈品品牌在中国也强调其享乐性，例如宝格丽（BVLGARI）在上海开设了一家顶级酒店，如画般的装修和铺满鲜花的路使消费者可以感受到愉悦。豪华汽车品牌兰博基尼（Automobili Lamborghini S. P. A.）在苏州工业园区建有一家高端私人精品酒店，将高贵、低调、奢华的环境与悠闲舒适的享受相结合，使消费者获得享乐性的体验。奢侈品品牌通过强调品牌中的享乐元素成功实现了品牌的延伸。奢侈品协会（Luxury Institute）指出，独特性和可获得性是中国富有的人群所看重的。爱马仕十分看重自身的独特性，并以此来衡量产品的质量、品牌的声望、品牌的价值和高价格。中国的奢侈品消费者变得越来越复杂，品牌之间的竞争变为受到消费者关注和喜爱的标签的竞争。同样，深入了解不同市场的消费者是十分必要的，这样可以进一步了解不同消费者的喜好，以便进行更好的奢侈品品牌定位。

黑天鹅蛋糕（Black Swan Bakery）是国内知名烘焙企业好利来（Holiland）的顶级奢侈品品牌，品牌的第一家门店位于北京。黑天鹅蛋糕以天鹅为灵感，探究自然和优雅相结合的意境，采用全球顶级的原料，加以超高难度的工艺为消费者提供顶级的蛋糕(黑天鹅官网，2016)。该品牌以销售时尚和价格高昂的蛋糕而闻名，同时店内也有一些价格适中的甜点和面包，这使品牌门店能够满足不同类型客户的需求。

在黑天鹅店，婚庆用的蛋糕价格从 2 万元起，直到十几万元、几十万元，甚至上百万元。黑天鹅的目标消费者是对生活品质有较高追求的人，以及对品牌文化有较深刻感知和理解的人。黑天鹅蛋糕与其他品类的奢侈品相同，都有绝对优良的品质、高昂的价格、传奇的品牌故事、稀缺性和独特性以及美感。该品牌也具有独特性，例如精致的雕花技术、社会化营销模式和电商销售模式。该品牌蛋糕由法国著名的美食家和八位好利来金牌蛋糕师共同设计，原料来自全球顶级的原料产地，例如其尊贵系列由来自委内瑞拉、多米尼加、秘鲁等地的可可豆制作而成。委内瑞拉单一品种产区的 Criollo 可可豆仅占全球可可豆产量的 1%，用它制作的巧克力是巧克力中的珍品，这就体现出产品的稀缺性。每个蛋糕的小小黑天鹅内都有一颗红樱桃，天鹅的脖子则由巧克力做成，这都形成了产品的独特性。同时，对于婚礼用的蛋糕，黑天鹅还会用劳斯莱斯为客户送货，给客户带来独特和高贵的体验。此外，黑天鹅品牌的创始人罗红先生也代表了品牌的独特价值，罗红先生的创意都体现在蛋糕的美感上。

黑天鹅蛋糕主要采用社会化营销方式，在社交网络上发起不同主题的推广活动，例如“The Very Moment”“至爱至美”主题等。这些推广活动可以加深消费者对品牌的认知。消费者对于品牌的认知会转化为积极反应，从而产生购买行为，因此，近年来黑天鹅蛋糕的销量不断上升。

清朝（公元 1616—1911），茅台成为中国第一家进行规模化生产的酒类，产能达到约 170 吨。茅台白酒因贵州省历史悠久的小镇而得名。1951 年，茅台被评为国家级白酒，在 1985 年和 1986 年巴黎国际博览会上获得金牌。茅台酒作为国家和地区官方场合的指定用酒，成为接待外国政要的首选酒，价格达到了近 200 美元一瓶，这样的奢侈品可不是谁都能买得起的。目前，茅台酒已经在全球范围内 100 多个国家和地区销售，销售额不断增加。茅台为什么可以卖得那么贵？根据搜狐网（sohu. com）的资料，由于茅台酒的生产周期比较长，产量有限，加上受到环境、生产工艺、原材料等影响，凸显了茅台酒的稀缺性。从原材料到成品再到销售需要 5 年时间。茅台到市场上销售的仅为茅台酒厂产量的 30%，大部分产品通过特别渠道提供给政府部门和各大军区，因此，难以满足庞大的市场需要。在中国消费者心中，茅台酒是一种高品位的酒类。

上海滩（Shanghai Tang）品牌在 1994 年由邓永锵创立，品牌最初的定位是由上海裁缝师提供优质的量身定制的服饰。1996 年，该品牌决定发展时装系列，同时在美国纽约 Barneys 百货对面、麦迪逊大道（Madison Avenue）的黄金地段开设了店铺。品牌的定位为更有品位及时代感的时装。该品牌设计的每个主题都与中国的故事相关，如 2003 年秋冬设计以苗族为主题，2005 年秋冬设计以紫禁城为主题。该品牌主要销售家居装饰、礼品、中式传统男装、女装及童装（如唐装）等，销量每年都在增加。该品牌的基本设计理念是将 20 世纪 20 年代的长衫与 21 世纪的时代感相结合，产品多用鲜艳的颜色。1998 年被全球第二大奢侈品集团——瑞士历峰集团(Richemont Group)收购，成为该集团旗下一大盈利品牌。上海滩品牌正式开始了其全球扩张计划。许多皇室成员、政界人士和演艺明星都是该品牌的忠实追随者。上海滩品牌价值不断增加的原因有上海悠久的裁缝传统、中国逐渐扩大的影响力、独特的中国元素和富有时代感的产品。

第14章

奢侈品定价和收入弹性

“无论是价值1 000美元的手袋，还是13 900欧元或18 000欧元的古驰鳄鱼皮包，无一不被卷入奢侈品零售的狂潮。有品牌店透露：限量版的东西总是卖得最快。奢侈品不仅对女人有吸引力，也颇受男士的青睐，因为可以为他们带来更高的价值和快感。”（Menkes，*International Herald Tribune*，2006-12-11）。

“约翰·古尔维尔是哈佛商学院市场营销系教授，他说道，‘奢侈品市场的定价需要大量的猜测工作’，即衡量消费者购买产品的欲望能变现为多少美元价值……‘然而，考虑到一辆车的稀缺性以及它带来的地位和形象，有人愿意花180万美元把它买下来。’”（Lindner，2008）

表面上看，奢侈品的定价对公司来说很容易：奢侈品是高价格的，甚至是极端昂贵的，这可以显示出该产品品类的高端水平。

在定义奢侈品时，我们强调过，作为奢侈品的商品，它的价格应该排在该类商品的前 1%。尽管这类商品的价格十分昂贵，但是它们非常成功。某些奢侈品的价格虽然昂贵，但是还有提升的空间："假如你有 10 万美元，你会花在那些好莱坞一线明星青睐的镶钻鳄鱼皮手袋上吗？别犹豫太久，还是赶紧行动吧。这个六位数价格的手袋从货架上卖出的速度与可口的小蛋糕卖出去的速度一样快，只怕鳄鱼的数量不够"（Prabhakar，2007b）。

这意味着奢侈品虽然属于某产品类别的一部分，却拥有很强大的力量，特别体现在购买和使用它们的人身上。"如果你认为大本钟是世界上最美妙的计时器，那么你应该再考虑一下"（Prabhakar and Serman，2007），是否一款做工精密、价格高昂的顶级奢华手表会更加美妙？这种顶级奢华手表不再只是用来报时，而是一种时尚配饰和伟大的设计，是一件艺术品，可以向他人传递强烈的社会和心理信号。

从另一个角度来看，奢侈品定价更为复杂。首先，有些产品在品类中可能缺乏绝对的价格差异。在这种情况下，很难明确区分它们是否为奢侈品。即使某卫生纸比普通卫生纸贵 20 倍甚至更多，如果它的定价在人们可接受的范围内，如在 5 美元以下，那么它的奢侈品定位仍会被质疑。

其次，不同品类的产品为了成为奢侈品会相互竞争。对于很多人来说，哪怕是最便宜的私人飞机，也会被看作奢侈品，因为它的门槛很高，并不是每个人都有能力消费，而对于目前市面上最贵的卫生纸，每个人基本上都买得起。

我们认为社会参照群体对于跟他们相关的产品之间的差异是有一定了解的。对于美国公司的各个高管来说，他们十分清楚湾流 V 型飞机和波音 737 喷气式飞机与涡轮螺旋桨式飞机塞斯纳（Cessna）之间的差异。我们估计，私人飞机对有些高管来说并不算奢侈品，因为对多高价格的产品算奢侈品每个人的看法是有区别的。例如，一个服务员为一家奢华酒店购买卫生纸，他所认为的最高档的卫生纸可能是这家酒店对卫生纸的最低要求。

迪布瓦等（2001）认为，人们对奢侈品价格的感知建立在绝对价格（即产品价格）或与非奢侈品比较的相对价格的基础之上。通过以上例子可以得出，大多数情况下，绝对价格和相对价格都会纳入奢侈品的评价标准中。很明显，价值 1 000 万美元和 1 000 美元的项链相比，不管它们看起来有多漂亮，消费者基本上都会认为前者更具有吸引力并希望拥有。

从消费者的角度来看，价格是评估奢侈品的最终因素。消费者一旦认为商品的价格达到了奢侈品的水平，其他所有的关键因素，即奢侈品附加价值驱动力，就成了用来验证的尺度。假设人们有支付能力，符合奢侈品绝对价格的产品就容易卖得出去，如果消费者感知到的奢侈品附加价值很低，那么产品就卖不出去。

基于大前研一（Ohmae，1982，p. 9）的奢侈品的战略三角模型（见图 14—1），假设我们提供一款奢侈品，需要确保奢侈品附加价值与溢价的关系。奢侈品附加价值在产品传承、品质、性能、社会保护等感知上得以体现。奢侈品与 99%的正常产品之间的差异体现在奢侈品附加价值与其溢价的关系中。虽然奢侈品的定价高，但是它们的附加价值也很高，因此对奢侈品消费者来说，这些产品有一定的竞争优势。

由于缺乏目标顾客的奢侈品偏好，如果奢侈品附加价值不足以证明奢侈品溢价的合理性，我们预计产品的市场表现从长期来

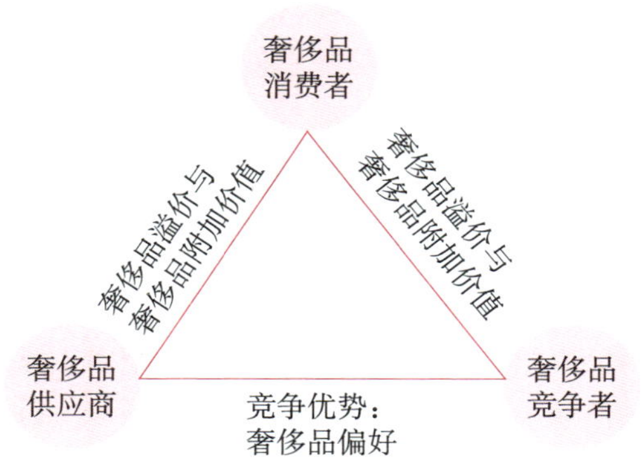

图 14—1　奢侈品三角模型

资料来源：大前研一（Ohmae），1982，p. 92。

看不会太好。这表明价格是奢侈品的基本因素，远远超过了独特性和购买欲望这些购买障碍，它有两个主要作用：第一，对社会参照群体来说，价格是比较透明的绝对和相对参照点；第二，价格是总体奢侈品价值（功能价值、享乐价值、附加价值）的货币衡量标准。

因此，奢侈品定价管理非常重要且技巧性强："一名销售员犯的最大错误之一就是：降价。如果产品的价格太低，就会对情绪产生负面影响"（Lindner，2008）。定价过低意味着奢侈品附加价值太低。那么，这对收入弹性和价格弹性意味着什么呢？收入和价格会怎样影响奢侈品品牌的品质呢？

研究消费者现状的报告表明，由于更高的消费预算能提高奢侈品购买的可能性，奢侈品的收入弹性应该大于 1（Dubois and Duquesne，2003；Encyclopaedia Britannica，2016）。这和我们的论证一致，即奢侈品消费依赖高收入群体。美林证券的数据也证实了这一观点，在俄罗斯、中国和印度，奢侈品销售量随着富人数量的增加而上升，预计截止到 2014 年，这些国家将产生全球 32%的奢侈品销售量（Forden，2006）。因此，可获得的财富和奢侈品消费之间存在明确的相关关系。此外，我们已经表明，从心理学的角度看，由于奖金或彩票中奖等意外之财或其他收入会促进奢侈品消费，因此，短期增加的财富和收入能积极推动奢侈品消费。

该逻辑也同样适用于收入的持续下降。亿万富翁由于股票投机，一夜之间失去了他所有的财富，并在可预见的一段时间里无法重获失去的一切，他就不会再购买任何豪车或私人飞机了。然而，收入短期下降，如经济衰退或某一年没发奖金，不会导致奢侈品消费以同样的程度减少，因为这种情况下的收入弹性小于 1。因此，正如我们所提出的，收入短期下降引起的奢侈品消费变化比非奢侈品幅度小，即奢侈品的价格敏感度低。

这个主张的前提是奢侈品能够满足某类需求，并且能够定义或塑造一个人的个性特征，因此消费者不可能因为收入短期下降而改变自己的购买决策。鉴于奢侈品附加价值十分显著，哪怕价格有微小波动，奢侈品也不会像非奢侈品那样受到影响。

短期内，人们对收入下降的敏感度较低，因此对价格的敏感度也较低。这与钱博士等（Chien et al.，2001）的研究结果一致。他们研究发现，消费者会跨产品类别表现出对价格敏感度的一致性。因此，如果消费者以购买奢侈品或溢价产品为主，这种购买模式就不会立刻改变。同样，韦克菲尔德和茵曼（Wakefield and Inman，2003）指出，具有社会和享乐功能的消费比非社交消费具有更低的价格敏感度。

综上所述，当收入和财富长期或短期增加，或长期下降，奢侈品的收入弹性大于 1，而当遇到经济衰退等因素，收入短期下降，此时的收入弹性小于 1（见图 14—2）。

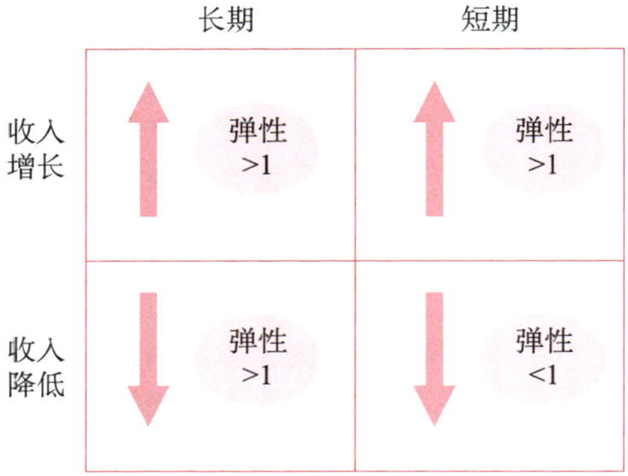

图 14—2　奢侈品的收入弹性矩阵

简而言之，奢侈品不会因为收入的短期负面变化而变得过度敏感。此外，即使奢侈品需要使用现金支付，其价格敏感度与非奢侈品相比也不同。

我们在之前的章节讨论过的奢侈品附加价值驱动力，为此提供了额外的依据：鉴于奢侈品品牌对消费者的重要性，包括品牌传承和传奇故事，消费者对奢侈品的忠诚度比对非奢侈品更高。此外，由于相关品类较少和价格敏感度较低，因此消费者可能会认为奢侈品市场的竞争程度比较小。

根据心理账户的概念，消费者在进行评估和决策时，会受到思维因素的影响（Krivetz，1995）。若人们购买奢侈品是为了投资而非单纯地使用，那么花钱的意愿就明显增加。如果人们购买毕加索的画作不是为了纯粹的欣赏或乐趣，而是为了投资，那么这种购买行为就变得合理化，从而降低了对心理造成的负面影响，提高了购买欲望。这个概念对奢侈品管理尤为重要。

心理账户的概念与价格敏感度相关联。尽可能地把购买阶段从消费过程中分离出来会降低感知成本（Krivetz，1995），比如消费者一次性购买一箱红酒或几盒古巴雪茄后，再慢慢享用，那么他们对这些产品的价格感知就会降低，价格敏感度也低。再者，一旦把购买行为从消费过程中分离出去，红酒鉴赏家和雪茄爱好者对昂贵红酒和高斯巴（Cohiba）雪茄的享受程度会提高。

第15章

奢侈品模型

"意大利米兰有一家名为瓦莱可斯特拉（Valextra）的皮革制品商店，该商店位于通向著名的斯卡拉（Scala）歌剧院的道路上。该品牌的标志性产品是不适合日常生活所用的极度精致的箱包。瓦莱可斯特拉品牌的单个手提箱起始价格高达5 000美元左右，而且箱包没有滑轮、没有肩带、没有可伸缩的手柄。最令人匪夷所思的是，它的手提箱采用华丽的白色皮革，这就意味着如果你搭乘商务航空，其淡雅的奶白色会立刻被玷污。瓦莱可斯特拉的销售助理玛蒂娜（Martina Terazzi）解释说，他们家的箱包可能比较适合搭乘私人飞机的顾客。这就是对奢侈品的一贯定义：精致的做工、骇人的价格、完美的品质。拥有这类物品不仅是财富的象征，更是阶层和品位的象征。"

（Gumbel，2007b）

奢侈品驱动力和框架

我们在第 4 章中提出的奢侈品总体框架是奢侈品模型的核心

基础（见图 4—1），也是成为奢侈品的先决条件。奢侈品先决条件将奢侈品与其他普通商品区分开来，将所有商品分为奢侈品和非奢侈品。

如何补充这一框架内容使其可测量？让我们从奢侈品的前因变量即成为奢侈品的先决条件着手分析。在奢侈品的驱动力分析中，我们进行了详细分析并评估了奢侈品驱动力的影响因素。比如，我们认为奢侈品感知中，独特性是一个驱动力，另一个驱动力是工艺，其能够在产品制作过程中通过杰出的体验反映出来。另外，奢侈品通常会在品牌旗舰店内销售，品牌旗舰店拥有销售该类商品的丰富经验。

为了测量奢侈品的前因变量，我们需要分析奢侈品的相关驱动力，这些驱动力能够将奢侈品先决条件细分为一些可测量的指标。对于每一个指标我们需要确定一个测量体系，这一测量体系帮助我们识别每个指标在解释奢侈品中所扮演的角色。

该模型的核心概念是产生奢侈品附加价值感知的奢侈品信号的存在。因此，我们需要识别一系列增加奢侈品价值的关键指标。我们将主要利用已识别的奢侈品隐藏的特征（见图 4—2）来详细分析该组指标，反过来，对奢侈品隐藏性质的理解在探讨奢侈品驱动力的过程中变得更加深刻。我们发现，奢侈品框架和奢侈品驱动力二者之间存在紧密的联系。奢侈品驱动力是建立评估和确定奢侈品模型的可测指标的基础。

奢侈品前因变量指标

“随着市场上充斥着斜挎包、月牙形包、手提袋和手拿包等不同包款，设计师们不断地将一些令人欢呼的元素加入设计中，比如，一些装饰性的肩带、扣子、镀银和可能会在 Kustom 汽车（在美国20世纪30—60年代的一种个人定制汽车）上见到的拉链。7月末，普拉达和范哲思已经让这一季新款包包出现在很多名流人士的肩上，甚至在它们还未进入商店销售前的一周，就成为关注的焦点。当然，品牌公关们也很适时地向各地报纸杂志等媒体放出麦当娜、凯蒂·霍尔姆斯（Katie Holmes）等名人手拿该品牌新款包的照片。在接下来的数月，奢侈品品牌将陆续举办包包派对，这一潮流始于上一季著名服装设计师伊夫·圣·洛朗（YSL）在比弗利山庄举办的香槟派对，派对中最为尊贵的来宾是其设计的包。”（Moore and Magsaysay，*Los Angeles Times*，2007-08-19）

根据驱动力分析，我们提出八个奢侈品前因变量的指标（IA），如表 15—1 所示。这些指标将奢侈品主要驱动力分成一些更小的可测量子集群。

表 15—1　奢侈品前因变量的指标

指标	相关的奢侈品驱动力
IA. 1 稀缺和独特	• 个性化（包括产品和整个购买过程中的行为） • 稀缺的材料 • 关于精致、刺激、品位、风格、高雅的美学 • 一流的经验 • 与某一事项、购买历史、某人相关联 • 获得或者得到目标物较困难 • 等待过程是获得独一无二产品的一部分 • 有限可得的产品 • 需进行购买申请（比如，购买需要拥有一定的资格）

续前表

指标	相关的奢侈品驱动力
IA.2 制作或销售经验	• 使用极其特殊的材料，并且只有少数的专业人员才能制作和提供 • 精致的手工制品可能成为一件艺术品 • 传承与形象：奢侈品意味着一段故事甚至是一段传奇 • 购买惊喜和不确定性 • 精挑细选的购买场合 • 购物的私密性
IA.3 品质考究	• 高度精致和精心的包装设计 • 苛求技艺和对每一细节的严格把控 • 在特定专业技艺领域拥有世界一流的工艺 • 对高品质的坚持
IA.4 消费困难	• 购买溢价，购买障碍 • 需要熟悉度和专业知识 • 未曾有过的经历
IA.5 极端昂贵	• 极高的绝对和相对价格 • 通过高昂的价格创造出消费者对卓越的感知
IA.6 与社会价值标准一致	• 愧疚感是奢侈品消费的负向驱动力 • 社会参考群体的消费习惯 • 某一群体或者社会的权力平衡
IA.7 普遍认同	• 种类或品牌被普遍认同，能够唤起消费者的欲望、梦想和愿望 • 保持最初传奇仍然活在消费者心中和保持品牌受消费者喜爱的能力
IA.8 品牌、原材料和品类的知名度	• 强大的品牌资产 • 使用品牌标识 • 与“奢侈世界”相关的原材料，比如，黄金、皮草

● 指标 IA.1“稀缺和独特”包括欲望、渴望和排他性。这是产品的个性化、稀缺资源的使用和精益求精的美学相结合的结果。

同样，像独一无二的体验或者获得时需要等待这类因素也会影响这一指标。

- 指标 IA. 2 “制作或销售经验”包括一流的工艺、形象和对传统的继承，还包括整体销售经验，比如，极其精致的环境、能够诱发奢侈感知的特殊氛围。

- 指标 IA. 3 “品质考究”包括在某一特定领域，保持世界一流水准的专业度（比如，跑车加速的技术）和对卓越品质的不懈追求。

- 指标 IA. 4 “消费困难”是指与消费溢价相关的因素，比如完全享受或者驾驭奢侈品要求消费者熟知该领域或具有一定的专业知识。

- 指标 IA. 5 “极端昂贵”意味着某奢侈品在其品类中处于顶级位置。

- 指标 IA. 6 “与社会价值标准一致”是社会构架重要性的结果。社会参照群体的消费习惯影响奢侈品消费，同时，愧疚感会减少消费者对奢侈品的消费。

- 指标 IA. 7 “普遍认同”，这是基本的前提：如果一个产品、品牌或者种类不被普遍认同，就无法唤起消费者的渴望、梦想和欲望，因此，就无法实现奢侈品的功能。

- 指标 IA. 8 “品牌、原材料或品类的知名度”是加强奢侈品信号的先决条件。因此，在奢侈品行业中经常运用象征奢侈的标识或者原材料。

我们认为以上所有指标与某一产品能被感知为奢侈品是正相关关系。因此，某一产品在这些指标上测得的分数越高，该产品能被感知为奢侈品的可能性就越高。

奢侈品附加价值（ALV）的指标

“古驰集团主管罗伯特·波雷特说，‘我们从事的事业不是卖手提包，而是销售梦想。’”（Gumbel，2007b）

如果有买家，那么仅销售梦想是可行的。我们认为，人们为奢侈品花费溢价很大程度上是为了得到感知的奢侈品附加价值，而消费者感知的奢侈品附加价值来源于奢侈品信号。除了由图4—2中奢侈品隐藏的特征衍生而来的十个条目，我们在奢侈品指标中额外增加了提供独特的体验和引发嫉妒这两个因素。

指标综述

我们对主要的测量指标进行了以下描述（见表15—2）：

● 指标IALV.1“社交场合中的保护功能”是指奢侈品通过提供社会庇护成为“最后的防御者”。这包括塑造理想的形象和希冀在社交中得到保护这两个方面，比如，防止他人恶意的评语。一些人可能希望通过购买奢侈品在社会交往中与他人保持距离。

● 指标IALV.2“提高社会地位”是指奢侈品象征着一定的社会优势。这包括模仿较高社会阶层的规则和攀高结贵。

● 指标IALV.3“财富权力的象征”代表着拥有较强的经济实力。

● 指标IALV.4“专业和精致的象征”指奢侈品为其消费者增添了行家和专家的光环。该指标代表奢侈品的拥有者具有跨越消费障碍的能力。

● 指标 IALV. 5 “增强自尊”是指拥有或使用奢侈品能增加自信和提升自尊。

● 指标 IALV. 6 “增强吸引力”指奢侈品带来的回头率，在一定程度上，奢侈品甚至拥有可以“使丑人好看些”的能力。

● 指标 IALV. 7 “有助于新的体验”是指转变为接受新体验的心态，从千篇一律的日常生活中“逃脱”。

● 指标 IALV. 8 “精明决策的象征”指奢侈品象征着消费者做出了成熟精明的决定，因此，购买高品质的产品意味着明智的决定。

● 指标 IALV. 9 “强调个体主义”包括自我认知的加强。这意味着在私人的环境中或在“小心翼翼”的消费中所产生的特殊感觉，象征着“我是独一无二的”。

● 指标 IALV. 10 “顶级的待遇”是指个体由于拥有庞大的资产，可以将奢侈品作为礼物送给自己。

● 指标 IALV. 11 “提供独特的体验”指奢侈品能提供独一无二的体验，奢侈品能够吸引特殊关注和提供最优质的服务。

● 指标 IALV. 12 “引发嫉妒”是指消费奢侈品的负面结果或影响。这包括挑战某一群体或社会的现状。

表 15—2　　附加价值（ALV）的测量指标

指标	相关驱动力
IALV. 1 社交场合中的保护功能	• 塑造理想形象 • 提供社会庇护
IALV. 2 提高社会地位	• 模仿较高社会阶层的规则 • 有助于人际关系 • 攀高结贵
IALV. 3 财富权力的象征	• 自身社会地位的提高意味着同辈社会地位的下降 • 拥有较强的经济实力

续前表

指标	相关驱动力
IALV. 4 专业和精致的象征	• 跨越消费障碍的能力 • 名人、皇室成员或知名专家同款
IALV. 5 增强自尊	• 增加自信和提升自尊
IALV. 6 增强吸引力	• 引人注目 • “使丑人好看些”
IALV. 7 有助于新的体验	• 逃脱每天单调的生活
IALV. 8 精明决策的象征	• 购买高品质的产品
IALV. 9 强调个体主义	• 在私人环境中购物 • 限量供应的产品 • 被认为独一无二
IALV. 10 顶级的待遇	• 象征性关系 • 一流的表现
IALV. 11 提供独特的体验	• 要求更多的关注和更优质的服务 • 一流的产品体验 • 个性化需求和偏好 • 非凡的购物体验
IALV. 12 引发嫉妒	• 潜在威胁某一群体或社会的平衡 • 挑战社会现状的认知

我们认为以上指标与奢侈品附加价值成正相关的关系，因此，指标的得分越高，奢侈品附加价值就越高，但是指标 IALV. 12 只有在奢侈品被广泛接受，并与社会价值保持一致时，才会和奢侈品附加价值正相关。

降低相互依存

之前，我们假设一些产出因素之间存在交互作用。因此，我们可以假定指标之间也是相互独立的。特别地，有四组因素会互相影响。我们将其进行分类如下：

第一，社会地位的肯定和财富权力的象征之间存在强烈的相关性，因为社会地位通常源于一定的财富和消费能力。

第二，精明的决策是拥有丰富专业知识和经验的消费者的本质属性。

第三，强调个人主义或独一无二、与众不同与愿意经历新体验高度相关，因为愿意经历新体验也会产生“唯一”的感觉。

第四，提供无与伦比的款待是提供最终体验的附属功能。

因此，我们提出以下综合的指标（combined indicators）来替代单个指标：

- 指标 IALV. C1 “社会地位的确认”包括提高社会地位和财富权力的象征。

- 指标 IALV. C2 “专业的象征”包括丰富的专业知识和经验（“专业和精致的象征”）以及高质量决定的象征（“精明决策的象征”）。

- 指标 IALV. C3 “独一无二的象征”包括强调个人主义，及因心态改变而容易接受新体验（“有助于新的体验”）。

- 指标 IALV. C4 “提供独特的体验”包括无与伦比的款待这一内容。

我们提出和总结了奢侈品附加价值的八个指标，包括：社交场合中的保护功能、社会地位的确认、专业的象征、增强自尊、增强吸引力、独一无二的象征、提供独特的体验和引发嫉妒。

构建奢侈品模型框架

奢侈品前因变量和奢侈品附加价值的指标构成了奢侈品总体框架，形成了图 15—1 的奢侈品模型。简单地说，奢侈品描述了奢侈品的投入因素和产出因素的作用。对产出因素的总体感知价值成就了奢侈品附加价值。

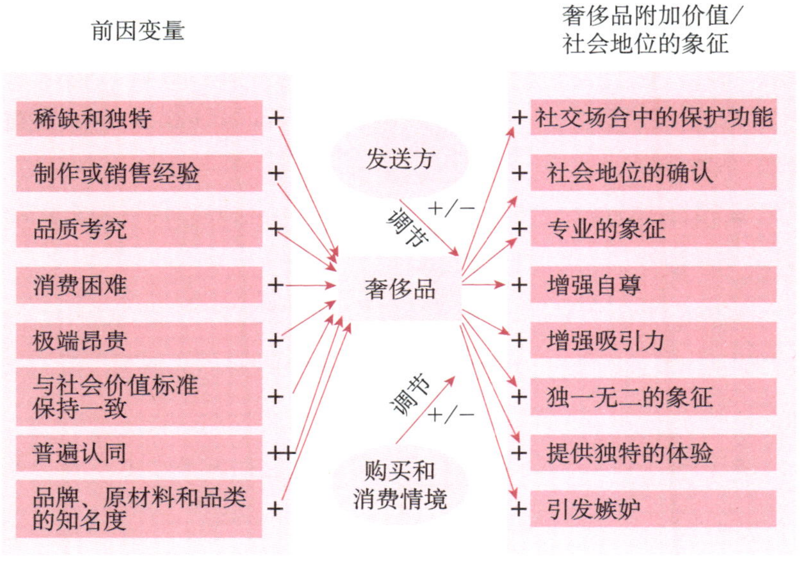

图 15—1 奢侈品模型

我们讨论了发送方以及购买和消费情境。为了保证发送信号的一致性，我们加入了发送方。购买和消费情境会影响发出信息的清晰度，比如，我们可以想象一下奢侈品进行折扣活动和摆在低档的商场的情形。又比如，一艘 15 米长的游艇停靠在几艘 50 米长的游艇中间，人们对这个 15 米长的游艇有不同的感知（变得小了）。

我们认为模型中所有指标都是正相关的。然而，“普遍认同”这一前因变量发挥着最重要的作用。这是因为在社会群体中，某一商品只有被普遍接受，才可能被群体中的大部分成员认可为奢侈品。

我们用来描述奢侈品的前因变量是一组无法通过直接测量得到的变量。也就是说，它们无法通过观察得到，需要借助一些额外的测量工具。例如“稀缺和独特”，在特定的种类中，某一品类是否依然会被归类为“稀缺和独特”取决于其所在的产品类别和个人观点。没有一个单一的尺度可以一致性地测量出“稀缺和独特”这一指标，因此，需要测量品类的相关子集。我们需要借助一些问题来测量，同时为了检验模型，我们对它们之间存在的相互关系进行确认。

在引言中提及的关于王恺的一则中国古代故事，简单地验证了我们所提出的模型。从奢侈品的产出因素来分析，根据我们之前的描述，红珊瑚是非常稀有和独特的品类，作为精致的自然产物，红珊瑚无法复制，得到红珊瑚也是一件非常不易的事情，它需要丰富的制作或销售经验。很明显，红珊瑚也是属于品质考究且消费困难的产品。“你喜欢这类产品你就会认为它是极其漂亮珍贵的”，如果不喜欢它的人就不可能进行消费和购买。这里所谓的“消费”是指在“赞美”的情况下。由于稀缺性，红珊瑚被认为是无价之宝。

由于在当时几乎所有的人都希望得到红珊瑚，我们认为拥有红珊瑚与社会价值标准保持一致，并且红珊瑚是当时被普遍认同的奢侈品。最为关键的是，其知名度很高。通过测量这些指标，我们认为红珊瑚的确属于奢侈品。文中“人人都想得到它”这句话肯定了这则故事中红珊瑚的奢侈属性。

从产出因素来看，这则故事至少表明了“社会地位的确认”(起初只有皇帝能够拥有红珊瑚，并且需要有一定的财富)、“专业的象征”(你需要懂得如何鉴赏它）以及增强“增强自尊”（王恺非常得意和骄傲）等信号。王恺认为，在同辈中他是唯一一位拥有如此巨大财富的人，因此拥有红珊瑚就象征着“我就是独一无二的”。因此，我们可以认为，红珊瑚能够提供独特的体验。我们也可以看到红珊瑚引发了一定程度上的嫉妒，这导致最终石崇(王恺的敌人）把它破坏。之后，石崇向人展示了他拥有大量的红珊瑚，这象征他的社会优势和社会地位，因此，他成为“更加伟大”的人物。作为奢侈品的拥有者，石崇通过展示他的财富，把王恺比了下去。

就投入因素和产出因素而言，我们提出的模型能够很好地解释这则中国故事。同样，该模型也可以解释随后的现象：奢侈品由于大众化和普遍化而失去了之前的光环。随着某一物品变得越来越大众化，比如，越来越不稀有，不再具有唯一性和特殊性，消费该物品变得简单了，不再有障碍，那么该物品可能会变得不再昂贵，可能每个人都能拥有——人们就不再认为其为奢侈品，因此，故事中提到“对它的定义也发生了彻头彻尾的改变”。所以需求从一个物品转移到下一个稀少、特殊、极其昂贵和难以购买的物品。

当然，我们的模型需要持续不断地进行检验，而不是仅用一则中国古代轶事来说明，但是这则故事作为一个案例，可以阐述这一模型对奢侈品的解释能力。

框架和模型的评估

“拥有一个 Lana Marks 包可以说明拥有者是一位极具品位并过着上等生活的国际化成熟女性，最为重要的是，她是一位在所从事的领域中最为杰出的女性。”（Lana Marks，*Pitsis*，2008-01-02）

我们通过实证研究检验了奢侈品框架和模型的结构及其内容。我们运用了一些统计方法来验证和证明我们的观点，参见表15—3。

表 15—3　论点的验证

指标	论点	验证方法
S1	奢侈品象征着地位	• 描述性分析 • 可靠性分析 • 回归分析
S2	奢侈品附加价值（ALV）对于奢侈品的重要程度远高于非奢侈品	• 描述性分析 • 可靠性分析 • 回归分析
S3	奢侈品信号能够调节	• 描述性分析 • 可靠性分析
S4	奢侈品和每一个奢侈品附加价值（ALV）的子构念都存在关系	• 相关分析 • 回归分析
S5	奢侈品模型中的投入和产出因素之间存在结构关系	• 相关分析 • 回归分析

续前表

指标	论点	验证方法
S6	尽管奢侈品附加价值和奢侈品之间存在紧密的关系，但是如果原始信号强烈和清楚，奢侈品附加价值就会被感知到	• 回归分析
S7	我们的研究在不同国家研究中都得到了结构上一致的结果	• 跨文化研究，描述性分析
S8	我们研究结果的一致性和连贯性不依赖于某一国家奢侈品消费的成熟程度	• 跨文化研究，描述性分析

修正并没有改变模型的核心部分，基础性的关系也没有因此改变，比如投入、产出和调节因素（见图 15—2）。

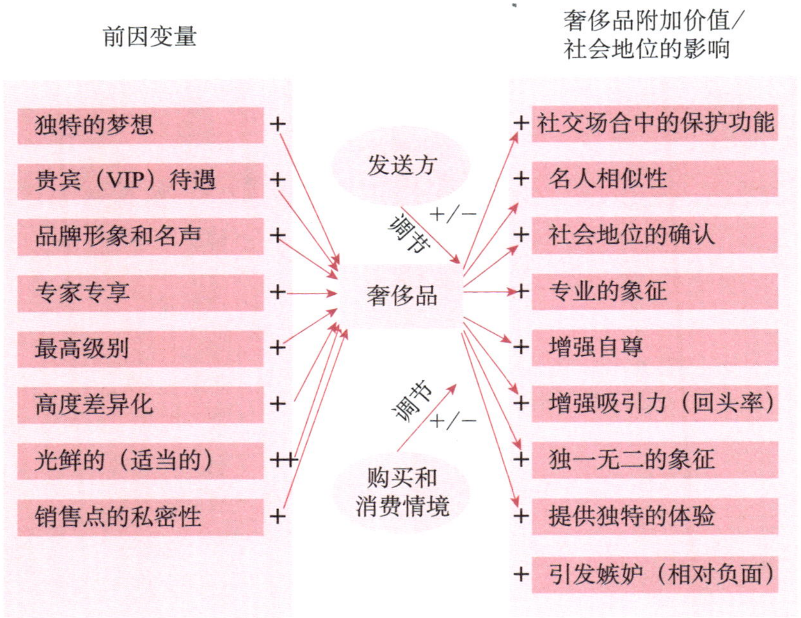

图 15—2　修正后的奢侈品模型

- 我们用因子分析替代最初提出的投入因素（前因变量），加强了奢侈品框架和模型，并且加入了情感这一维度。我们也考虑到以往隐藏的因素，比如“贵宾（VIP）待遇”和“销售点的私密性”。
- 我们保留了原始的产出因素，这是因为因子分析没有对奢侈品价值的组成成分提供更多的分析结果。唯一例外的是“名人相似性”这个因素，我们将这一因素列为奢侈品附加价值的组成部分。

奢侈品框架和模型充分解释奢侈品的能力得到了验证。这一模型是测量投入和产出的关系及总结品牌管理战略的有效工具。

奢侈品定义中的态度方面

“无关乎合适与否，而是关乎感觉。”（Lindner，2008）

奢侈品模型基于态度和考虑因素形成了奢侈品的新定义。相比于我们在第 5 章中对奢侈品的核心定义，基于态度的核心定义强调的是情绪维度，比如，梦想，也强调了心理因素和期望。

> 奢侈品是一个独特的梦想，而且这一梦想被品牌的形象和美誉驱动。在制作和销售上要求高度的专业化技能。奢侈品应具有一流的工艺，能被高度识别，并且应该是极其光鲜亮丽的，但是不要过度。它需要贵宾待遇和销售点的私密性。

以上定义描述了奢侈品，它与最初定义的区别在于其精确程度不同。最初的核心定义强调奢侈品附加价值，比如，将“独特体验”与“提升或巩固感知社会地位”相结合，基于态度的定义强调形成奢侈感知的前因变量，同时，包括品牌价值。

对于奢侈品管理者而言，主要启示在于通过适宜的奢侈品品牌管理来激发梦想。同样地，其他前因变量也需要合适的管理来引发对奢侈品附加价值的感知。

第16章

感知和地理差异

感　知

在欧洲（德国和法国）获得的模型和研究结果表明，奢侈品具有加强对与特定物品相关的人的感知的能力。

作为此次研究的一个例子，当一位女性身穿一件奢侈礼服时，人们对她的感知更加积极。特别是当穿着一件普通礼服（H&M）时，人们只能感知到她较为普通的特点，而一旦身着奢侈品（香奈儿），她就会突然被感知到个人优点。另一个例子是，一位女性开的不是一辆普通汽车（大众）而是豪华车（宾利），那么她的社会地位会显著提高——从我们的模型中可以观察到（见图16—1）。总之，当一个人拥有很多奢侈品时，人们会认为他的形象更好。

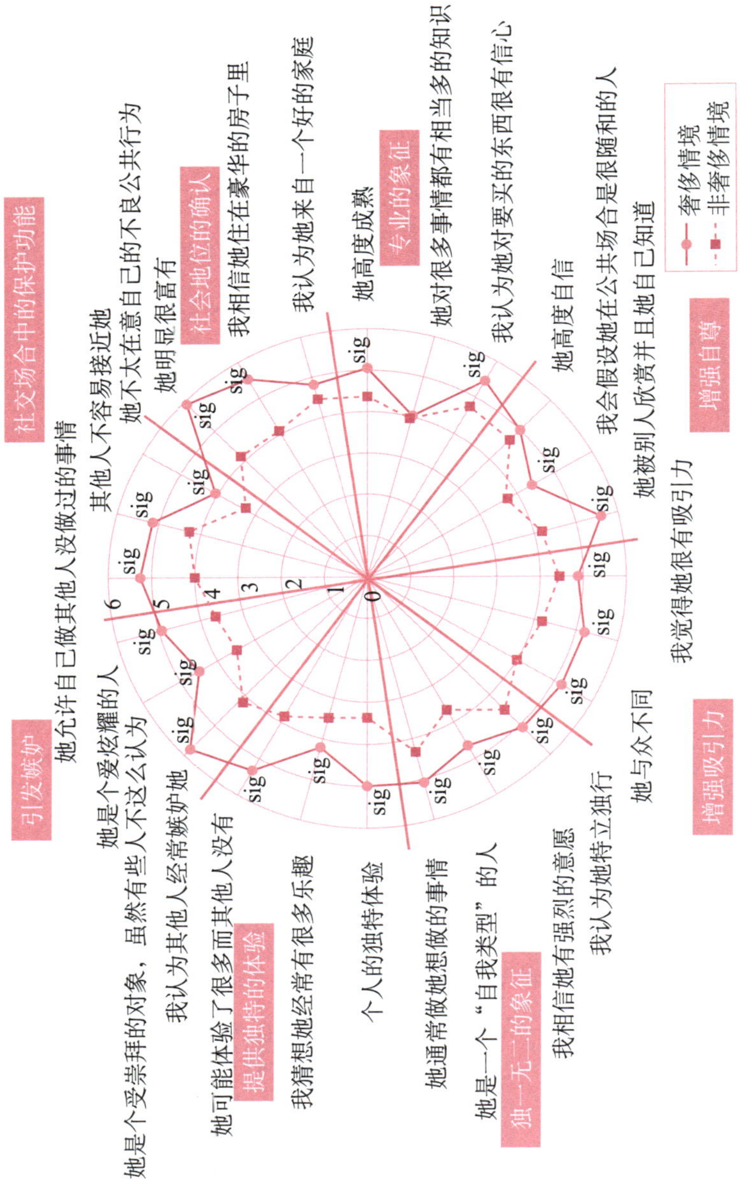

图 16—1　一位女性在奢侈品上的感知

该研究进一步表明，人们似乎对奢侈品信号、它的清晰度、强度和一致性非常敏感。让我们来看一个例子，一个人戴着百达翡丽腕表，研究人员对他进行观察和评估。评估这个人的奢侈品附加价值因素之后，参与研究者被告知这块表是假的。在重新评估后，我们发现，参与研究者对大多数因素的感知都明显下降(见图 16—2)。与此相反的例子就是增加更多的奢侈品，例如在私人飞机上一位女性身穿香奈儿的礼服，佩戴其他奢侈品，从而使得情境感知更加一致，产生的结果就是更强烈的感知到奢侈附加价值（ALV)。该研究模型的调节变量的测量是通过引入被研究者的附加信息（例如拥有假的手表）来进行的。

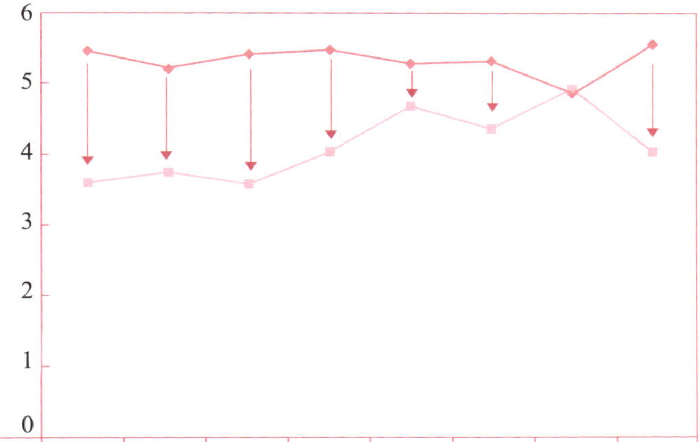

	社交场合中的保护功能	社会地位的确认	专业的象征	增强自尊	增强吸引力	独一无二的象征	提供独特的体验	引发嫉妒
原始数据	5.48	5.21	5.45	5.48	5.29	5.34	4.86	5.58
调节后数据	3.61	3.76	3.60	4.05	4.59	4.37	4.93	4.05
T检验（95%）	0.00	0.00	0.00	0.00	0.04	0.00	0.77	0.00

图 16—2　调节效应（赝品手表）

综上所述，一个单独预先定义的任何偏差都可能会导致对奢侈品信号解释的巨大变化。重新解释可能会影响一些奢侈品的产出指标，大幅降低或提高人们的评价标准。

这似乎证实了低调和秘密消费奢侈品的强度逐渐增加的趋势：如果人们过分炫耀或有不当的社会行为，他们可能无法达到预期的提升社会地位的效果。更糟糕的是，他们可能会明显减少对社会地位提高的期望。因此，奢侈品公司可以通过精心挑选的符合个人奢侈品消费的营销战略来提升奢侈品信号，避免人们减少对社会地位提高的期望。

地理差异又是如何呢

这些研究结果在不同国家和文化中适用吗？它们是否受限于不同的地理区域？从理论上没有任何迹象表明，在不同国家或文化中应用奢侈品模型会受到约束。我们采用了很多来自美国、欧洲和亚洲的观察、案例和研究结论来验证本书提出的奢侈品模型和相关的奢侈品驱动力。同时，我们也通过小样本跨文化研究在美国、日本和中国进行检验，以进一步证明该奢侈品模型不受文化差异的约束。

我们评估了奢侈品与非奢侈品平均分数的蜘蛛图以及原始情境与调节情境平均分数的蜘蛛图（见图 16—1）。核心假设是：如果奢侈品对不同国家的人都有相关的影响力，那么奢侈品附加价值在不同国家和文化中的感知应该可以进行比较。

德国、法国、美国、日本和中国在奢侈品消费市场演进方面成熟期有所不同。我们认为，具有相对较高的人均国内生产总值和高密度的奢侈品品牌与商店的德国、法国、美国和日本处于相当成熟的时期。相对而言，中国在总体上由于历史发展原因在奢侈品消费的经验上水平相对较低。然而，就奢侈品品牌的发展和产品的可得性两方面进行观察，中国正在迎头追赶，尤其是上海和北京这样的大城市。

尽管文化、奢侈品的成熟度与可能的品牌感知不同，但结果似乎是一致的。消极方面的检验并不能说明奢侈品模型在不同国家的运用存在任何约束。在研究中，奢侈环境产生了相当大的奢侈品附加价值，它的调节变量能够在所有国家以相同的方式影响奢侈品信号。

因此，无论是从理论还是跨文化研究角度，都有证据表明这个模型可以在不同国家应用，并且奢侈品附加价值在不同文化和地理范围会以相同的方式被消费者感知，但商品是否被感知为奢侈品会受到国家或社会中现有的品牌、品牌形象和评价标准影响。

结果广义化的注意事项

研究的结果是通过对个别情况进行测试而产生的。我们选择了一个能够以相对合理的方式测量奢侈品的测试设计。然而，该方法并不能提供绝对的证据，即结果对所有可能的情况都适用。事实上，我们发现有些子构念或变量可能在一种情况下与奢侈品有显著联系，而在另一种情况下，它们不会显著地增加奢侈品附加价值。虽然我们无法详细说明在所有情境下，奢侈品在理论上提供奢侈品附加价值的能力，但是理论和产生的效果之间不存在任何相反的迹象。在很多情况下，我们认为一个或更多的奢侈品附加价值因素可以通过奢侈品得到增强。完整的研究设计和结果可以在兰格（Langer，2008）的文章中查阅。

第17章

奢侈品品牌战略

“现今富人的最大挑战在于将他们自己与仅仅是个有钱人的形象区分开来。”（Robert Frank，Willis，*Globe and Mail*， 2007-12-07）

奢侈品利润管理关键战略

正如大前研一（1982，p. 12）所说：“分析是战略思考的关键开端……战略思考中首先需要清楚地了解当前环境中每一个元素的特性。然后，最大化利用人类的智慧重组这些元素，以实现利益最大化。”换句话说，战略始于对环境、自身能力、赢得胜利的可能性以及竞争者和消费者的评估，这关键的一步可以通过奢侈品类别评估实现。除此之外，还需要制定并实施一个长期行动计划，以实现可持续竞争优势。

结合研究结果，我们认为可持续竞争优势战略是指：相比于竞争对手，能够持续不断地创造出高消费者感知价值（也可参见图 14—1 奢侈品三角模型）。

$$消费者感知价值=\frac{奢侈品附加价值}{奢侈品溢价}$$

奢侈品可以通过满足人们的需要来实现人们的梦想和心愿。由于梦想和心愿是一个不断变化的目标，因此奢侈品品牌要保持长期的战略优势是较为困难的。为了在奢侈品行业中获取利润，实现成功，我们认为明确“做什么”与“不做什么”至关重要。

战略的出发点会因产业类型、产品类别或竞争对手的不同而产生差异，因此，本书所提出的战略并不绝对完善。我们的目标是提出关键性的战略。在奢侈品行业的总体背景下，我们提出“最佳方法”和“最适合”的战略。我们通过一些子战略和案例来阐述并证明这些战略。

我们提出了 6 大关键战略（见图 17—1），称其为奢侈品的 6 个“L”，英文表述如下：

- Link to consumer
- Leverage pricing
- Legend building
- Luster creation
- Link to values
- Leverage experiences

我们在表 17—1 中通过关键参数和相应的原理解释对这 6 个“L”进行了总结。

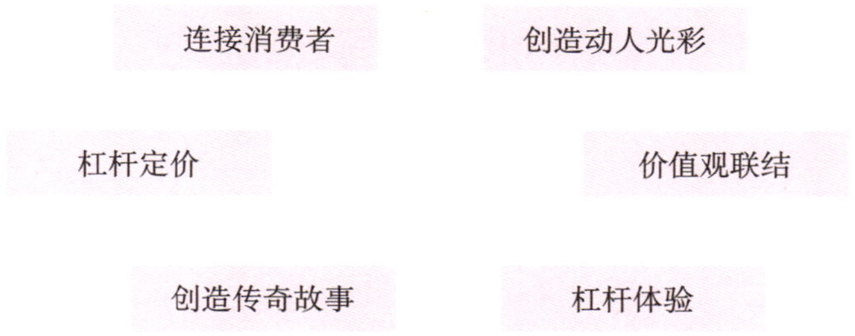

图 17—1　奢侈品的 6 个“L”——奢侈品管理的关键战略

表 17—1　　奢侈品的 6 个“L”——管理者的关键战略

战略和指导问题	关键参数	基本原理
• 连接消费者：最大化产品或服务的个性化 你能有多独一无二？	• 独一无二 • 极限 • 精致的服务 • 私密性和安全性 • 一生的关系 • 专属的会员身份	• 众多“最奢侈”品类中的顶层战略 • 奢侈品驱动力分析的关键方面 • 奢侈品模型的关键方面
• 杠杆定价：开发向上定价的潜力 价格多高才算高？	• 价格敏感 • 支付意愿 • 投资 • 减少社会压力	• 众多“最奢侈”品类中的顶层战略 • 奢侈品模型的关键方面
• 创造传奇故事：创造出最为独特的形象 你能有多传奇？	• 形象和意识 • 消费溢价 • 优越性 • 价值标准	• 众多“最奢侈”品类中的顶层战略 • 奢侈品驱动力分析的关键方面
• 创造动人光彩：销售的是一件艺术品 你能有多特殊？	• 关注每一个细节 • 高品质 • 成本管理	• 众多“最奢侈”品类中的顶层战略 • 奢侈品驱动力分析的关键方面

续前表

战略和指导问题	关键参数	基本原理
• 价值观联结：与社会价值标准和品牌 DNA（基因）保持一致 你能有多一致？	• 奢侈品可靠性 • 奢侈品有效性 • 社会兼容性 • 与价格定位一致 • 一致的产品组合	• 奢侈品模型的关键方面 • 可持续竞争优势的标准 • 奢侈品驱动力分析的关键方面
• 杠杆体验：惊喜的管理 你能有多有趣？	• 未曾有过的 • 创造梦想 • 终极体验 • 管理惊喜	• 众多"最奢侈"品类中的顶层战略 • 奢侈品驱动力分析的关键方面

"连接消费者"战略包括最大化消费者产品或服务的个性化，因此，即使在最极端的情况下，企业也要创造独一无二的产品。"杠杆定价"战略是指开发出某一奢侈品的增值潜能。换言之，从定价角度来说，这一战略涉及价格"多高才算高"的问题，追求利润的最大化。

我们提出的"创造传奇故事"对于奢侈品品牌至关重要，因此，这也成为奢侈品利润管理中的关键战略之一。"创造动人光彩"战略是指销售的物品能被感知为或实质上已是一件艺术品。

"价值观联结"战略是指与社会价值标准保持一致，也包括与奢侈品品牌 DNA（基因）保持一致。"杠杆体验"战略有助于保持消费者对奢侈品高水平的需求，包括进行惊喜管理。

这些战略吸收融合了奢侈品驱动力、奢侈品定价和奢侈品模型的相关内容。本书认为这些战略为提高奢侈品的可持续性和盈利性提供了坚实的理论框架。

连接消费者：最大化产品或服务的个性化

"你如何销售奢侈品？这一问题的答案很可能是，你卖的是非凡的和高度差别化的品位（想一想保罗·史密斯（Paul Smith）的高级成衣在玩具商店中出现以及 Murray Moss 的曼哈顿店）……然而，奢侈品品牌要进行类似的管理变得越来越困难，风险也越来越大。对某个人来说是一个非买不可的儿童机器人，对另一个人来说很可能是一件碰都不想碰的垃圾。"（Friedmann，*Financial Times*，2007-09-07）

"在增加销量的同时，维持公司的形象对于奢侈品制造商而言是一个巨大的挑战。如果一个产品变得太大众化，就失去了它的高贵和威望。"（Hammonds，*Pittsburgh Post-Gazette*，2007-09-14）

"即使是墓地，也存在奢侈品市场。位于加利福尼亚西南海岸城市圣巴巴拉市的圣巴巴拉墓地，为夫妻们提供俯瞰太平洋的埋葬位置。两个人可以在这样一个绝佳位置得以永生的价格是：83 000美元。"（Lindner，2008）

你能有多独一无二？产品的独特性、稀缺性和个性化与奢侈品感知存在一定程度的相关关系。一种产品越有个性、越独特，就越能创造出奢侈品附加价值：在品类评估中认真分析最为奢华的产品，它们都是非常稀少的，最极端的甚至只有一次接触机会。以女性奢侈内衣为例，只限量一件，这使得其价格比普通产品高出近 500 万倍。

这引发了我们进一步的思考："如果一个人拥有五辆布加迪威龙 Pur Sang 汽车，那么其中四辆的损坏会使得剩下的那一辆的价值高于之前五辆车的总价值。"这表明可以应用奢侈指数对汽车品类进行评估，结论是汽车品类有可能存在一个更加昂贵的等级。

进一步分析豪华汽车，除了布加迪威龙——该品牌的所有产品线都是限量版，其他奢侈品汽车基本上都默认不是限量版。相反地，奢侈汽车品牌通过降低价格和增加销售量的方式扩展大众化市场：宾利通过增产其欧陆（Continental）系列，不断报告其销售量的提升。梅赛德斯-奔驰的部分产品组合直接与大众品牌竞争。

2011年底，在戴姆勒（Daimler）执掌时期，迈巴赫（Maybach）品牌（奔驰公司超豪华车）终结，表明一个品牌必须注意一个已经存在的高价品牌与奢侈品品牌之间的距离。更确切地说，迈巴赫汽车与奔驰S级系列非常接近，它从来没有真正试图扭转“只是S级系列改装版”的评价。梅赛德斯尝试增加一些独特的科技或者设计新的车型，甚至希望通过Landaulet系列能够有所突破，然而最终证明，仅仅如此是不够的。毫无疑问，为那些不仅有钱而且对产品非常了解的顾客持续不断地提供有意义的、个性化的、独特的消费体验非常困难，特别是，迈巴赫对独特性没有给予高度重视。从这个角度来说，迈巴赫可以参考劳斯莱斯和宾利如何在高端市场中取得成功，同时，也要不断提高自身的技术水平。戴姆勒宣布，取代迈巴赫的S系列将为一些特定车型构建一个奢侈品平台——正如评论家们一直所强调的那样。

人们对于其他交通方式的需求在不断增加，比如购买价格超过1.5亿美元的私人游艇或者购买超过3亿美元的空中客车公司（Airbus）的A380巨型喷气式飞机。这一商业模式符合奢侈品原则而非大批量生产原则。相比于支付几乎是一辆最昂贵汽车的价格去购买一块奢侈手表或一部豪华手机，花钱在游艇或者私人飞机上似乎更加合情合理。富有和超级富有的人急剧增加，为更加专属、更加昂贵和更加与众不同的奢侈品等级的出现提供了潜在市场。

因此，航空公司应该重新思考其头等舱的商业模式。减少每一航班头等舱的座位，以及在更高价格上提供更加个性化的服务，可以显著增加其利润空间。理想中的头等舱应该具备以下特征：一个私人的舒适座舱、配有奢华床垫的独立床位、高端音响设备、等离子电视、个人独立照明设施、私人盥洗室、管家服务、私人健身设施等，以此创造出一个与其他乘客完全分离开来的私人空间。飞机上还需配有主厨，这样可以根据每位尊贵乘客的不同口味制作和调配美食。体贴周到的地接（比如，运送行李的人员）和运送服务（前往机场和机场内部）能够在很大程度上提高乘客的舒适度。考虑到经济舱和头等舱定价差别不显著，这样的服务只能为每一航班中一两位顾客提供，通过完全的个性化服务创造奢侈品附加价值，而其定价应该远远高于现在头等舱的价格。近来，新加坡航空的 A380 以及其他一些航空公司开始提供一些类似的特殊机舱，朝着这一方向迈出了重要一步。

在奢侈品市场中，能够创造出独一无二的、高度个性化的、一定程度私人化的、可能是数量有限的但具有极高安全性的产品或服务，是使得企业获得利润、拥有可持续竞争优势甚至获得市场主导地位的一个非常重要的战略。我们将这个差异点称为独特的奢侈品主张（unique luxury proposition，ULP），图 17—2 显示了这个概念的关键点。

价格是 ULP 的一个重要参数，高昂的价格使得产品或服务特殊化，并能提高人们的预期和体验，因此，绝对高昂的定价和高奢侈品指数应该包含在 ULP 内。最近加州理工学院的研究强调了这一点。该学院的研究者指出，如果某人被告知一瓶葡萄酒的价

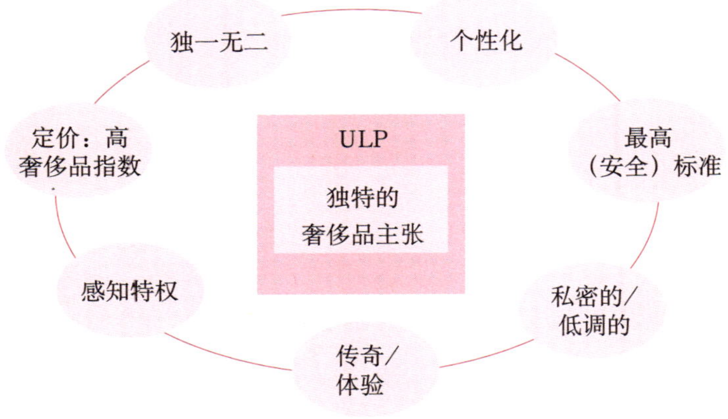

图 17—2　独特的奢侈品主张（ULP）

格相当昂贵，会提高其品酒时的享受程度（Westcott，2008）。

一个能为消费者提供个性化产品的品牌同样具有与消费者建立起长久消费关系的能力。手工制作鞋子的鞋匠、量身定制西服的裁缝，或者高级女士时装的裁缝师就是很好的例子，他们都能跟顾客建立长期甚至是一生的主顾关系。如果在某鞋匠处留下你的鞋码尺寸，由于个性化和便利性，你可能选择再次委托该鞋匠定制鞋子。因此，“独一无二”战略很好地避开了竞争，降低了价格敏感度并促进了忠诚。

本书之前进行的奢侈品驱动力分析中，消费障碍进一步强调了这一点，比如，具有一定的资格才能购买某产品。如果所有人都能购买某一特定品牌的产品，那么持有该品牌的特权就很有可能被削弱。如美国运通公司的黑色百夫长信用卡拥有者不会希望自己的身份地位降低——其他没有他们社会地位高的人也拥有这张卡。同样，俱乐部对于会员身份的严格要求是在制造进入障碍，以保证会员获得独一无二的体验。

杠杆定价：开发向上定价的潜力

“当然，一个昂贵的手提包能够大声说出拿着它的人是一个幸运的人。最有力的声音是什么？世上最昂贵。”（Prabhakar，2007b）

“如果你从未试过在2.48秒内从静止瞬间提速到60公里/小时，那么拥有一辆布加迪威龙能让你感觉自己是一个身家180万美元的纨绔子弟。”（Lindner，2008）

定价多高才算高？回答这一问题对于任何一位奢侈品品牌管理者而言都是至关重要的，因为这一点直接与利润挂钩。奢侈品创造出来的附加价值是该产品功能性价值的 100 倍、1 000 倍甚至 100 万倍。消费者支付意愿反映消费感知的产品总价值，对其进行评估具有决定性作用。图 17—3 显示了三种可能的定价情境：

- 情境一，价格偏低。毫无疑问，结果是缺乏盈利性，因为没有充分挖掘出奢侈品的盈利潜能。此外，定价偏低无法让消费者感知到奢侈品的奢华之感。如果某产品对于所有大众都是可得的，它就失去了“专属性”。正如普拉巴卡尔（Prabhakar，2007b）所说，最奢侈的产品暗示着只有所有者能够购买和拥有它。价格被低估的奢侈品会有失去奢侈品地位的风险，而且不能创造出足够的盈利，因此，这一战略无法持久。

- 情境二，价格“刚刚好”。这一情境中奢侈品的价格反映了产品的总价值，包括奢侈品附加价值。产品的盈利能力被完全开发，价格定位也与消费者价值感知保持一致。如果能很好地控制奢侈品生产成本，在市场参数不改变的情况下，可以持久维持这一战略。

● 情境三，价格过高。结果很可能是产品卖不出去，因为奢侈品附加价值太小以至于产品总体感知价值与价格无法相匹配。尽管相比于其他产品品类，奢侈品价格敏感度相对较低，但是超过总价值的定价方式从长期来看不可能持续。

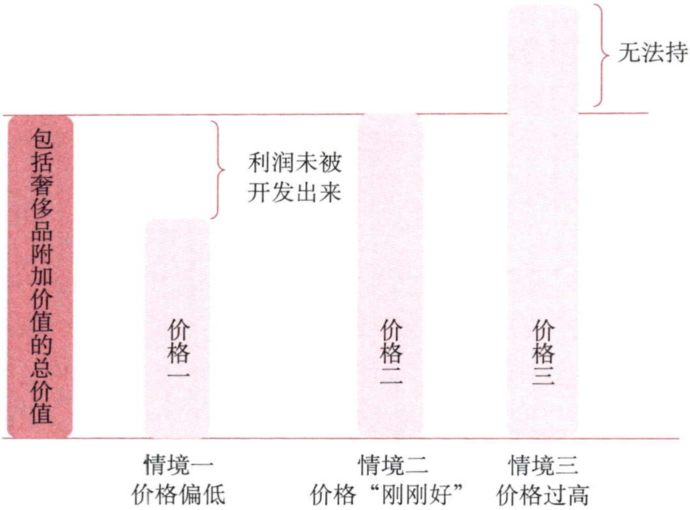

图 17—3　奢侈品定价情境

然而，若某一产品变得更加独特，那么支付意愿就很难测量了，特别是当产品是个人定制的而且是一次性的时候。联合测度法要求一个复杂的检测配置，这使得将其应用到每一个奢侈品消费者身上变得困难。因此，对于高级奢华品牌，需要通过定性方法研究支付意愿。比如，彻底了解目标消费者并逐渐探求最高价格。

顶级产品的管理者通常买不起他们所销售的产品，而且他们的生活层次与其客户之间存在一段距离，这成为一个制约因素。布加迪威龙的销售人员可能永远无法拥有一辆布加迪威龙，销售私人飞机空中客车 A380 的销售人员也是一样。

然而，深入了解目标消费者非常重要。时尚奢侈品品牌的营销经理需要了解客户的商业动态：奥斯卡明星什么时候需要一套晚礼服，以及如何让他们参加如“奥斯卡之夜”这类的活动？如果营销经理与客户过的生活完全不一样，他们很可能无法了解客户的情感所需，不能为客户提供价值。

获得关于支付意愿信息的战略和为正确定价而了解目标消费者的价格敏感度的战略有：

● 与目标群体成员进行合作。拥有几辆劳斯莱斯或阿斯顿·马丁的人很可能提供目标群体一些有价值的信息，包括支付意愿。

● 设置目标群体的“调查小组”。“调查小组”是指接近目标群体的小组，他们的任务是在一些活动、私人展览或其他场合积极地与目标群体成员打交道。在宾利集团就存在这样的小组，称为“宾利小子”，他们的任务是深入了解顾客，他们也需要展现和传递品牌价值。

● 吸引“品牌大使”。吸引那些了解目标群体并被其接受的人，这一战略类似于“调查小组”战略，他们的任务同样是与目标群体打交道，深刻了解并影响他们。

● 利用奢侈品的高层管理者的个人关系，因为对于奢侈品购买者而言，他们是具有吸引力的消费参照对象。这些个人关系有利于与目标群体建立联系，并提升其支付意愿。

● 密切监控市场。例如，通过案头研究和互联网筛选对事件进行分析。为社会顶级阶层服务的公司，需要随时关注现今市场上发生了什么，特别是在某一更加昂贵的新奢侈品品牌投放市场时。

● 推出一个非常昂贵的“诱饵”以测试消费者的购买意愿。这里所谓的“诱饵”旨在检测该品牌的价格潜力。相比于该品牌的其他产品，它在制作工艺以及性能上都处于最为高端的级别，因此它在定价上也应是极其高昂的。根据“诱饵”销售的难度，就可以知道消费者的支付意愿。

- 赞助一些对于关键客户非常重要的活动。这创造了与目标群体在非正式场合进行交流的机会，有利于制定定价策略，因为这种场合有利于了解目标群体的愿望、梦想和想法。阿斯顿·马丁就是通过赞助歌剧男高音普拉西多·多明戈（Placido Domingo）的音乐会接触关键客户的。阿斯顿·马丁的CEO乌尔里奇·贝兹（Ulrich Bez）说：“他给我打了个电话。当然，我邀请了‘一些顾客’参加他的音乐会。我为我的客户提供了他们用钱买不到的东西。这很好地融合在一起……除此之外，你还有什么更好的销售汽车的妙招呢?”

用来进行奢侈品品类分析的参数，能够作为顶层产品定价的进一步指标。奢侈品指数分析和中位数分析都能够说明一个价格点是否合适。同时，产品设计是否独特，价格是否代表奢侈品附加价值，对于定价都是需要进行评估的内容。

销售时点对于奢侈品定价也很重要。如果在一个非常正式的地点销售奢侈品，比如在潜在购买者的一间会议室里销售奢侈品，消费者倾向理性思考并降低支付意愿。

相反，如果在一家精致的餐厅举办的晚宴上销售，或在赛车道上销售，或在游艇上度过美好一天后于码头上销售，更多的情绪因素能够降低消费者对价格的敏感度，因此能增加消费者的支付意愿。

为了尽可能地实现高价格和减少社会压力，购买奢侈品被看作稳定的甚至是增值的投资，这在一定程度上有利于奢侈品定位。例如，前文提到过的几个例子，百达翡丽的广告，万宝龙的限量策略，江诗丹顿（Vacheron Constantin）打造一件艺术品的策略，宝华韦健的定期提价策略，都是实施此种战略的表现。

创造传奇故事：创造出最为独特的形象

“路易威登集团的营销总监彼得罗·贝卡利（Pietro Beccari）说，新的宣传活动‘描述戈尔巴乔夫’的目标在于增加品牌的吸引力，特别是在俄罗斯和中国这样的新兴市场。近几年，路易威登的广告宣传几乎一直集中在时尚产品线。这些广告主打女明星有詹妮弗·洛佩兹（Jennifer Lopez）、乌玛·瑟曼（Uma Thurman）和斯嘉丽·约翰逊（Scarlett Johansson）等……很多消费者可能仅看过广告，但对于品牌不那么闪光的历史传统，比如制作行李箱、手提箱和其他旅行相关产品，可能并不那么熟悉……因此，在新的宣传活动中，舍弃了珠光宝气。”（Pfanner，*International Herald Tribune*，2007-07-29）

你能有多传奇？一个奢侈品品牌应该具有传奇色彩，因为作为顶级产品应该是有故事的。现在，有很多类似的品牌例子：瑞士手表公司罗曼·杰罗姆（Romain Jerome）将出售一块锈迹斑斑、表盘满是划痕的手表，但这块手表上的污垢正表明它曾是泰坦尼克号的一部分，沉在大西洋海底几十年，直到在 20 世纪 90 年代中期被打捞上来。一块价值 23 050 美元的劳力士手表，表面由陨石的一小片制成，边框由白金镶嵌。24 800 美元能让你拥有一块由手表品牌沛纳海和汽车品牌法拉利共同制作的高级腕表，该手表为限量版，全球仅有 247 个人拥有。在这种价格范围内的其他手表仍然是一种谈资，并且经得住时间的考验（Willis，2007）。

一段传奇能够提高消费者对奢侈品或奢侈品品牌的定位。我们的品类分析表明，所有顶级的奢侈品品牌都拥有一段传奇。以下是一些相关策略：

● 关于工艺的传奇。需要数年的时间才能习得制作产品的主要技能。制作出一件新的产品需要数十载的努力。传奇故事的一个方面是强调制作个性化产品的能力及每一个细节。总之，所有这些努力让产品被认为是独一无二和很难复制的。

● 创造美丽和具有动人光彩的传奇，就像世界上最令人羡慕的人——电影明星和模特——在一生中只有一次的关键时刻，比如“奥斯卡之夜”。简而言之，独特的环境能够让产品变得更加特殊，并且增加品牌的魅力、曝光度和吸引力。

● 挑衅的、危险的和性感的传奇对于某些奢侈品品牌而言是有效的，比如，汤姆·福特时代的古驰创造出了逃离每天单调生活的品牌形象。第 10 章讨论了其优点和局限性。

● 严肃而有价值的传奇，比如路易威登将品牌与戈尔巴乔夫相连（见图 12—1）。名为“核心价值”的宣传活动旨在强调其制作工艺，而这一工艺为“严肃的”人和政治家所欣赏。

努力创造出的传奇故事要求对产品消费拥有一定的控制能力，即消费的溢价：一辆跑车需要私人跑道才能充分展现其价值，一套巴黎高级礼服需要穿着它的人严格控制饮食，一艘豪华私人游艇需要停泊处和具有驾驶证的船员。总而言之，因为这些产品很难被拥有和控制，所以就显得更加独特和无法得到。

● 个性的传奇。围绕创始人使命招揽一批拥趸者，或者通过让拥有产品的每位消费者都能彰显自己的个性来使品牌具象化。品牌故事可能是一位科学家的故事，如宝华韦健的创始人致力于追求完美的声音。类似地，哈雷-戴维森（Harley-Davidson）追求个人自由的态度与电影《逍遥骑士》（*Easy Rider*）一脉相承，创造了一个传奇。

● 基于品牌传统的传奇。根据不同的品牌历史进行创造，如飞行历史、旅行历史、游艇历史、运动历史、文明和艺术历史等。总之，将品牌与历史相连能够增加品牌的独特性和特殊性，使其很难复制。

● “现在就拥有未来”的传奇。特别是在进入一个新的领域，且该领域内没有具有历史或传奇的品牌时，这将是有趣的差异化策略。制造顶级全电动汽车的公司特斯拉（Tesla）在其广告中强调新的技术，这就使得该品牌与其他汽车品牌区分开来（Tesla，2013）。

● 体现优越性的传奇。正因为奢侈品意味着每个产品都是一流的，因此，创造出一个展现优越性的传奇或许是一个强有力的战略。执行该战略可以集中强调其功能上的绝对优势、优越的体验或者强调其高昂的价格。

● 通过最少地使用野生原材料，创造一个生态友好、尊重自然、保护野生动物的传奇。

就竞争战略而言，一则特殊的并且与目标消费者相关的故事是至关重要的。考虑到奢侈品对消费者的重要性，故事必须是真实的才能保证其可靠性和可持续性。

另外，创造出对这则故事或传奇的认知也很重要。比如，某建筑工程，包括一些高级别墅，会让某位名人先公开入住（免费或享受折扣)。一旦广为流传，其他人便会闻风而至，“成为名人的邻居”。

甚至一座城市也需要创造独特传奇，迪拜就是这样一个成功的案例：它正在修建世界上最大的人工岛，它拥有世界上最大的购物中心，是唯一一个拥有室内滑雪场、世界最高建筑物、世界最高最特别酒店的城市，并且它还拥有“伊丽莎白二世女王号”（Queen Elisabeth Ⅱ）豪华游轮。这一系列的“世界之最”使得该城市更加特殊，吸引着大量的奢侈品投资者和奢侈品游客。

如上所述，持续的品牌形象管理非常重要。这要求奢侈品管理者拥有使其品牌传奇永久流传的能力，通过出色的表现来不断加强品牌形象，并且时刻确保品牌是目标群体“梦想”的一部分。这是一个非常个性化的任务，依赖于每一个品牌的细微之处。奢侈品失败案例警示我们：如果不想成为与时尚不相干的品牌，那么奢侈品品牌永远不要依赖过去的业绩。

让我们再次分析迪拜的案例，如果突然其他的城市建造出更高的建筑，更不一样的、占地面积更大的酒店，甚至更加壮观的商业购物中心，那么绝对优势的传奇很快就会黯淡无光。因此，一个产品——这个例子中一个城市的形象——可能会失去其相关性和吸引力，进而失去其创造奢侈品附加价值的能力。

创造动人光彩：销售的是一件艺术品

“艺术品是‘莫斯科的百万富翁’交易会近来必有的展品，这反映了奢侈品消费者品位在不断演变，交易会的创办人荷兰人伊夫·吉拉特（Yves Gijrath）所举办的交易会在全球有众多会场。他说，‘通常交易会都始于汽车展销，之后有手表、时装，这是展示奢侈品的一个最早的平台。然后，艺术品出现在这个舞台上，现在你能够发现，人们对独特的艺术品越来越感兴趣。’甚至莫斯科奢侈品购物中心都成了艺术品的聚集地。”（Kishkovsky，*International Herald Tribune*，2007-11-29）

你能有多特别？在一定程度上，奢侈品意味着创造出特别的、区别于其他产品的特殊感受。艺术品为消费者提供了与众不同的感觉，因为艺术品是独一无二的。本书的奢侈品品类评估表明，基本上所有的顶级产品已经从基本的功能性产品蜕变成了艺术品，镶嵌着宝石，具有独特的工艺，真正的独一无二。

这一准则是奢侈品管理中的关键战略：让产品特殊到成为一件艺术品。比如，通过与艺术家和顶尖工匠合作，创造出一件艺术品。我们通过奢侈品驱动力分析来讨论一些案例和战略实施方法。

通过明确的独特的奢侈品主张（ULP）创造出奢侈品附加价值，能够提高奢侈品品牌的吸引力，这一战略需要非常精确的财务计划和商业计划，计划中包括资本成本、劳动力成本和材料成本等，这也意味着大量的研究和制作工作和支出。设想一下研制和检测 1 001 马力的布加迪威龙以及制作其原型所需的花费，这些投资需要从仅有的几辆车上赚回来。

综上所述，“一件艺术品”战略需要卓越的创新和工艺，相应地，这也意味着较高的制作成本。同样，限量生产的方式意味着生产的复杂性，并且需要大量净现金运作资本的支持。正如《经济学人》（*Economist*，2007）中强调的一样，奢侈品行业是资本高度集中的行业。

在图 17—4 中我们展示了奢侈品的利润关系：需要以盈利方式管理独特的奢侈品主张、成本、技能和复杂性来实现长期的可持续性。因此，奢侈品价值需要超过奢侈品制造成本。

这就强调了奢侈品的价格管理和成本管理两个相辅相成的方面，它们是奢侈品管理成功与否的关键。在一定程度上，价格管理决定了某一产品可以有多大程度的艺术性。一旦艺术品制作完成，就能开出相对或绝对的高价。

这一战略的核心是刺激现有消费者追求新款产品的欲望，类似于艺术品收藏。例如，在奢侈手表市场上销售作为收藏品的限

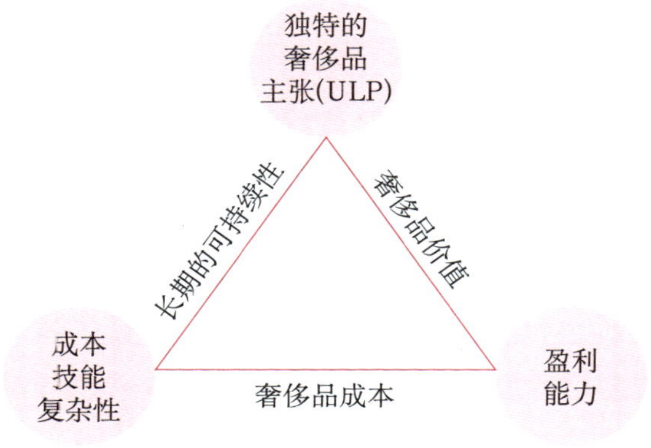

图 17—4　奢侈品的利润关系

量版手表，万宝龙推出作家限量版钢笔也是遵循这一原则，而兰博基尼雷文顿只售给已拥有一辆兰博基尼的顾客。执行这一战略，需要与消费者建立亲密的关系，深入了解他们的想法并提供相应的收藏品组合。除了建立良好的关系，要想了解顾客的想法并影响他们，可以考虑举办专属的大型活动。

2007 年，路易威登—酩悦轩尼诗集团（LVMH）旗下的时尚品牌芬迪（Fendi）在中国长城举办了史无前例的时装秀，经过筛选的 500 多位贵宾出席，其中很多是该品牌的潜在客户。迪尼（Deeny，2007）分析了该活动中的社交关系："除了这场秀以外，芬迪还举办了一系列的晚宴和酒会，增加参观北京珍珠市场和故宫，以及建在北京废弃工厂的中国当代艺术中心 798 的行程。时装秀之后，600 名贵宾品尝了唐培里侬香槟王，并在北京市中心一个高科技购物中心就餐。宴会期间杂技演员在一个五层楼高的仿罗马宫殿的建筑上表演杂技，并有著名女演员艾沙·阿基多（Asia Argento）和来自日本的时尚潮人长尾智明（Nigo）作为舞池的 DJ 进行打碟。"消费者被邀请参加这样一生只有一次的活动后，很可能保持对该品牌的忠诚，继续购买和收藏该品牌的其他产品。不仅如此，这样的场合也有利于深度了解目标群体的需要。

价值观联结：与社会价值标准和品牌DNA（基因）保持一致

“新加坡奢侈度假集团悦榕庄（Banyan Tree Holdings）通过一系列行动，从植树以抵消度假村运营和贵宾全球旅行产生的碳排放，到恢复珊瑚礁、人工饲养小绿海龟，让它们从幼年就有一个好的生长条件，为其顾客提供超乎想象的服务，让顾客在放松的同时，积极参与到保护环境的活动中。很多亚洲豪华度假村采取一些措施来展现其社会责任感和进行环境保护。代表性的措施包括：用环境友好型原材料建造度假村，用无毒的产品装饰房间，用可降解的材料制作可循环使用的容器。”

（Kolesnikov，*International Herald Tribune*，2007-06-04）

你能与社会价值和品牌 DNA 有多一致？我们研究发现，与两者保持一致是奢侈品长期利润管理的重要战略。

社会价值标准

对于某些品牌，有时候需要一些挑衅性的形象，比如古驰，然而，我们也发现，如果忽视社会主流趋势，会对消费者的奢侈品感知产生负面影响。鉴于消费者与奢侈品的象征性关系和对奢侈品的高涉入度，相比于普通商品，消费者在社会标准上对奢侈品有更高的要求。

如果奢侈品品牌宣称是环境友好型的，那么消费者会更加密切地关注该承诺的履行情况，品牌一旦不遵守承诺，消费者便会表现出更加负面的反应。因此，真实性是最为重要的。遵守承诺的战略有：

- 设置不遵守承诺的制裁标准。
- 规则清楚，鼓励产品开发商投入一定的资源以确保品牌与社会价值标准保持一致。例如，雷克萨斯为大部分生产线提供混合动力技术，因此能够确保自身是区别于其他汽车品牌的更加“绿色的选择”。如果消费者对于燃料效能的期望提高，那么这会成为雷克萨斯重要的竞争优势和独特的奢侈品主张的来源。
- 公开并积极地传递社会努力和成就。

品牌 DNA

同样地，品牌 DNA 也需要通过与消费者接触过程中的每个细节表现出来，比如，在电话、邮件和信件、产品手册、展览会、产品和原材料等方面，每个环节都要考虑到，即使是极其微小的细节也不能忽视。相应的管理战略有：

- 明确的高层管理的投入以及致力于追求和打造高品质的企业文化和企业形象。
- 明确的愿景和原则，公司内部保持良好的沟通，对未遵守的情况制定制裁标准。例如，拥有迪拜伯瓷酒店（Burj Al Arab Hotel，又名帆船酒店）的朱美拉酒店集团（Jumeirah）（2007）声明公司的愿景是：“我们酒店集团不仅秉承追求世界上最好的建筑物这一标准，而且将对其进行重新定义……酒店提供的是独特的旅行体验，对于我们即将进入的其他领域，无论是主题公园或是高等院校等，我们都郑重承诺，将一直秉承这一无可挑剔的标准。这就是我们的决定。现在，就等着您决定先从哪里开始参观……”

- 不同产品线和品类的产品都保持定价一致。如果某品牌在其品类中处于顶级位置，那么应该执行该定位策略。前面讨论过入门级产品与品牌 DNA 不一致的危险。奢侈品并不是在最低的价格上进行竞争，而是创造奢侈品附加价值，所有的内容都需要共同强调消费者对品牌的感知，而不是提供更便宜的入门级产品以折中质量和品牌价值。奢侈品品牌宁可为那些经济上无法完全承担奢侈品的消费者提供融资、租赁或拥有部分所有权的购买方式。
- 建立并发展良好的媒体关系和较好的公共关系。这有利于品牌在媒体面前维持较好的形象，并且有利于产品评价和性能检验。

产品组合管理与社会价值标准和品牌 DNA 的一致性：对 15 个奢侈品品牌的评估

品牌形象、价值标准和产品组合的一致性在奢侈品感知中发挥着重要作用。我们将重点关注 15 个奢侈品品牌的产品组合管理。关注的重点在于它们的产品线延伸和它们与品牌 DNA 的匹配，目标在于通过研究其产品组合管理总结并提取那些可以驱动奢侈品感知的战略。

根据以下三个参数对品牌进行分类：

- 奢侈品品牌产品线延伸是否过度？
- 它们是否仅仅是“不错的”延伸？
- 它们是否具有进一步延伸产品线的潜力？

产品品类的选择是基于主观判断进行的。我们想要覆盖的品牌包括已知的和具有象征性的奢侈品品牌，以及大多数人认为是奢侈品的品牌。评估标准来自到目前为止总结出的奢侈品各个方面的研究发现。研究结果和基本原理显示在表17—2中。

表17—2　　入选的奢侈品品牌评估

产品线过度延伸的奢侈品品牌	产品线延伸适度的奢侈品品牌	拥有产品线延伸潜力的奢侈品品牌
• 全球酒店联盟（Leading Hotels of the World） 风险：全球范围内快速扩张，不同的服务传统（比如，亚洲和欧洲）可能会威胁到其奢侈体验 • 梅赛德斯-奔驰 风险：过大的产品组合，包括一些入门级价格的车型，这可能导致其品牌体验不一致 • 古驰 风险：产品定价的不一致可能会削弱奢侈品信号，比如，手表和一些配饰的价格较	• 路易威登 优势：合理的定价和质量管理，没有入门级产品。对体验的精心管理（比如，商店、美学）。然而，就长期来看，奢侈品高曝光度可能会有风险 • 万宝龙 优势：所有产品在高价位延伸，包括手表和配饰。一直都是限量版并且与众不同，使得品牌令人关注，从长期来看能提升品牌形象 • 法拉利 优势：合理的品牌定位——一流性能的提供者。没有入门级。手表等配饰与奢侈品品牌沛纳海合作来保持其品牌形象的一致性 • 沃利游艇 优势：顶级工艺制造以及令	• 劳斯莱斯 潜力：基于其品牌历史传承，提供更多车型以展现劳斯莱斯不同的驾驶体验：豪华敞篷车、豪华跑车 • 爱马仕 潜力：像路易威登一样进一步扩张产品线，保持顶尖的制作工艺、质量控制和价格水平 • 威图 潜力：通过提供手机邮件服务、手机网络和其他移动服务，延伸“奢华通信”设备产品线，维持其时

续前表

产品线过度延伸的奢侈品品牌	产品线延伸适度的奢侈品品牌	拥有产品线延伸潜力的奢侈品品牌
低或者中等，然而时尚产品相对比较昂贵 • 阿玛尼 风险：一些子产品线价格不一致，从极度奢侈的服装到高价的大众产品（AX 产品线），不同质量的巨大产品组合会削减品牌的奢侈品信号	人兴奋的设计，从帆船游艇到电机游艇都是高端定价	尚定位、顶尖材料和制作工艺以及价格 • 雷克萨斯 潜力：延伸雷克萨斯极致舒适和富有科技感的品牌形象，比如商务车和轿跑车

在我们的评估中最有问题的品牌，可能是那些在某一个或几个具有决定性影响的奢侈品维度上，与提供一流的表现或一流的体验标准不一致的品牌。这些品牌很可能与其品牌 DNA 不一致。因此，我们认为，保持一致性对于管理清晰的奢侈品信号至关重要。

例如，梅赛德斯-奔驰为消费者提供各种不同的车型，从为大众市场大量提供的小型入门级车型到相当特别的 S 级系列。显然，平衡大批量和独特性非常具有挑战性，在大部分情况下无法实现。

小型车产品线延伸可能有利于品牌渗透以及获得更加年轻的目标群体，特别是不太可能购买大型轿车的消费群体。然而，为大量不同的消费者服务、制定不同价格点的战略会造成品牌形象不一致，削弱品牌的奢侈感知。

梅赛德斯品牌的口号“唯有最好”（The best or nothing）可

以视为对高质量、专业技术和制作工艺的重视，旨在强化品牌形象。类似地，传承了梅赛德斯“鸥翼门”（Gullwing）300SL传统的SLS超级汽车有利于进一步凸显其独特性的形象。

全球酒店联盟拥有超过400家独立的豪华酒店，该酒店集团产品组合的风险也较为明显。在全球拥有复杂的区域性品牌，很难确保杰出的服务质量，然而，这却是该集团向消费者所承诺的：“全球酒店联盟为极少数的消费者提供服务，提供顶级服务是我们一贯的标准”（Leading Hotels of the World，2007）。

本书的一位作者前往西班牙入住一家5星级高尔夫酒店时，感受到的却跟该酒店所宣称的高档酒店形象恰好相反，基本上，对酒店员工服务的感知都是负面的，所有的毫无奢华之感。整体服务体验糟糕到不得不向管理人员和酒店经理投诉。之后，他向全球酒店联盟总部发邮件投诉。超过四周后，投诉才得到处理，总部把所有糟糕的服务体验和服务延迟都归结为一次不幸的偶然事件，而且强调，这主要是因为该集团复杂的产品组合和产品扩张使得服务体验难以得到管理，所以影响顾客对奢华的感知是不足为奇的。

如果产品线延伸与奢侈品信号一致并且维持品牌的独特性，那么进行产品线延伸是没有问题的。尽管路易威登的产品组合宽泛而且不断改变，但它仍然是将品牌一致性控制得最为合理的品牌。路易威登所有的产品都在其品类中定价最高，非凡的制作工艺和设计能力都体现了路易威登独有的外观和感觉。然而，路易威登的产品随处可见这一点可能会对其奢侈品感知构成威胁。对于很多消费者来说，路易威登是最为典型的奢侈品品牌，它的设计是最为特别的和世界闻名的。同样，万宝龙在遵守一致性原则的前提下，近年开始了跨品类的品牌延伸。

法拉利对其产品组合的管理也十分小心谨慎。迄今为止，法拉利没有一款入门级的车型，所有车型都是独有的并且高性能的。法拉利最近尝试运用自身的设计和材料，与其他奢侈品品牌合作推出一系列衍生产品，比如，与沛纳海合作推出手表，与威图合作推出手机。

沃利将其在设计和性能方面的工艺从帆船游艇转向电机游艇，其目标都是顶级奢华的产品。它的旗舰项目是 99 米长的“巨型游艇-沃利岛”（giga-yacht）（沃利，2008），这艘游艇适合配备一个家庭影院、一个 SPA 馆、一个土耳其浴室，甚至包括一个带有花园的游泳池。

在我们的评估中，令人担忧的是阿玛尼品牌，它在不同产品线上提供不同质量和价格水平的产品。从阿玛尼 AX 品牌到价格相对可承受的手表再到量身定制的顶尖产品线，阿玛尼形成了过度延伸的产品线。在远离其时尚定位核心的品类中，新的产品线延伸有必要对品牌是否传递了奢华体验进行确认，比如，阿玛尼水疗馆和阿玛尼酒店。至今为止，阿玛尼正在保持或努力成为全球最为成功的奢侈品时尚品牌。然而，从长远看，由于消费者对阿玛尼有不同的认识，可能会稀释对其品牌的奢侈感知。同样，古驰也设有不同的价格水平，从价格较低的饰品和手表（有些手表价格甚至低于 350 美元）到极其昂贵的手袋和时尚产品，其价格水平差异过大。因此，古驰所采用的战略对品牌一致性和品牌感知构成了威胁。

正如前文所讨论的，像劳斯莱斯这样的品牌拥有进一步延伸产品线的潜能，哪怕它并不需要。其较为理想的产品线延伸是推出更加高价、超级奢华、拥有令人赞叹的设计且限量的车型，如跑车或者豪华敞篷车。我们的评估发现，劳斯莱斯与品牌传统完美契合并且具有可继续挖掘的奢侈品潜能。

因此，我们认为劳斯莱斯发布较小车型和较为便宜的幽灵(Rolls-Royce Ghost）系列是一个可能危及其豪华感知的战略。然而，由于幽灵系列的价格可能将大多数消费者挡在门外，因此劳斯莱斯维持了一些专属性，但是更加具有专属性的劳斯莱斯幻影系列的消费者可能不会购买幽灵系列，以避免由于幽灵系列销售的增加，造成劳斯莱斯在大街上随处可见的情景。

图 17—5 展现了奢侈品品牌生命周期中的增长陷阱：第一阶段，奢侈品品牌聚焦在高度独特的产品上，该阶段的特点是产品销售数量少但每件产品都具有高盈利性。第二阶段，奢侈品品牌进行一致的产品线延伸，增加销量，这一阶段由于产品组合更为复杂，每件产品的盈利性可能会降低。第三阶段，不一致的产品线延伸，导致产品销售数量快速增加并且每件产品的盈利极速下滑。如果在这一阶段奢侈品品牌没有采取应对措施，那么就有可能造成奢侈感知的降低（第四阶段）。一旦奢侈感知降低，为企业带来最高利润的消费者将流失掉，他们转而寻找更为特殊的奢侈品品牌。由于顶尖产品销售量减少，每一件产品的盈利会明显降低。另外，由于失去品牌吸引力，中层消费者也会渐渐离开，这将导致产品销量和利润呈螺旋式下降。

奢侈品品牌产品线延伸的合适宽度是多少？本书认为，只要能够清晰地进行奢侈品信号管理，并且品牌专属性能够通过定价策略或其他设置购买障碍的方式维持住，奢侈品品牌还是可以进行适当延伸的。其挑战在于在高度一致性的基础上平衡其广度、工艺以及独特的性能和体验。随时关注产品与品牌 DNA 的一致性，打造独特的奢侈品主张也是极为重要的。在控制品牌独特性的同时增加产品销售量，要求奢侈品品牌管理者进行极其细致和

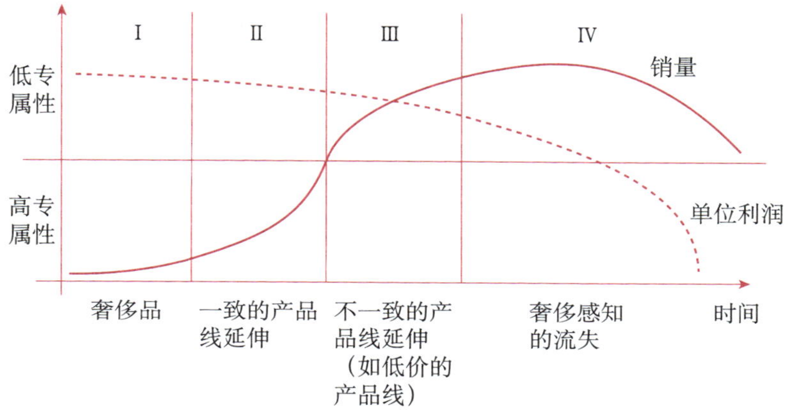

图 17—5　奢侈品生命周期——增长陷阱

巧妙的管理。塔尖上的奢侈品顾客能够支付得起任何产品，并且不会购买那些所有人都有的品牌或者在定位上不一致的品牌。

杜博（DuBow，2008）对此进行了总结："很多公司如古驰、拉尔夫·劳伦、爱马仕、普拉达和路易威登—酩悦轩尼诗集团公开表示，2007 年度的收益大部分来源于国外购物者、一时冲动的房主或者第三张信用卡都已经刷爆的白领们。如果我是其中任何一家公司的管理者，我会觉得这是一件糟糕的事情……赚取的这些利润是以疏远或牺牲顶尖客户为代价的……顶尖顾客不会愿意被视为普通大众的。"

宾利的发言人回应了关于运动型多功能车（SUV）未来发展的问题："SUV 并不是宾利的风格，这一车型与我们的产品线不符，与我们的品牌传统也不一致。我们的车都拥有一段传奇的历史，这对我们才是最为重要的"（Hammonds，2007）。尽管如此，SUV 市场的吸引力似乎不可抗拒。几年以后，宾利在一些汽车展览会上展示其概念车车型后，开始着手推出 SUV。

我们认为在匹配体验、历史传统和质量管理上即使是微小的失误，都有可能对奢侈品品牌价值造成难以弥补的冲击。

图 17—6 表明奢侈品品牌的产品组合战略可以从以下角度进行分析：高端策略，对增值产品制定较高的价格，名贵手表和顶级汽车品牌通过高价格限量发售实践并验证了这一策略。路易威登执行产品差异化策略，但在差异化的同时保持定位一致。一致的互补性产品组合可以以服务的方式提供，如可以为跑车提供跑道上的驾驶训练。入门级产品是奢侈品品牌管理的惯常做法，然而，这一做法对传递清晰的奢侈品信号的风险最大。

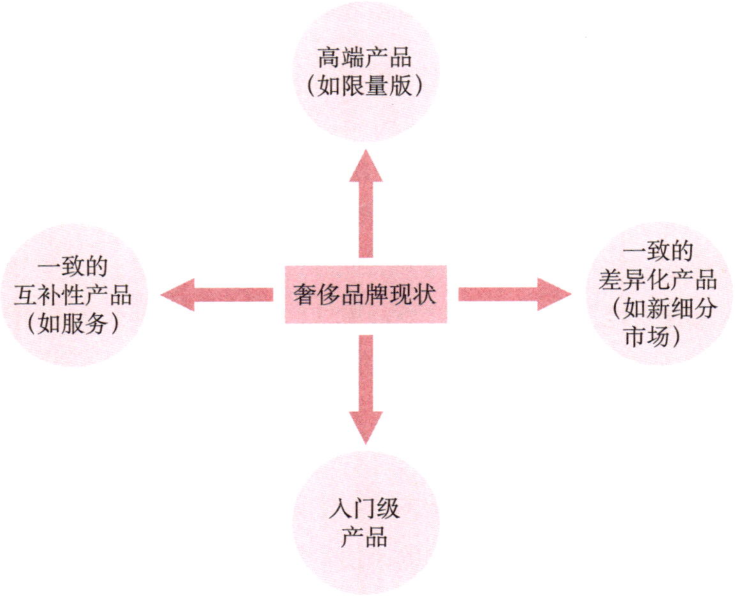

图 17—6　奢侈品战略——产品组合管理

在市场中属于挑战者的品牌想要成为奢侈品品牌，就需要遵循这些策略，并且谨慎地管理奢侈品信号，因为挑战者品牌还没有清晰明确的奢侈品信号，在建立品牌时任何一个错误都可能摧毁消费者对该品牌已有的感知。

如果奢侈品品牌在社会价值标准或品牌 DNA 的管理上出现失误，即使是偶然发生，我们都会怀疑这个品牌能否在奢侈品行业中为自己打造一个可持续的市场平台，至少很难在奢侈品的目标消费群体中重新构建信任和品牌价值。因此，无论从成本还是收益来看，这两个维度都直接与品牌盈利挂钩。

杠杆体验：惊喜管理

“答案在于创造惊喜。”（古驰集团所有者皮诺（Pinault）对如何销售奢侈品的回答，Friedmann，*Financial Times*，2007-09-07）

你能多有趣？谈及奢侈品，应该是非常有趣的。奢侈品驱动力分析和奢侈品品类分析都表明惊喜是奢侈品非常重要的一个方面。惊喜可以通过意想不到的表现、极致和未曾有过的体验以及实现梦想的方式来制造。

大部分人在走进帆船酒店的大堂时，都会被它的设计、建筑风格、原材料和灯光效果所震撼。那些首次体验过劳斯莱斯幻影系列的人一定会惊叹，一辆车竟然有如此舒适的驾驶感。音乐迷在亲身观看了一场世界一流的爵士音乐会后，会被如此自然的音乐创作震惊和感动。

因此，对惊喜的管理是奢侈品营销中一个重要的战略。什么能让消费者感到惊喜，这需要奢侈品公司精心安排。策略包括：

- 深度分析和理解竞争。如果某奢侈品品牌尝试在其他品牌表现得更好的方面创造惊喜，那么一定不会成功。

● 在体验、专业性和顾客期望方面，分析并深度了解消费者。一个豪华跑车品牌试图为某酋长创造惊喜，那么这个品牌首先应该了解该酋长是否拥有私人跑道，有几辆法拉利或兰博基尼——这意味着他在跑车方面是不是行家。如果他拥有这些，那就很难在汽车的性能上得到惊喜。惊喜因素应该转为为他提供观看世界一级方程式（Formula 1，F1）比赛的旅行，他可以在后台遇见明星或者可以在 F1 专家的指导下驾驶一辆专业 F1 赛车。再比如，对那些一个月要到世界上几个地方出差，而且只住顶级酒店的商务人士来说，让他们感到惊喜的很可能是具有个人特点的被套或枕头，或者存着自己所爱的酒水的免费小酒吧，而不是标准化铺设的床品，也不是事先选好的他喜欢的电影 DVD，更不是标准的付费电视服务。

● 为独特的奢侈品主张（ULP）制定一个清晰的“通行证”或者规则手册，规定品牌需要在哪些维度上传递优质体验。另外，设置关键绩效指标（key performance indicator，KPI），测量品牌已有 ULP 的绩效。

● 重复的惊喜通常无法制造出惊喜之感，因此，奢侈品管理的关键是要制定一套创造性的流程，新的想法和极致体验在该流程中不断被创造出来。这包括将“惊喜管理”和“呵护梦想”融合进企业文化、晋升和奖励体系中。一个公司在这个方面表现卓越，它便很可能拥有可持续的竞争优势。

● 要与品牌 DNA 保持一致，敢于提供不寻常或差异化的服务和产品。拉彭科夫（Lapenkova，2007）描述了俄罗斯的百万富翁们对于不同寻常体验的需求，从直升机滑雪，到像成吉思汗一样骑在马背上在戈壁沙漠中穿行，更夸张的还有花费 7 000 英镑当一天乞丐。

惊喜管理同样可以在收入和成本方面提供可用金钱进行衡量的启示，因此，它对奢侈品销售利润有直接影响，但是奢侈品消费者越有经验，这一任务就变得越困难。

让世界上最富有的人感到惊喜，绝对是一个利润可观的战略，因为富翁们所支付的高昂价格完全可以弥补创造奢侈品附加价值的成本。当世界首富打电话想要购买一次独一无二的体验时，奢侈品经理应该想方设法成为接电话的那个。

第18章

奢侈品发展与挑战

“只要人们在意的是品质，那么价格就会被抛诸脑后。”（Guccio Gucci 在古驰经典广告中的话，*Time Style and Design*，2004）

“我们不断提升每个品牌所实施的策略，这样一来，我们入门级价格的产品将会更受欢迎……这的确有一点自相矛盾，但它确实是奢侈品品牌必须经历的成长之路。”（François-Henri Pinault——古驰的所有者，Forden，*International Herald Tribune*，2006-12-06）

“看看几年前巴宝莉发生的事情，每个青少年和游手好闲的人身上都是标志性的格子服饰，通常是廉价的棒球帽或围巾，说得更精确一点，并不是高端货。这使得巴宝莉想要吸引的富人们对巴宝莉不再感兴趣。那些拥有白金卡的人会想：为什么要花数千美元买一件跟其他人身上的格子花纹一样的裙子或外套？（如今登录巴宝莉的官方网站，你看到的不全都是格子，仅供参考。）”（DuBow，2008）

奢侈品到底是什么？一开始我们会以为，奢侈品一定要昂贵、专属、稀少以及特别，它是一个让生活变得更美好的梦想：特别体验和感官享受，能够对消费者进行区分，但这也意味着在购买和使用上需要下一定的功夫。所有的这些观点在本书中都得到了一一验证。在前面部分，本书揭示了奢侈品隐藏的方面：奢侈品是一个用来博取回头率以及让我们变得更加具有吸引力的工具，一个社会层面上的保护伞和庇护所，一个用来传递自身专业性的工具，一个提升自尊和自我认知的来源，一个让人改变旧有思维模式并尝试新体验的工具。奢侈品使人感觉自己像个明星。这些方面已经被界定为奢侈品消费的关键结果变量，它们可以反映人们购买奢侈品的理由：奢侈品帮助定义个体在社会中的位置，同时扮演着社会群体标志和标杆的角色。如果有人一生当中在奢侈品方面进行了相当大的投资，那么高端产品对他来说将是非常重要的。作为奢侈品信号加工产物的奢侈品附加价值，能够解释奢侈品对个人的这种重要性。

总体说来，我们以前所未有的、综合且详尽的方式来解读奢侈品，梳理奢侈品最新研究和相关话题，并佐以大量案例。本书的研究发现既可以帮助研究者，也可以让实践管理者对奢侈品的方方面面有更深入的理解。奢侈品遵循独特的规则，正如一幅画里的红色一样，它就是红色，与对这幅画的喜好无关。不管人们在多大程度上热爱或厌恶奢侈品，都无法否认奢侈品具有的属性和影响。本书向大家展示了：对于大多数人而言，奢侈品都是重要的，因为它满足了人们的需求。

我们为奢侈品管理者提供了有关奢侈品的知识：奢侈品的定义、核心概念、奢侈品驱动力的集合、前因和结果变量的结构性关系以及奢侈品定价。相比于其他产品，奢侈品在经济萧条时期显得更稳定：人们对奢侈品的价格敏感度更低，支付意愿更高。相比于非奢侈品，人们对奢侈品的忠诚度更高。

与市场上的大众产品显著不同的是，奢侈品管理需要非常特殊且详细的市场营销策略。然而，许多迹象显示，并不是所有的奢侈品品牌都能正确地执行“奢侈品策略”。这在评估奢侈品品牌的产品组合管理及理解奢侈品产品的生命周期时尤为明显。

我们的研究表明，所有产品品类都有开发出奢侈品的潜力。为了实现这一点，我们提出了一个易于实施的奢侈品品类评估和基准化分析方法，即把奢侈品指数作为奢侈品管理的一个新工具。基准化分析的一个结果就是，不同品类的奢侈品指数差别巨大，这说明奢侈品指数低的品类开发出奢侈品的潜力不可估量。

怎样利用这些未开发的潜力呢？我们设计出管理奢侈品的六大核心战略（简称奢侈品的 6 个“L”），其中包括独特的奢侈品主张。同时，我们着重强调了有关盈利能力的策略以及可能采取的措施。最后，我们介绍了一系列管理奢侈品的案例及其潜在的风险、局限和不足。

综上所述，本书为管理者更好地生产和持续管理奢侈品提供了一套全面且便捷的工具。

奢侈品在中国市场的未来发展方向

由于全球经济萧条，奢侈品销售收入出现严重下滑。在全球范围内的奢侈品市场呈现下滑趋势的同时，中国的奢侈品消费也出现颓势。部分奢侈品品牌在中国的店铺关闭，中国消费者在本土的消费减少，这些都说明中国奢侈品市场的下降趋势。然而，财富品质研究院（Fortune Character Institute）的报告指出，中国的奢侈品消费额在2014年仍占全球奢侈品消费额的46%。这种情况的产生一部分是由于中国奢侈品消费者的消费行为有所改变。中国消费者的奢侈品消费约有76%是海外消费。根据贝恩公司（2016）的报告，中国消费者2014年在海外购买奢侈品的趋势有所增强，主要的购买地为韩国和日本，购买的品类主要为化妆品，其次是皮具、手表和珠宝，购买比例占到中国本土消费的近50%。2015年中国消费者在国外购买的趋势仍在继续，国际旅游的增加以及中国消费者对于海外购物的信任刺激了海外消费。该公司对约1 500名消费者进行了调查，发现中国消费者海外购物偏好有所转变，消费者越来越偏好奢侈豪华的旅游和体验。2015年总体而言，海外奢侈品购买增长近10%，韩国、欧洲和澳大利亚成为受欢迎的购买目的地。

根据《中国实时报》(*China Realtime*，2015)，中国的消费者正在成为世界上奢侈品最大的消费力量，其中绝大多数的购买发生在海外。虽然这对于在中国本土成立品牌店的奢侈品品牌来说是个坏消息，但也不全是坏事。这种情况意味着中国消费者的行为变得越来越复杂，同时他们能够选择更好的消费方式。中国的消费者愈发青睐海外奢侈品的价格和良好的服务。对于富裕人士来说，在海外购买奢侈品比在国内购买更加便宜、可靠和令人愉快。

我们认为无论何时，只要市场交易和奢侈品品牌出现减少或负增长，所谓的专家或评论家通常都会指出这就是奢侈品即将面临的厄运。许多人认为奢侈品是一种流行时尚，其重要性会逐渐下降或消失。中国的奢侈品市场也出现相同的趋势。但中国奢侈品市场在危机之后很快会出现转机。有趣的是，消费人群从单纯地炫耀奢侈品质量的购买者发展为更多元化、知识丰富和成熟的购买者（Jing Daily，2016）。他们将奢侈品视为可以展现他们个性的方式，因此很少在线购买，很少在国外购买或选择小精品店中的品牌。“为什么闪耀的奢侈品没有在中国的市场消失”，这是精日传媒（Jing Daily，2016，online）选择用来描述危机之后现状的标题。《纽约时报》(*The New York Times*，2016）提出了类似的观点：“更加年轻和成熟的一代消费者有着明显不同的品位、愿望和消费习惯，这些正在重塑中国的奢侈品市场。教育、旅行和精通科技使他们成为新的目标市场。”消费者的品位和期望正在转变，对此品牌需要很长的时间来适应。有些管理者可以很好地进行管理，一些品牌在市场萎缩时不一定会受到沉重打击。很多不符合消费者预期的品牌将自己的缺点归咎于外部不利的市场条件。我们强烈反对这一观点。相反，我们需要反复强调，奢侈不是一个简单的概念，而是难以捉摸的，很少有品牌和管理者能够对其进行适当的管理。因此，在市场中，我们经常看到品牌的整合和管理十分不好的现象。在市场增长时期，品牌管理者通常会变得过于急进，往往扩展到更多“负担得起”的细分市场，削弱品牌主张。

外部冲击（例如，21 世纪初的互联网泡沫、2008 年的全球金融危机等）迫使消费者重新专注于真正提供奢侈品附加价值的品牌，而不是只关注品牌的知名度。如果一个奢侈品品牌严格遵循本书中概述的原则，并以适当的方式管理品牌定位和组合，在外部冲击和契约市场条件下受到损失的可能性就会减小。最终，奢侈品要为消费者创造一个独特的体验并且影响他们的认知，这就是为什么消费者愿意支付高昂的价格，管理良好的品牌会影响他们。在中国奢侈品市场下滑的形势下，这些因素现比以往任何时候都重要。

奢侈品品牌想要在中国取得成功，必须回归其核心主张和目的，为愿意花钱的消费者提供特殊的价值。这些品牌还需要倾听现今的奢侈品消费者，这些消费者的期望容易改变，他们更加了解潮流，知识更加渊博，知道如何区分品牌和辨别真正的奢侈品。奢侈品品牌需要对消费者行为过程有一个基本了解，从消费者决定购买的那一刻起，直到他们获得了产品。他们在做什么？他们在哪里购物？他们在哪里查找信息？

随着电子商务在中国日益普及，奢侈品品牌需要了解这种趋势，并为消费者提供足够的服务。万国表开始在微信上进行销售，让更多城市周边的人接触到该品牌 。有别于传统网站，万国表在网站上提供了更多的互动营销平台（Internet Retailer, 2016)。与此同时，万国表的推广采用数字广告来跟消费者进行沟通。

数字广告

根据麦肯锡的研究报告（2014)，约 3/4 的奢侈品消费者的数码设备已经具有十分强大的功能。数百万中国消费者在选择奢侈品、决定购买地点或者购买价格之前会使用电脑、平板电脑或移动电话来获取品牌或产品的相关信息。报告也显示，消费者行为的改变和信息技术的改变一样迅速。在线体验会在一定程度上影响线下的购买决策，因此许多奢侈品公司也采用 O2O（online to offline）商务模式。2013 年数字广告（digital advertising）直接产生了超过13%的线下奢侈品消费，同时影响了28%的销售量。单一的线上消费呈现双倍增长，约占总消费的4%。

网上购买奢侈品的趋势同时带来了商机和风险。在合适的阶段给予消费者正确信息和经验的品牌将赢得增长的机会，获得较大的市场份额，不能与客户的网络行为和偏好保持一致的品牌将可能受到损失，一些令消费者不满的行为和在线体验会使品牌价值受到较大影响。麦肯锡的报告（2014）中提到，数字化或网络化并不像建设一个好的网站或者推送更多的消费信息那样简单。企业的数字化投资要与其独特的品牌和产品类别相结合，这样才能够产生更好的效果，创造更高的品牌价值。此外，数字化的知识共享和数据挖掘会使公司内部受益。我们也需要注意到，大多数的消费者可能仍然不愿意在网上购买奢侈品，但是他们会将网上得到的信息与零售商提供的信息相比较，网上的经验会影响消费者怎样选择零售商。然而，也有一些奢侈品品牌一直坚持传统的奢侈品观念，仍然取得了不错的成绩，但是这并不能说明消费者的数字化行为趋势和数字化销售的增长是可以忽视的。

《奢侈品日报》（*Luxury Daily*，2015）指出，奢侈品品牌应该注意到富裕人士的数字化行为。根据统计，在进行奢侈品购买之前，富裕人士往往浏览相关的网上信息，且90%以上的富裕人士在社交媒体上十分活跃。消费者的数字化行为趋势以及电子商务销售的逐渐增长都在提醒奢侈品品牌需要增加在数字化方面的投资。每个奢侈品品牌的数字化战略都是不同的，但是它们有一些共同的特性，这些特性包括一个强大的移动网络平台、社会化媒体和谨慎挑选的度量指标。奢侈品品牌的数字化营销的主要任务是建立一个与消费者进行互动的环境，使消费者产生独一无二的体验，从而促使消费者产生购买意向。奢侈品品牌必须根据消费者的行为模式来进行营销匹配，与消费者建立长久的关系，充分发挥数字营销和广告的创造性，使消费者在购买产品之前能够对品牌有全方位的、独特的理解和体验。

中国奢侈品的潜力和挑战

《纽约时报》在2016年的一篇报道中指出，尽管中国经济增长放缓、对于送礼的严格限制和走势较弱的货币趋势制约了奢侈品市场的发展，但是全球奢侈品品牌在中国市场的投资并没有减少很多。大多数品牌认为中国作为最大的市场仍然有很大的潜力。年轻的消费者有着不同的消费模式、欲望和消费习惯，这些都在影响着中国的奢侈品市场。受到良好教育、经常旅行和精通科技的人们成为新的目标消费者。

在十年前，中国大多数消费者只知道两种酒类（红酒和白酒），他们对于奢侈品的需求刚刚开始。由于经济原因，在许多地方市场上仿冒品盛行。有些人认为中国的奢侈品市场十分有限，然而他们错了。现今，中国消费者市场几乎占据了全球奢侈品市场一半的份额，并且每个细分市场都有中国消费者的份额。过去中国消费者将奢侈品视为身份和地位的象征，现在消费者更多地享受购买奢侈品的过程。

无论我们如何去定义奢侈品，中国的消费者正在一定程度上影响着奢侈品消费发展的方向。很多富有人士认为品牌标识不再是主要的驱动因素，小众高端品牌和定制产品正在成为新的驱动力。中国的消费者变得更加全球化。高端时尚零售商连卡佛（Lane Crawford）总裁安德鲁·肯思（Andrew Keith）指出，现在连卡佛的大多数消费者为年龄在25～35岁之间的女性，女士服装是中国增长最快的市场，占整体销售额的50%。现在的消费者更加自信，他们对于生活方式有更多的了解，因此奢侈品不仅与购买有关，更是一种体验的过程。不久之前，中国香港是奢侈品购买的首选地区，现在东京和欧洲逐渐成为新的购买目的地，其中汇率因素起到了一定作用。同时，在中国的大中型城市，连卡佛将线上体验和线下体验相结合，以此来获得更大的销售增长。在线上消费的消费者为连卡佛带来了销售额的大幅度增长。

此外，我们需要注意到，不是所有中国消费者的奢侈品消费都发生在海外。其中，代购业务占据了一定的市场份额。法国巴黎银行于2015年6月发布的行业报告提到，中国奢侈品的需求在很大程度上受到汇率和与其他国家的价格差的影响。很大一部分中国消费者在海外进行消费（通过旅行的方式直接购买或通过代购网站间接购买）。

近期，中国出台了更加严格的边境政策来遏制代购活动，同时也在尽量减小中国与其他国家之间的价格差距。价格差距在一定程度上会破坏客户对品牌的信任。中国的移动电子商务发展迅速，从而增加了新的营销角度和模式。中国本土的奢侈品品牌目前的市场份额仍然很小，其中包括上海滩和周大福，但是它们正在增长。安德鲁·肯思也提到新一代的中国消费者不断接触到新的知识，因此中国是一个值得长期开发的市场。

精日传媒（2016）的一篇文章提出，中国奢侈品市场可能会受到反腐败和消费者的偏好不断变化的影响，那些“闪闪发光”的奢侈品可能不再受欢迎，但是在中国的一些二三线城市，我们仍然可以找到很多古驰、路易威登和爱马仕的店铺。该文章对10 000名中国消费者的调查显示，中国奢侈品市场日趋多元化，消费者的偏好也更加广泛。中国的奢侈品消费者的偏好是十分复杂的，部分消费者注重引领潮流的设计，厌恶炫耀性的消费，但并不是所有的消费者都拒绝炫耀和排场。在中国的奢侈品消费者中，厌恶炫耀的精英消费者只占23%，预计到2020年只占20%，这些消费者是市场新的财富来源。与之相对的是传统的品牌驱动型消费者，他们将购买奢侈品作为炫耀生活的一种方式并且很少关注产品的质量。该文章还指出，中国的消费者不只有这两种类型，奢侈品品牌也要关注另外三种类型的消费者，即对奢侈品好奇的人、持有怀疑态度的人和新出现的奢侈品消费者。除此之外，消费者不会一直处于同一个类别中，他们会不断获得关于品牌的知识并改变自己的喜好，经过消费者生命周期的不同阶段，更多地选择电子商务和海外购物以获得在国内难买到的产品。对于奢侈品来说，关键是要确保在中国的营销战略考虑到所有的潜在客户，并且能够识别日益多样化和不断变化的消费者喜好。

面对中国奢侈品市场下滑的现状，奢侈品公司采取不同的应对战略。《星岛日报》（2016）的报道称，普拉达的中期纯利润达到5年来的最低点，普拉达集团的战略市场总监称他们将会推出更多价格在1 200～1 400欧元之间的“亲民款”手袋，并将地区间的差价缩小至10%，同时加快发展电子商务，计划在2年内将电子商务的规模翻倍。普拉达计划增加线上产品，主要是鞋类，同时倾向于采用O2O商业模式，将线上的客户吸引到实体店铺进行选购，考虑停止服装产品的线上销售，并与一些国际电商合作。在线下实体店铺方面，该集团计划对零售网络进行优化，关闭或缩小一些店铺。该集团表示会保持现有的经营成本，但是不会减少广告支出，还会在社交媒体方面投入更多的资源。对于普拉达中期纯利较低的问题，集团董事长仍然对2016年下半年的表现持乐观态度。相关报告显示，普拉达的高利润地区，例如中国香港和澳门的市场表现有所下降。奢侈品行业处在转型之中，正在等待更好的市场时机。除普拉达之外，全球奢侈品品牌路易威登 2016 年一季度的整体销售增幅放缓至 4%，销售额也低于预期。面对这种情况，路易威登集团公司表示，巴黎恐怖袭击的影响持续冲击欧洲旅游业的发展，同时亚洲部分只有日本保持增长趋势，这导致区内市场发展不均衡。

2016 年 3 月 23 日，意大利豪华汽车制造商玛莎拉蒂（Maserati）为了应对中国奢侈品市场下滑的情况，在天猫上开设了网上旗舰店。玛莎拉蒂在天猫网上销售了全球首款 SUV（sport utility vehicle，运动型多功能车），在中国大陆的首发价为人民币 99.98 万元，远低于以往的产品定价。这款 SUV 的销售十分火爆，仅在 18 秒之内，100 辆车销售一空。空前的销售速度让公司的管理者感到吃惊。玛莎拉蒂公司的中国销售总监指出，中国的消费者普遍比较年轻。据统计，旗舰车型的客户平均年龄为 38 岁，而中国销售的首款售价低于百万元的车，客户的平均年龄仅为 32 岁。在阿里巴巴上购买车辆的顾客有 73%是“80 后”和“90 后”，消费者普遍年轻化。玛莎拉蒂的应对战略反映出奢侈品品牌可以通过价格调整与利用网络平台来刺激消费。从表 18—1 中可以看到玛莎拉蒂参与到奢侈品在中国的数字化进程。

表 18—1　　奢侈品品牌在中国的数字化进程

品牌	种类	进入方式	时间
菲拉格慕（Salvatore Ferragamo）	时尚	在走秀网（Xiu.com）上建立店铺	2012 年
万宝龙	时尚	建立中文电子商务网站	2014 年
巴宝莉	时尚	建立天猫（Tmall.com）商店	2014 年 4 月

续前表

品牌	种类	进入方式	时间
卡地亚（Cartier）	手表、珠宝	建立中文电子商务网站	2015 年 10 月
托德斯（Tod's）	鞋类	建立京东（JD.com）商店	2015 年 8 月
泰格豪雅（TAG Heuer）	手表	建立京东（JD.com）商店	2015 年 9 月
轩尼诗（Hennessy）	酒类	建立京东（JD.com）商店	2016 年 1 月
玛莎拉蒂	车	建立天猫（Tmall.com）商店	2016 年 3 月

资料来源：中国 500 强，Topguide500.com，2016。

美国权威电子商务杂志《互联网零售商》（*Internet Retailer*）的一份报告提出，消费者可以通过移动设备来购买奢侈品。例如，消费者可以通过万国表的微信（WeChat）商店用手机购买 30 款手表。如果消费者想要访问微信商店，首先要关注万国表的微信账户，然后点击账户中的商店链接。消费者现在可以购买 30 款手表，其中包括葡萄牙（Portugieser）系列和柏涛菲诺（Portfolio）系列，购买后七天内可以收到商品。万国表表示微信商店是其在中国的唯一授权渠道。万国表不会在官方网站或阿里巴巴的天猫商城进行销售。万国表不是第一个在微信上进行销售的国外品牌。意大利服装品牌 Yoox 也在网上商店销售，它在 2014 年开设了微信商店来打开中国市场。奢侈品品牌已经意识到电子商务是销售增长的驱动因素。微信由于其交互性的特征超过网站和其他应用程序成为一个有力的沟通工具。2015 年微信的月活跃用户超过 6.97 亿，同比增长 39%。根据微信的数据，约 4 亿用户已经使用支付功能进行网上消费和转账。品牌管理者也意识到了微信庞大的用户群带来的营销机会。超过 800 万家公司开通了微信官方账号，并通过微信与消费者建立联系，这也说明奢侈品品牌在宣传和销售方面可以考虑从网络平台扩展到移动手机应用平台。

未来研究方向

本书提供了一个有关奢侈品的综合框架，包括定义、结构模型、子构念等，这大大促进了研究的拓展。该框架在跨文化的定量研究中也被证明是可靠有效的。

对于接下来的研究，我们建议聚焦以下几个方面：

- 进一步细化和评估奢侈品信号及其调节变量。
- 进一步细化倒金字塔模型，比如，研究不同市场细分消费群体的消费模式。
- 进一步研究奢侈品的价格敏感度，比如，对“奢侈品入门者”和“奢侈品行家”进行对比。
- 用更大的样本对奢侈品模型的稳定性进行跨文化检验。
- 扩展评估和基准化分析奢侈品品类的参数。
- 利用大数据来更清楚地了解奢侈品消费者的行为和模式。
- 网络与移动平台的设计和应用研究。

我们揭示了奢侈品是一个极其复杂又具有吸引力的话题，它在市场上的持续成功依赖于对正确策略的深入理解和认真选择。奢侈品也许很华丽，给人增添美感；奢侈品似乎在向人们宣称“我是独一无二的”，会由于自身的卓越品质获得某种程度上的永恒；它既鼓舞人心又极具诱惑；它代表的是一个独特的梦想。

奢侈品总是在变化之中。今天的奢侈品能够吸引全球各地的消费者，但如果缺乏适当的管理，它可能会变得普通，最终不再被认为是奢侈品。同时，高端客户会对下一个具有排他性和地位保护作用的商品产生很大的欲望，其他人会很快跟上他们的步伐。为了强调奢侈品的吸引力，我们引用沃拉萨朗（Vorasarun，2007）的话作总结，“当一个人能够以亿万富翁的身份出席聚会，谁还想扮成摇滚明星?”这就是奢侈品，这就是一切有关奢侈品的欲望。

参考文献

20ltd.com (2012), Company Homage. www.20ltd.com, Aug 15, 2012

Alba, Joseph W. and J. Wesley Hutchinson (1987), "Dimensions of Consumer Expertise", *Journal of Consumer Research*, 13:4, 411–454

Alderman, Liz (Nov 29, 2007), "In Russian luxury market, companies strategize to reach the rich consumer", *International Herald Tribune*, Internet edition

Aloisson (2007), Company Homepage, www.aloisson.com, Oct 28, 2007

Atlanta dBusinessNews (Apr 15, 2007), "Porsche Named Top Prestigious Luxury Automobile Brand for 2007", Internet edition

Arain, Fauzia (Jan 3, 2008), "Living the lux life", *Chicago Tribune*, Internet edition

Autobild (2005), "Jaguar X-Type: Nur ein feinerer Mondeo?", 29/2005, Aug 8, 2005, Internet edition

Autobild (2012), "Radikal-Roadster mit 700 PS", Mar 5, 2012, Internet edition

Autoblog.com (2007), "Dyno Dino: Baby Ferrari test mule spotted", Jul 11, 2007, Internet edition

Babej, Marc E. and Tim Pollak (2006), "Making 'Exclusive' Exclusive Again", *Forbes,* Aug 9, 2006, Internet edition

Bass, Shermakaye (Sep 17, 2007), "Luxury as world increases its star power", *International Herald Tribune*, Internet edition

Basu, Amiya, Tridib Mazumdar and S. P. Raj (2003), "Indirect Network Externality Effects on Product Attributes", *Marketing Science* 22, 209–221

BBC (2010), "India's Ambani hosts party for 'world's priciest home'", Nov 27, 2010, Internet edition

BBC (2012), "China luxury sales 'driven by the ultra rich'", Jun 6, 2012, Internet edition

Belk, Russell W. (1985), "Materialism: Trait Aspects of Living in the Material World", *Journal of Consumer Research* 12:3, 265–280

Belk, Russell W. (1988), "Possessions and the Extended Self", *Journal of Consumer Research,* 15:2 139–168

Belk, Russell W., Gueliz Ger and Soren Askegaard (2003), "The Fire of Desire: A Multisited Inquiry into Consumer Passion", *Journal of Consumer Research* 30, 326–351

Bentley (2007), Company Homepage, www.bentleymotors.com, Sep 22, 2007

Bentley (2012), Company Homepage, www.bentleymotors.com, Aug 24, 2012

Beverland, Michael B. (2004), "An Exploration of the Luxury Wine Trade", *International Journal of Wine Marketing,* 16:3, 14–28

Bijan (2012), Company Homepages, www.bijan.com, www.bijanfragrances.com, Aug 22, 2007

Blanks, Tim, "Die Zukunft des Shoppings hat begonnen: 'Sugoku ii, Armani-san'", *GQ,* Germany, Jan 2008, 188–197

BlingH20 (2012), Company Homepage, www.blingh2o.com, Aug 25, 2012

Boston Common (2012), "9 Gigts in a Bottle", www.bostoncommon-magazine, Internet edition

Bowers & Wilkins (2012), Company Homepage, www.bowers-wilkins.com, Jul 30, 2012

Breguet (2012), Company Homepage, www.breguet.com, Aug 15, 2012

Bristol (2007), Company Homepage, www.bristolcars.co.uk, Nov 4, 2007

Brothers, Caroline (Oct 21–22, 2006): "The precise smell of success", *International Herald Tribune*, 12

Bugatti (2007), Company Homepage, www.bugatti.com, Nov 4, 2007

Business Insider (May 7, 2012), "The 11 Most Expensive Watches Ever Sold", www.businessinsider.com, Internet edition

Businesswire (May 7, 2004), "'New' Luxury Paradigm Shifts to Experience, Says Pam Danziger of Unity Marketing; Old Luxury is about the 'Thing;' New Luxury is the 'Experience'", Internet edition

Capgemini and RBC Wealth Management (2012), "Global High Net Worth Population Increases Slightly as Their Investable Wealth Declines, Finds World Wealth Report", Press Release on *Capgemini.com*, published Jun 19, 2012

Cartier (2006), Company Homepage, www.cartier.com, Oct 22, 2006

Carvajal, Doreen (Sep 30, 2006), "A relentless hunt for the next deal", *International Herald Tribune*, 13

Chien, Yung-Hsin, Edward L. George, Leigh McAlister (2001), "Measuring a Brand's Tendency to be Included in High Value Baskets", *Marketing Letters* 12:4, 287–298

Crossland, Philip and Faye I. Smith (2002), "Value Creation in Fine Arts: A System Dynamics Model of inverse Demand and Information Cascades", *Strategic Management Journal* 23, 417–434

Dabkowski, Colin (Apr 22, 2004), "Research claims standards of beauty based on evolutionary ideals", *Dailyorange.com*, Internet edition

Deeny, Godfrey (Dec 16, 2007), "The Fendi show you could see from space",

Independent Newspaper Ireland, Internet edition
Delap, Leanne (Oct 27, 2007), "Secret Luxury", *Globe and Mail*, Internet edition
DeMatio, Joe and Georg Kacher (2005): "Porsche Cayman S", *Automobile*, Aug 2005, Internet edition
de Mooij, Marieke, Geert Hofstede (2002), "Convergence and divergence in consumer behavior: implications for international retailing", *Journal of Retailing* 78, 61–69
Dhar, Ravi and Klaus Wertenbroch (2000), "Consumer Choice between Hedonic and Utilitarian Goods", *Journal of Marketing Research* 37, 60–71
Dubois, Bernard and Patrick Duquesne (1993), "The Market for Luxury Goods: Income versus Culture", *European Journal of Marketing* 27,1, 35–44
Dubois, Bernard, Gilles Laurent and Sandor Czellar (2001), "Consumer rapport to luxury: Analyzing complex and ambivalent attitudes, » *Les Cahiers de Recherche 736, Groupe HEC, 56 pages*
Dubois, Bernard, Sandor Czellar and Gilles Laurent (2005), "Consumer Segments Based on Attitudes Toward Luxury: Empirical Evidence from Twenty Countries", *Marketing Letters,* 16:2, 115–128
DuBow, Charles (2008), "The Return of Exclusivity", *BusinessWeek*, February 2008, Internet Edition
Emling, Shelley (Apr 5, 2007), "Fractional Ownership comes to yachting", *International Herald Tribune*, Internet Edition
Encyclopaedia Britannica (2006), www.britannica.com/eb/article-34256, Sep 17, 2006, Internet edition
Encyclopaedia Britannica (2008a), www.britannica.com, Merriam-Webster Collegiate Dictionary and Online Thesaurus, Jan 2, 2008, Internet edition
Encyclopaedia Britannica (2008b), www.britannica.com/eb/article-9068459, Jan 2, 2008, Internet edition
Ferrari (2006), Company Homepage, www.ferrariworld.com, Oct 22, 2006
Forden, Sara Gay: "Luxury-goods makers pursue the richest of the rich", *International Herald Tribune,* Internet edition
Foroohar, Rana (2007), "Luxury Goes Undercover: The best things in life aren't necessarily flashy objects but discreet, meaningful experiences", *Newsweek*, Jul 2, 2007, 46–51
Foulkes, Nick (2007): "For Whatever It's Worth: Luxury companies are always finding ways to get consumers to spend more", *Newsweek*, Jul 2, 2007, 81
Friedmann, Vanessa (Sep 7, 2007), "What Luxury means now", *Financial Times*, Internet edition
Galbraith, Robert (Jun 28, 2006), "New maxim for global luxury brands: Grow and diversify", *International Herald Tribune*, 12
Gentleman, Amelia (Oct 26, 2006), "The flashy cars of a maharajah for modern times", *International Herald Tribune*, 24
Gisquet, Vanessa (2005), "Most Expensive Cosmetics", *Forbes*, Apr 20, 2005,

Internet edition
Google (2012), www.google.com, Jul 24, 2012
Guinness, Daphne (Sep 6, 2007), "The conceit of luxury", *The Sydney Morning Herald*, Internet edition
Gulf Times (Sep 2, 2006), "Sports car or bling? Aston Martin debate on luxury, heritage starts", Internet edition
Gumbel, Peter (2007a), "Mass vs. class", *Fortune*, Sep 6, 2007, Internet edition
Gumbel, Peter (2007b), "Luxury goes mass market", *Fortune,* Sep 6, 2007, Internet edition
Guyon, Janet (2004), "The Magic Touch", *Fortune* 150:5, 229–233
Hammonds, Don (Sep 14, 2007), "Bentleys get hotter among rich and famous", *Pittsburgh Post-Gazette*, Internet edition
Hardy, Sam (2008), "Baby Phantom targets Bentley", *Auto Express*, Jan 4, 2008, Internet edition
Harrods (2006), Company Homepage, www.harrods.com, Oct 22, 2006
Hecking, Mirjam (2007a), "Luxusinsel mit 17,5 Knoten", *Manager Magazin*, Mar 19, 2007, Internet edition
Hecking, Mirjam (2007b), "Tickender Mythos", *Manager Magazin*, Sep 17, 2007, Internet edition
Hirschmann, Elizabeth and Morris B. Holbrook (1982), "Hedonic consumption, emerging concepts, methods and propositions", *Journal of Marketing* 46, 92–101
International Herald Tribune (Aug 25, 2006), "Perfect Packaging", Internet edition
International Herald Tribune (Oct 2, 2006), "Super-luxury homes go on the market for $100 million and more", Internet edition
International Herald Tribune (Jun 29, 2007), "Number of millionaires in Asia jumped in 2006", 10
International Herald Tribune (Sep 13, 2007), "€1 million Lamborghinis sell like hotcakes", Internet edition
International Herald Tribune (Sep 23, 2007), "From homemade to Gucci: Booming Vietnam's nouveaux riches indulge a taste for luxury", Internet edition
International Herald Tribune (Oct 26, 2007), "European companies plan to turn Airbus Superjumbo into ultimate executive jet", Internet edition
Jewellery Business (2006): "Watch World – February 2006", www.jewellery-business.com, Feb 2006, Internet edition
Jumeirah (2007): Company Homepage, www.jumeirah.com, Dec 9, 2007
Keefe, Patrick Radden (2007), "The Jefferson Bottles – How could one collector find so much rare fine wine?", *The New Yorker*, Sep 3, 2007, Internet edition
Kemp, Simon (1998), "Perceiving luxury and necessity", *Journal of Economic Psychology* 19, 591–606

Khan, Heena (2012), "Global luxury market moving from products to experience: Survey", The Hindu Business Line, Jun 5, 2012, Internet edition

Kishkovsky, Sophia (Nov 29, 2007), "The Millionaire Fair: Art becomes the next step along the path of riches", *International Herald Tribune*, Internet edition

Kivetz (1999), "Advances in Research on Mental Accounting and Reason-Based Choice", *Marketing Letters,* 10:3, 249–266

Kivetz, Ran and Itamar Simonson (2002a), "Earning the right to indulge: Effort as a Determinant of Customer Preferences towards Frequency Program Rewards", *Journal of Marketing Research* 39:2, 155–170

Kivetz, Ran and Itamar Simonson (2002b), "Self-Control for the Righteous: Toward a Theory of Precommitment to Indulgence", *Journal of Consumer Research* 29:2, 199–217

Kolesnikov, Sonia (Jun 24, 2007): "Relax and Restore: a luxury resort operator takes a conservationist tack", *International Herald Tribune*, Internet edition

La Ferla, Ruth (Sep 13, 2006), "Chic today, gone tomorrow – so why not rent", *International Herald Tribune*, 12

Lageat, Thierry, Sandor Czellar and Gilles Laurent, "Engineering Hedonic Attributes to Generate perceptions of Luxury: Consumer Perception of Everyday Sound", *Marketing Letters* 14:2, 97–109

Lamborghini (2007) "Automobili Lamborghini presents the new Lamborghini Reventón at the IAA 2007 in Frankfurt", Company Press Release, Sep 13, 2007, 4 pages

Lane, Viki R. (2000), "The Impact of Ad Repetition and Ad Content on Consumer Perceptions of Incongruent Extensions", *Journal of Marketing* 64:2, 80–91

Langer, Daniel A. (2008): "The Luxury Formula: Decoding the Hidden Aspects of Luxury and Identifying ist Concept for Profitable Competitive Marketing Strategies", Dissertation, University of Mainz, 463 pages

Lapenkova, Marina (2007): "Urlaub in der Unterschicht", Spiegel, Nov 8, 2007, Internet edition

Levin, Irvin P., Judy Schreiber, Marco Lauriola, Gary J. Gaeth (2002), "A Tale of Two Pizzas: Building Up from a Basic Product Versus Scaling Down from a Fully Loaded Product", *Marketing Letters* 13:4, 335–344

Lew-Ram, Michal (Dec 20, 2006), "This $310,000 phone blings, then rings", *CNNmoney.com*, Internet edition

Lindner, Melanie (2008), "The Most Outrageously Priced Items", *Forbes*, Feb 8, 2008, Internet edition

Los Angeles Times (Jan 10, 2005), "Hermès May Pose as New Luxury Model", Internet edition

Louis Vuitton (2006), Company Homepage, www.louisvuitton.com, Oct 22, 2006

Louis Vuitton (2007), Company Homepage, www.louisvuitton.com, Dec 9, 2007
Louis Vuitton (2012), Company Homepage, www.louisvuitton.com, Aug 25, 2012
Luxist.com (Jul 13, 2005), "Sam Adams Limited Edition Utopia Beer", Internet edition
Madslien, Jorn (Dec 11, 2007), "Aston to unveil new design centre", *BBC*, Internet edition
Mah, Ann (Sep 19, 2007), "Luxury brands stamped on everything from phones to flowers", *International Herald Tribune*, Internet edition
Maidment, Paul (Sep 18, 2007), "Criminally rich: All the money in the world", *International Herald Tribune*, Internet edition
McGuigan, Cathleen (2007), "A Certain Sense of Calm: Far from the spotlight, a group of gifted architects is designing spaces of quiet elegance", *Newsweek,* Jul 2, 2007, 53–64
McLean, Bethany and Peter Elkind (2003), "The Smartest Guys in the Room: The Amazing Rise and Scandalous Fall of Enron", *Penguin Books (New York)*, 440 pages
Menkes, Suzy (Sep 28, 2004), "Out of Control? Managing Success", *International Herald Tribune*, 11–12
Menkes, Suzy (Dec 11, 2006), "Extreme luxury for the jet set", *International Herald Tribune*, Internet edition
Meyer, Norma (Mar 4, 2007), "Rich man, pour man: Bling H20 sells status by the bottle", *San Diego Newspaper*, Internet edition
Moe, Wendy W., and Peter S. Fader (2001), "Modeling Hedonic Portfolio Products: A joint segmentation Analysis of Compact Disc Sales", *Journal of Marketing Research* 38:3, 376–385
Moore, Booth and Melissa Magsaysay (Aug 19, 2007), "'IT' OR MISS?: This fall, designers are bringing out the heavy artillery", *Los Angeles Times*, Internet edition
Mihalca, Matei (Feb 7, 2005), "Luxury? What it means in China", *Rediff.com*, Internet Edition
Mort, Gillian Sullivan and Trista Rose (2004), "The effect of product type on value linkages in the means-end chain: Implications for theory and method", *Journal of Consumer Behaviour* 3:3, 221–234
Müller, Henrik (Jul 21, 2007), "Neidgesellschaft: Die gelbe Gefahr", *Manager Magazin*, Internet Edition
Nadeau, Barbie (2007), "Luxury Without Labels", *Newsweek*, Jul 2, 2007, 69
Newsweek (2007), "Everything a Men Wants: Tom Ford is back from purgatory and making up his own rules, again", Jul 2, 2007, 73
Nunnally, Jum C. (1978), "Psychometric Theory", *McGraw-Hill (New York),* 701 pages
O'Curry Suzanne and Michal Strahilevitz (2001), "Probability and Mode of

Acquisition Effects on Choices between Hedonic and Utilitarian Options", Marketing Letters, 12:1, 37–49
Ohmae, Kenichi (1982), "The Mind of the Strategist", *McGraw-Hill (New York)*, 320 pages
Okada, Erica Mina (2005), "Justification Effects on Consumer Choice of Hedonic and Utilitarian Goods", Journal of Marketing Research 42:1, 43–53
Passmore, Nick (2003): "World's Most Expensive Wines", *Forbes*, Nov 19, 2003, Internet edition
Patek Philippe (2006), Company Homepage, www.patek.com, Oct 22, 2006
Patek Philippe (2007), Company Homepage, www.patek.com, Sep 22, 2007
Patek Philippe (2012), Company Homepage, www.patel.com, Aug 22, 2012
Pfanner, Eric (Jul 29, 2007): "On Advertising: Luxury gets less flashy", *International Herald Tribune*, Internet edition
Piccione, Michele and Ariel Rubinstein (2006), "Luxury Prices: An Expository Note", Working Paper, *Levine's Bibliography* 122247000000001252, UCLA Department of Economics, 10 pages
Pincus, Jeremy (2004), "The consequence of unmet needs: The evolving role of motivation in consumer research", *Journal of Consumer Behaviour*, 3:4, 375–387
Pitsis, Simone (Jan 2, 2008), "Bearing Marks of distinction", *The Austalian*, Internet edition
Pitzke, Marc (2007), "Nobel-Fitnessclubs: Schwitzende Millionäre", *Manager Magazin*, Jul 19, 2007, Internet edition
Prabhakar, Hitha (2007a), "How Celebs Get Red-Carpet Ready", *Forbes,* Feb 23, 2007, Internet edition
Prabhakar, Hitha (2007b), "World's Most Extravagant Handbags", *Forbes,* Mar 27, 2007, Internet edition
Prabhakar, Hitha and Lauren Sherman (2007), "Hottest New Luxury Watches", *Forbes,* Apr 11, 2007, Internet edition
Pye, Michael (Sep 8, 2007): "Status for sale", *The Scotsman*, Internet edition
Rawsthorn, Alice (Aug 28, 2006), "When the packaging makes it perfect", *International Herald Tribune*, 15
RéVive (2012), Company Homepage, www.reviveskincare.com, Aug 25, 2012
Sharkey, Joe (Oct 17, 2006), "For the super-rich, upgrading means a 787", *International Herald Tribune,* Internet edition
Seeing-stars.com (Sep 22, 2007), "The Ultimate Guide to Celebrities & Hollywood", Internet edition
Simonson, Itamar and Aimee Drolet (2004), "Anchoring Effects on Consumer's Willingness-to-Pay and Willingness-to-Accept", *Journal of Consumer Research* 31:3, 681–690
Spiegel (2007), "Verflickt und zugenäht: Luxuriöseste Handtasche der Welt", Aug 23, 2007, Internet edition

Stuart Weitzman (2007), Company Homepage, www.stuartweitzman.ch, Oct 28, 2007
Sussman, Paul (Dec 1, 2005), "The Ultimate in lingerie: $15m set", *CNN*, Internet edition
Swatch (2008), Company Homepage, www.swatch.com, Feb 16, 2008
Taber, Kimberly Conniff (Oct 10, 2006), "Goo-goo gear?", *International Herald Tribune*, 12
Taylor III, Alex (2006), "Audi: The luxury car brand nobody knows", *Fortune*, Oct 16, 2006, Internet edition
Tesla (2013): Company Homepage, www.teslamotors.com, May 30, 2013
The Economist (Apr 12, 2007), "Italian luxury goods: Tutto in famiglia", Internet edition
The Leading Hotels of the World (2007), Company Homepage, www.lhw.com, Dec 22, 2007
The New Zealand Herald (Oct 20, 2006), "Nokia's luxury model phone a hit in Europe", Internet edition
Thomas, Dana (2007), "Home Shopping Network: Elite clients are not longer heading to the ateliers of top designers for fittings. So the designers are going to them", Newsweek, July 2, 2007, 77
Thomas, Louis and Keith Weigelt (2000), "Product Location Choice and Firm Capabilities: Evidence from the U.S. Automobile Industry", *Strategic Management Journal* 21:9, 897–909
Time Style & Design (2004), "Robert Polet", Fall 2004, Internet edition
Times (Dec 3, 2007), "World's oldest Rolls-Royce most expensive ever", Internet edition
Timpe, Wolfgang (2007), "Captain Future", *GO SIXT* No. 005, Summer 2007, 46–52
Tracey, Brian (no date), "Got money? You'll need a lot to buy this milk", *msnbc.com*, Internet edition
Turner, Sarah (2007), "Millionaires now number 9.5 million, survey finds. Merrill Lynch, Cap Gemini wealth survey shows assets held also up", *Dow Jones Market Watch*, Jun 27, 2007, Internet edition
Vanity Fair (Mar 20, 2007), "Österreichische Leidenschaft", Internet edition
Veevers, Lauren (Oct 15, 2006), "Bentley v Rolls: Battle of the luxury brands", *The Independent,* Internet edition
Vogue (2003), "Will Tom be banned again?", Jan 15, 2003, Internet edition,
Vorasarun, Chanige (2007), "Party Like a Billionaire", *Forbes*, Oct 12, 2007, Internet edition
Wakefield, Kirk L and J Jeffrey Inman (2003), "Situational price sensitivity: the role of consumption occasion, social context and income", *Journal of Retailing* 79, 199–212
Wally (2008), Company Homepage, www.wally.com, Jan 4, 2008

Washington Post (Mar 6, 2005): "Readings", section F03, Internet edition

Watkins, Dinah (2012), "Hunger for Luxury Brands grows ravenously", China Daily, Jun 5, 2012, Internet edition

Weathersby jr, William (2005), "Chanel Ginza", *Architectural Record*, Internet edition, Nov 2005

Weber, Caroline (Aug 26, 2007), "The Devil Sells Prada", *The New York Times*, Internet edition

Westcott, Kathryn (Jan 14, 2008), "Raising a glass to pricey wine", *BBC*, Internet edition

Wikipedia (2012), Online Encyclopedia, http://en.wikipedia.org, Jul 24, 2012

Willis. Andrew (Dec 7, 2007): "This is the Rolls-Royce of watches", *Globe and Mail*, Internet edition

Witchel, Alex (Dec 26, 2007), "Luxury Without the Headache", *The New York Times*, Internet edition

Wüst, Christian (2007): "Pimp my Rolls", *Spiegel*, Dec 22, 2007, Internet edition

Wyllie, Alice (Dec 9, 2006): "Gucci Gucci Coup", *The Scotsman,* Internet edition

Yabroff, Jennie (2007), "Behind the Secret Door", *Newsweek*, Jul 2, 2007, 56

Young, Robb (Nov 23, 2007): "Luxury no longer means loud in Russia", *International Herald Tribune*, Internet edition

Zeithaml, Valarie A. (1988), "Consumer Perceptions of Price, Quality, and Value: A Means-End Model and Synthesis of Evidence", *Journal of Marketing* 52:3, 2–22